W0298295

WAHRE SCHICKSALE

Weltbild Verlag

Sarah Aziz

Ich leb' nicht mehr in eurer Welt

WAHRE SCHICKSALE

Genehmigte Lizenzausgabe für
Weltbild Verlag GmbH, Augsburg 1996
© Copyright 1994
All rights reserved
by Gustav Lübbe Verlag GmbH, Bergisch Gladbach
Einbandgestaltung: Adolf Bachmann, Reischach
Titelbild: Hideki Fujii/TIB, München
Gesamtherstellung: Presse-Druck Augsburg
Printed in Germany
ISBN 3-86047-957-1

Ich lebe auf der Flucht. Seit sieben Jahren schon. Ich bin mehrmals untergetaucht, beim letzten Mal habe ich sogar meinen Namen, meine Identität geändert, damit mich meine Familie nicht noch einmal aufspüren kann. Würde es ihr gelingen, wäre ich bald tot. Denn mich zu töten ist seit Jahren das oberste Ziel meiner Verwandten, sie sind beseelt von diesem Wunsch, er ist die treibende Kraft ihres Lebens.

Ich lebe auf der Flucht, weil ich die Familienehre verletzt habe. Ich habe meinen Mann verlassen und lebe heute mit meinem Freund zusammen. Seit kurzem haben wir sogar ein gemeinsames Kind. Ein schweres Vergehen in den Augen meiner Verwandten, die sehr orthodox nach islamischen Glaubensregeln und Traditionen leben und auch mich nach diesen Werten erzogen haben.

Ich lebe auf der Flucht, denn die verletzte Ehre wieder herzustellen ist nur möglich, wenn wir drei sterben: ich, die Sünderin, mein Freund, der Ungläubige, unser gemeinsames Baby, das unreine Kind einer verbotenen Liebe. Mein Sohn aus erster Ehe soll nach Jordanien zur Familie seines leiblichen Vaters gebracht werden.

Ich lebe auf der Flucht. Seit sieben Jahren schon. Ich werde verfolgt von Menschen, die mir nahe stehen sollten, die jedoch verblendet sind von religiösen Idealen, denen sie blind gehorchen. Die Opfer ihres Glaubens geworden sind, da sie die Menschlichkeit nicht mehr als das oberste Prinzip im Leben achten.

Ich lebe auf der Flucht. Und ich hoffe, meine Verfolger werden mich und meine Familie niemals finden.

13. November 1981

Ich war fünfzehn Jahre alt. Eines Tages kam ich mittags von der Schule nach Hause. Ich schloß die Tür zu unserer Wohnung auf – und bekam im selben Moment eine Ohrfeige, die so saftig war, daß sie mich ins Badezimmer am Ende des Flures katapultierte. »Du Schlampe!« schrie meine Mutter und schoß wie eine Furie hinter mir her. Sie schimpfte oft über meinen Aufzug, und jetzt riß sie mir beinahe den Pulli und die engen Jeans vom Leib. »Dein Verlobter sitzt im Wohnzimmer.«

So plötzlich wie ihr Wutausbruch gekommen war, war er auch wieder vorbei. Ganz ruhig sagte sie: »Dein Cousin Samir hat um deine Hand angehalten.« Zufrieden und sogar ein wenig stolz lächelte sie mich an. »Ich freue mich, daß wenigstens du in meiner Familie bleibst, nachdem deine älteren Schwestern Männer aus anderen Sippen geheiratet haben.«

Ich war wie betäubt. Alles, was sie sagte, nahm ich wie durch einen Nebel wahr. Diesen Cousin hatte ich nur einmal in meinem Leben gesehen, das war ungefähr sechs Jahre her. Und jetzt sollte ich mit ihm verlobt werden! Mit einem Fremden, der noch dazu elf Jahre älter war als ich.

Ich zog mich um, wie meine Mutter es mir befohlen hatte, und ging in die Küche, um Kaffee und Tee zu kochen. Wenn der zukünftige Bräutigam seinen Antrittsbesuch bei den Eltern der Braut macht, muß das Mädchen ihm Getränke servieren. Während dieses Rituals kann der Mann seine Braut ausgiebig begutachten. Ich durfte dabei allerdings kein Wort mit dem Mann wechseln, der da auf unserem Sofa saß und mein Ehemann werden sollte.

An diesem Novembernachmittag entschieden meine Eltern über meine Zukunft: In der kommenden Woche würde Samir sie noch einmal besuchen, um die Höhe des Brautpreises auszuhandeln.

Nachdem er gegangen war, rief mich mein Vater zu sich. »Sarah, heute war dein zukünftiger Ehemann bei uns zu Gast«, sagte er. »Ich frage dich jetzt offiziell, ob du deinen Cousin Samir heiraten willst. Bevor du antwortest, denk daran, daß in unserer Familie noch nie eine Tochter den Mann, den ihre Eltern ihr ausgewählt haben, abgelehnt hat. Also, willst du Samir heiraten?«

Mir blieb nichts anderes übrig, als ihnen das zu antworten, was sie erwarteten: »Ja.«

20. November 1981

Der Tag begann wie jeder andere. Doch es lag eine besondere Spannung in der Luft. Heute wollten meine Eltern mit meinem zukünftigen Ehemann über den Brautpreis und den Termin unserer Verlobung verhandeln. Ich putzte die Wohnung, wie es mir meine Mutter befohlen hatte. Wenn am Abend Samir mit der gesammelten Verwandschaft kommen würde, sollte alles ordentlich und sauber sein. Außerdem mußte ich noch verschiedene Besorgungen machen, einen Anzug meines Vaters bügeln, das Essen vorbereiten ... Ich war so beschäftigt, daß mir gar keine Zeit blieb, über die Dinge nachzudenken, die bald mein Leben verändern sollten.

Punkt 18 Uhr standen die Verwandten vor der Tür. In den arabischen Ländern ist es nämlich so Sitte, daß die Familie des Mädchens neben dem Bräutigam auch dessen Familie zu den Verhandlungen über den Ehevertrag einlädt. Die Geschwister der Brauteltern, Tanten, Onkel, Schwager und Schwägerinnen, also die gesamte engere Verwandschaft debattiert dann bei Tee und Kuchen stundenlang über die anstehende Heirat. Wobei es die Männer sind, die die eigentlichen Entscheidungen treffen; ihre Frauen begleiten sie mehr oder weniger der Form halber und um sich um die Braut zu kümmern.

Unser Besuch ließ sich also im Wohnzimmer nieder, und wie in der vergangenen Woche servierte ich Kaffee und Tee. Diesmal nahmen mich neben Samir auch mein künftiger Schwiegervater und die Schwiegermutter genau unter die Lupe. Dann begann der geschäftliche Teil. Die sogenannte Morgengabe, der Preis für die Braut, hängt davon ab, wie gebildet und hübsch das Mädchen ist. Das Wichtigste und Entscheidende ist aber ihre Jungfräulichkeit. »Gebraucht« ist eine Frau nur noch halb so viel wert...

Stundenlang feilschten die Verwandten. Meine Mutter ging immer wieder ins Nebenzimmer zu den Männern, um zu sehen, wie die Verhandlungen standen.

Schließlich einigte man sich darauf, daß Samir meinen Eltern zehntausend Mark für mich bezahlen müsse. Von diesem Geld sollte mein Vater wiederum den traditionellen Goldschmuck für die Braut kaufen, sozusagen meine Aussteuer. Für Möbel und eine gemeinsame Wohnung veranschlagten sie ebenfalls zehntausend Mark; eine eventuelle Scheidung würde Samir weitere zehntausend Mark kosten – allerdings nur dann, wenn er die Scheidung zu verantworten hätte. Die sogenannte Spätgabe.

Nachdem die Familie sich auf diese Konditionen geeinigt hatte und alle zufrieden waren, wurde eine Sure aus dem Koran angestimmt. Dann öffnete mein Vater die Wohnzimmertür. Aus der Küche, wo ich gerade frischen Tee kochte, hörte ich seine Schritte im Flur. Sekunden später gellte ein ohrenbetäubendes »Lulululu!« aus dem Nebenzimmer. Er hatte meiner Mutter und den anderen Frauen die Entscheidung verkündet: Samirs und meine Ehe war beschlossene Sache. Ich hielt mich am Herd fest. Mein Kopf dröhnte und meine Knie waren butterweich.

Im Laufe des Abends besprachen die Verwandten dann bei Süßigkeiten und Gebäck auch noch die Kosten für die Feier und setzten die endgültigen Termine fest: Am 15. Januar 1982 sollte die offizielle Verlobung stattfinden, am 13. März die Trauung. Zu diesem Zeitpunkt würde ich sechzehn sein; darauf hatte mein Vater streng geachtet, denn einerseits erleichterte das den Papierkrieg mit den deutschen Behörden, andererseits bildete er sich etwas darauf ein, seine Töchter nicht bereits mit dreizehn oder vierzehn Jahren »an den Mann« zu bringen, so wie andere Väter das taten.

Es war schon spät, als sich Samir und die anderen Verwandten auf den Heimweg machten. Meine Mutter schloß die Tür hinter ihnen. »Lulululu!« – ihr Freudenschrei bohrte sich in meinen Schädel. Einmal in ihrem Leben hatte sie ihren Willen durchgesetzt. Sie hatte mich mit dem Schwiegersohn ihrer Träume verkuppelt.

Die Wochen bis zu meiner Verlobung erlebte ich wie in Trance.

15. Januar 1982

Mit rasenden Kopfschmerzen wachte ich auf. In den vergangenen Wochen, während meine deutschen Freundinnen Weihnachtsgeschenke besorgten und zu Hause den Tannenbaum schmückten, hatte sich bei uns alles ausschließlich um meine bevorstehende Verlobung mit Samir gedreht.

Meine Eltern hatten mir ein rosa Kleid gekauft, mich von einem Schuhgeschäft ins nächste gezogen, bis sie passende Pumps gefunden hatten, in Warenhäusern nach Unterwäsche gesucht und Make-up gekauft, um mich herzurichten. Ganz mechanisch ließ ich all das mit mir geschehen, ließ mich anziehen, ausziehen, ins nächste Kleid, ins nächste Paar Schuhe stecken. Die Verkäuferinnen dachten bestimmt, ich sei gar nicht die Braut, sondern nur eine Stellvertreterin mit einer ähnlichen Figur und der gleichen Schuhgröße. Ich selbst hatte jedenfalls das Gefühl, der ganze Wirbel gelte einem anderen Mädchen, nicht mir.

Keinen Augenblick lang spürte ich Freude oder Glück über diesen Schritt in eine neue Zukunft. Wie auch! Schließlich war der Mann, den ich bald heiraten sollte, ein Fremder! Gut, er war mein Cousin, aber ich kannte ihn kaum! Und mit diesem Unbekannten sollte ich künftig zusammenleben? Mit ihm sollte ich in einem Bett schlafen, Kinder bekommen und aufziehen? Im Trubel der Vorbereitungen merkte niemand, wie mir zumute war. Es schien sich auch keiner dafür zu interessieren. Meine Mutter hockte ständig mit meinen Tanten und Cousinen zusammen. Stundenlang füllten sie Bonbongläser, die den Gästen traditionell zum Ende der Verlobungsfeier überreicht werden, und schmückten sie mit bunten Schleifen. Alle waren übermütig, schwatzten, lachten und freuten sich über die gelungene Verbindung. Immer wieder schallte dieser Schrei, dieses grelle »Lulululu!« durch unsere Wohnung.

Und jetzt also war es soweit. Heute sollte ich mit meinem Cousin Samir verlobt werden. Ich fühlte mich wie gerädert und wäre am liebsten unter meine Bettdecke gekrochen, damit man mich in Ruhe ließ. Doch die ganze Familie war wie elektrisiert. Meine ältere Schwester, die extra angereist war, begann gleich nach dem Frühstück, mich zurechtzumachen. Meine kleinen Geschwister schmückten die ganze Wohnung mit bunten Girlanden. Und unsere Mutter rannte ständig von einem Zimmer ins andere, um die Vorbereitungen zu überwachen. Im Kinderzimmer stand bereits der »Thron« für das Brautpaar, zwei Stühle auf einem verkleideten Holztisch. An der Wand hinter dem »Thron« hatte mein Vater einen Gebetsteppich befestigt. In diesem Raum würde ich, die Braut, den ganzen Abend mit den anderen Frauen aus der Familie sitzen. Samir würde nur kurz dazu kommen, um mir den Verlobungsring anzustekken. Im Wohnzimmer sollten die Männer mit dem Bräutigam feiern.

Am Nachmittag war alles fertig. Die Wohnung blitzte, die Gläser blinkten, die Getränke standen bereit, und die Braut war geschmückt – fehlten nur noch die Gäste, und die ließen auch nicht mehr lange auf sich warten. Das Fest begann. All die Verwandten aus meiner und Samirs Familie waren ausgelassen und fröhlich, sie sangen und tanzten. Sie freuten sich, und natürlich erwarteten sie das gleiche von mir. Doch ich saß auf meinem »Thron«, sah dem bunten Spektakel von oben zu und machte gute Miene zum bösen Spiel.

Gegen neun geleiteten die Männer dann den Bräutigam ins Kinderzimmer zu uns Frauen. Als Samir den Raum betrat, stimmten alle Tanten, Schwestern, Cousinen, Nichten und meine Mutter dieses schrille »Lulululu!« an. Erst jetzt, zur offiziellen Übergabe des Verlobungsringes, durfte Samir mich sehen und einen Augenblick lang neben mir sitzen. Meine Brüder halfen ihm, den »Thron« zu besteigen. Ich erhob mich, denn selbstverständlich durfte ich nicht sitzen bleiben, wenn mein zukünftiger Mann zu mir kam, das wäre respektlos gewesen. Er stülpte mir den Ring über, es ging ganz schnell. Der Ring war geliehen, niemand hatte es geschafft, noch rechtzeitig zur Verlobung Goldschmuck aus Jordanien zu besorgen. »Lululu!« schrie meine Mutter vor Freude. Die ganze Familie sang, klatschte und tanzte um uns herum. Samir strahlte übers ganze Gesicht, während er auf die tanzenden Männer und Frauen herabsah. Mit mir, mit seiner Verlobten und zukünftigen Ehefrau, sprach er währenddessen kein einziges Wort.

Später, zum Ende des Festes, verteilte meine Mutter die Bonbongläser, die sie und die anderen Frauen während der vergangenen Wochen hergerichtet hatten. Jeder Gast bekam ein Glas, selbst die Babies. Um elf Uhr waren alle Gäste bis auf Samir gegangen. Mona, Samira und Leila, meine drei jüngeren Schwestern, halfen mir vom »Thron« des Brautpaares herunter, und nachdem ich neun Stunden still auf diesem unbequemen Platz gesessen hatte, war ich froh, jetzt in mein Bett kriechen zu können. Doch ich hatte mich getäuscht: Einen Tag lang hatte sich alles um mich gedreht, einen Tag lang war ich die Hauptperson gewesen in diesem Spektakel, das meine Familie »Verlobung« nannte. Aber jetzt, so sagten meine Eltern, sei es Zeit, daß ich wieder meinen häuslichen Pflichten nachkäme. Bis drei Uhr morgens räumte ich also auf. Leere Teller und Gläser, volle Aschenbecher und Mülleimer – die traurigen Reste eines rauschenden Festes. Die Überbleibsel meiner Verlobung.

Wenn mich heute jemand fragt, was ich in dieser Nacht empfunden habe, dann kann ich nur sagen: Angst, Hilflosigkeit und grenzenlose Traurigkeit. Wer war ich? Was bedeutete ich meinen Eltern? Nichts. Ich war ein Etwas, das sie geboren und großgezogen hatten, um es an den erstbesten Mann weiterzureichen, der einen anständigen Preis für mich zahlte. Ich fühlte mich wie eine Ware.

15. Februar 1982

Vier Wochen waren seit meiner Verlobung vergangen, und mein Leben hatte sich kaum verändert – außer daß ich, wenn Samir uns gelegentlich besuchte, jedesmal das Zimmer verlassen mußte. Das ist etwas, was ich nie verstehen werde: Es ist doch so wichtig, daß eine Frau den Mann kennenlernt, mit dem sie den Rest ihres Lebens verbringen wird. Doch meine Eltern hatten damit nichts im Sinn. Sie wollten, daß ich möglichst »unschuldig« in diese Ehe ging, die sie für mich arrangiert hatten.

Heute war ich allein in der Wohnung. Meine Mutter hatte mich eingeschlossen, dann war sie einkaufen gegangen. Es herrschte eine ungemütliche Stille. Seit vier Tagen hatte ich das Haus nicht mehr verlassen, nicht einmal zur Schule durfte ich gehen. Es war bedrückend eintönig.

Immer noch schmerzte mein Kopf. Weil ich vor vier Tagen eine halbe Stunde später als befohlen nach Hause gekommen war, hatte mich mein Vater mit seinem schwarzen Ledergürtel verprügelt, und die Schnalle hatte klaffende Löcher in meine Kopfhaut gerissen. Er hatte so lange auf mich eingedroschen, daß ich irgendwann ohnmächtig zusammensackte – als ich wieder zu mir kam, waren meine kleinen Schwestern Mona und Samira dabei, das Blut an meinem Kopf abzutupfen. Meine Mutter kam dazu und schrie Mona an, sie solle zuerst die Blutflecken an den Wänden abwischen. »Samira, du holst Kaffeepulver aus der Küche!« Mit Kaffeepulver kann man nämlich blutende Wunden stillen.

Mein ganzer Körper war übersät von Striemen, aber das Schlimmste waren die Löcher, aus denen es unablässig blutete. Sie hätten wahrscheinlich genäht werden müssen, doch im Leben wären meine Eltern nicht mit mir zum Arzt gegangen.

»Jetzt verschwindet«, befahl meine Mutter den Mädchen, »laßt Sarah allein.« Und zu mir gewandt setzte sie hinzu: »Geschieht dir recht!«

»Bedenke«, sagte mein Vater später, »ich habe das Recht, dich für Fehltritte so zu bestrafen, daß du daraus lernst.«

Ich war die harten Strafen meiner Eltern inzwischen gewohnt, aber so heftig war ich schon lange nicht mehr verprügelt worden. Meistens sperrten sie mich einfach nur ein, manchmal fesselten sie mich auch ans Bett oder an den Kleiderschrank. Zum Beispiel, wenn ich nicht ordentlich genug geputzt hatte, oder wenn ich mich nicht wie ein anständiges jordanisches Mädchen benahm. Dafür genügte der geringste Anlaß – in den Augen meiner Eltern benahm ich mich schon wie ein Flittchen, wenn ich Jeans anzog. Alle anderen Mädchen in meiner Klasse trugen zwar auch Jeans, aber genau das war der springende Punkt. Die anderen waren Deutsche, Ungläubige, Menschen ohne Sitten, ohne Moral. Wir dagegen wurden streng nach islamischen Traditionen und arabischen Vorstellungen von Sittlichkeit erzogen, meine Eltern waren hart und unerbittlich in ihrer Auffassung von Erziehung.

Als ich noch klein war, gingen sie nachsichtiger mit mir um, ich erinnere mich, daß meine Kindheit sehr sonnig war. Abgesehen von den allerersten Jahren, denn als ich geboren wurde, tobte in Jordanien ein Krieg, einer der vielen, die den Nahen Osten seit Jahrzehnten quälen. Wir lebten damals in Amman, der Hauptstadt. Wir – das waren ich, meine Mutter, meine zwei älteren Brüder Ali und Amin, und meine beiden Schwestern, Huda und Leila. Mein Vater war als Gastarbeiter nach Deutschland gegangen.

Ein oder zwei Mal im Jahr kam er nach Amman, um uns zu besuchen. Dann brachte er immer Geld mit und ein paar Spielsachen für uns Kinder. Wenn er wieder fuhr, war meine Mutter meist schwanger. Als ihr sechstes Kind, Mona, unterwegs war, folgten wir meinem Vater ins ferne Deutschland, denn der Krieg wurde immer schlimmer. Wir hatten alles verloren, unser Haus war eine Ruine, und wir Kinder mußten betteln gehen.

In Deutschland war mit einem Schlag alles anders. Nirgendwo lauerten Soldaten, nirgendwo explodierten Granaten, und in der Nacht konnten wir schlafen, denn es dröhnten keine Flugzeuge mehr über unseren Köpfen. Wir hatten genug zu essen und konnten uns regelmäßig waschen – sogar nachts, wenn wir wollten, denn es gab immer fließendes Wasser. Und Schokolade bekamen wir auch ab und zu.

In meinen Kinderaugen war Deutschland bald das

goldene Land, als das mein Vater es bei seinen Besuchen in Jordanien immer geschildert hatte. Wir lebten in einer Dreizimmerwohnung in einem Haus mit Deutschen, Spaniern und Türken. Reich waren wir nicht, aber mein Vater hatte sich immerhin ein Auto kaufen können, einen Gebrauchtwagen, und an den Wochenenden fuhr er mit uns und unserer Mutter durch die Umgebung. Er zeigte uns das Land, in dem er nun schon seit fünf Jahren lebte. Es war eine schöne, eine unbeschwerte Zeit.

Mit sechs war ich dann alt genug für den sogenannten Ernst des Lebens. Ich kam in die Schule, und das bedeutete, daß ich nun dringend Deutsch lernen mußte. Aber Kinder lernen schnell, und da ich oft mit den Nachbarskindern gespielt hatte, konnte ich auch schon ein paar Brocken. Nach und nach freundete ich mich mit ein paar Mädchen aus meiner Klasse an, und wir besuchten uns nachmittags nach der Schule. So beherrschte ich die neue Sprache bald relativ gut. Der Unterricht in der Schule machte mir ohnehin riesigen Spaß, ich ging jeden Morgen gerne wieder hin.

Als ich in die dritte Klasse kam, begannen meine Eltern mich mehr und mehr zu kontrollieren. Immer wieder schärften sie mir ein, daß ich direkt und ohne Umweg von der Schule nach Hause zu kommen hätte, und daß ich allen Fremden gegenüber mißtrauisch sein müsse, schließlich, so sagten sie, lebten wir in einem fremden Land. Ein jordanisches Mädchen dürfe sich nicht so benehmen und kleiden, dürfe nicht so sprechen und nicht so spielen wie ein deutsches. Ungehörig sei das. Ich verstand nicht, was sie meinten. Woher sollte ich auch wissen, wie sich jordanische Mädchen verhielten, ich war vier, als ich das Land verlassen hatte.

Als ich ungefähr zehn war, verboten meine Eltern meiner ältesten Schwester, weiterhin zur Schule zu gehen. Huda war inzwischen dreizehn, sie hatte ihre Regel bekommen, und meine Mutter wachte über sie wie ein Luchs. Obwohl die Schulleiterin sich erkundigte, warum Huda im Unterricht fehle, ließen meine Eltern sie nicht mehr aus dem Haus. Sogar als ihnen eine Anzeige wegen Verletzung der Schulpflicht drohte, blieben sie hart. Bis Huda fünfzehn war, bis zu ihrer Heirat, durfte sie kaum noch die Wohnung verlassen.

Ich bekam Angst, daß mir ähnliches blühen könnte, wenn ich erst meine Regel bekam. Schon jetzt belehrte meine Mutter mich immer öfter, daß es zum Beispiel meine Pflicht als Mädchen beziehungsweise Frau sei, Männern anstandslos zu gehorchen. Sie machte mir peu à peu klar, daß nur Jungen und Männer etwas wert waren, Mädchen und Frauen nicht. Irgendwann wurde uns Töchtern sogar verboten, mit unseren Brüdern zu spielen. Wir sollten unter uns bleiben und allmählich im Haushalt mithelfen.

Als ich zwölf war, heirateten meine großen Schwestern kurz nacheinander. Nun war ich das älteste Mädchen in der Familie – eine fragwürdige Ehre, denn jetzt mußte ich die Aufgaben der beiden übernehmen: Ich mußte saubermachen, meinem Vater Kaffee und meiner Mutter Tee kochen, Butterbrote für meine Geschwister streichen und ihnen bei den Hausaufgaben helfen, kurz: Ich war eine Hausfrau, die vormittags zur Schule ging. Ich war restlos beschäftigt und hatte keine Minute mehr Zeit, mich mit anderen Kindern aus meiner Klasse zu treffen und zu spielen. Aber genau das wollten meine Eltern ja unter anderem auch damit erreichen. Wenn ich trotzdem fragte, ob ich meine Freundinnen mal besuchen dürfte, bestraften sie mich mit Hausarrest – und immer häufiger auch damit, daß sie mir die Schule verboten. Das traf mich hart, denn ich ging nicht nur gerne hin, ich hatte auch sehr gute Noten – was meine Eltern paradoxerweise manchmal zum Anlaß nahmen, vor Bekannten oder Nachbarn mit ihrer schlauen Tochter Sarah anzugeben. Gleichzeitig fragte meine Mutter mich immer wieder abfällig, warum ich denn bloß so gerne zur Schule ginge, immerhin könne sie selbst ja auch weder lesen noch schreiben und sei trotzdem glücklich. So wie sie die Welt sah, war es für eine Frau überflüssig, wenn nicht gar unschicklich, etwas für ihre Bildung zu tun. Kinder großzuziehen, darin bestanden Aufgabe und Lebensglück.

Einmal, als sie mir wieder verboten hatte, in die Schule zu gehen, kletterte ich heimlich aus dem Fenster. Das war nicht schwierig, weil wir im ersten Stock wohnten und unter unserem Kinderzimmer ein Mauersockel verlief, den man als Stufe benutzen konnte. Ich wollte unbedingt in den Unterricht gehen, nicht zuletzt auch, weil er für mich die einzige Möglichkeit war, meine deutschen Freundinnen noch zu sehen. Als ich am Mittag wieder nach Hause kam, drehte meine Mutter durch vor Zorn: Sie schleifte mich an den Haaren ins Badezimmer und versuchte, meinen Kopf in die Kloschüssel zu stecken. In diesen Jahren lernte ich, Schmerzen zu ertragen. Es sollte mir, so makaber das klingt, später in meinem Leben noch zugute kommen.

Besonders die Strafen meiner Mutter waren immer sehr hart. Einmal brach sie mir sogar brutal den Arm, wegen eines läppischen Zehn-Mark-Scheins. Unsere Klasse wollte einen Ausflug in den Zoo machen und die Lehrerin hatte uns gesagt, jeder sollte zehn Mark mitbringen, für das Eintrittsgeld, die Fahrkarte, und so weiter. Auf dem Nachhauseweg beratschlagte ich mit meiner Freundin, wie ich den Betrag zusammenbekommen könnte. Denn daß meine Mutter mir keinen einzigen Pfennig geben würde, war klar; sie fand es ja, wie gesagt, äußerst überflüssig, daß ich überhaupt zur Schule ging.

»Geh doch wieder für die Blinde einkaufen«, schlug meine Freundin vor. Bei uns im Haus wohnte eine blinde Frau, für die ich oft einkaufen ging und die mir jedesmal ein bißchen Taschengeld zur Belohnung gab. Die Idee war nicht dumm.

Doch die blinde Nachbarin war nicht zu Hause, als ich zehn Minuten später bei ihr klingelte.

Abends sah ich dann im Schlafzimmer meiner Eltern, auf dem Nachtisch meiner Mutter zwei Zehn-Mark-Scheine liegen. Ich nahm also einen und steckte ihn heimlich in meine Tasche. Ich würde ihn ja bald zurücklegen können, sobald ich mir bei der Blinden etwas verdient hatte. Ich ahnte nicht, daß meine Mutter diesen Schein absichtlich hatte liegen lassen, um mich zu testen. Soweit denken Kinder eben nicht...

Als ich am nächten Tag aus der Schule kam, empfing sie mich an der Wohnungstür: »Na, Schatz, hast du Hunger?« Ein liebes Wort aus ihrem Mund? Ein sicheres Zeichen für Unheil! »Ja«, antwortete ich zaghaft.

»Dann komm mit in die Küche.« Ich hatte die Küche noch nicht richtig betreten, da sauste ein Holzstock auf mich nieder. Wie von Sinnen prügelte sie auf mich ein, so lange und heftig, bis ein Knochen aus meinem Arm herausragte. »Und jetzt gehst du los, und besorgst die zehn Mark, die du weggenommen hast!«, schrie sie.

Im Jugendheim am Ende der Straße borgte ich mir

das Geld von einer Betreuerin. Meinen gebrochenen Arm versteckte ich dabei vorsichtshalber unter einer Jacke; jede Frage der Sozialarbeiterin hätte die Sache nur verschlimmert.

Zu einem Arzt ging ich erst am nächsten Tag, heimlich und auf Betreiben meiner Lehrerin.

Meine Eltern haben uns Kindern in solchen Momenten immer verboten zum Arzt zu gehen. Sie wollten wohl die Wunden ihrer »Erziehungsmethoden« geheimhalten. Als meine Mutter mir beispielsweise einmal, weil ich ein Milchglas zerbrochen hatte, heißes Öl aus der Pfanne, in der sie gerade Blumenkohl briet, über meine Hand goß, mußte ich den ganzen Nachmittag in der Wohnung bleiben; sie verbot mir strikt zum Arzt zu gehen, obwohl sich die verbrannte Haut in Fetzen von meiner Hand schälte. Sie fand, das sei eine gerechte Strafe . . .

Meine Mutter bestrafte mich auch stets härter als meine anderen Geschwister. Jahre später, als ich längst verheiratet war, sollte ich einmal erfahren, warum. Einer meiner Onkel erzählte mir, daß meine Mutter, die es ohnehin haßte, Kinder zur Welt zu bringen, bei meiner Geburt beinahe gestorben wäre. Es muß eine äußerst komplizierte Niederkunft gewesen sein, und die Hebamme hatte sie irgendwann vor die Entscheidung gestellt: »Entweder Sie oder das Kind.«

»Deine Mutter hat die Ärzte angefleht: ›Bitte helft mir und laßt das Kind sterben!‹«

Diese Schmerzen hat sie wohl Zeit ihres Lebens nicht vergessen und ich glaube inzwischen, sie hat sie ständig auf mich übertragen. Ihre harten Schläge, ihre brutalen Strafen waren eine späte Rache.

Meine Mutter und ich waren also sozusagen vom ersten Moment an erbitterte Feinde. Sie hat es nie verwunden, daß ich soviel Überlebenswillen hatte und allen Prophezeiungen zum Trotz auf die Welt gekommen bin. Ich erinnere mich auch bis heute gut daran, wie sie mehr als einmal zu mir sagte: »Du gehörst nicht zu mir. Wer weiß, ob man Dich nicht im Krankenhaus mit meinem richtigen Kind vertauscht hat.« Sie war einfach eine Hexe. – Eine kalte, machtgierige Frau, beseelt davon, ihre Interessen durchzusetzen. Ohne Skrupel zu intrigieren, zu streiten, zu hassen. Sie säte, so lange ich zurückdenken kann, immer und überall Haß und Zwietracht. Liebe war ein Fremdwort für meine Mutter.

Mein Vater hat sich im Laufe der Jahre mit ihr arrangiert, er hat sich in die Situation mit ihr verheiratet zu sein, ergeben. Glücklich war er wohl nie mit ihr; aber er hat immer versucht, das Beste aus allem zu machen.

Kurz nach meinem dreizehnten Geburtstag befahlen mich meine Eltern eines Tages einmal zu sich ins Wohnzimmer. »Wir wollen ein paar wichtige Dinge mit dir besprechen«, sagten sie. »Damit du uns besser verstehst – denn du bist ja nun kein Mädchen mehr, du bist schon fast eine Frau.«

Sie erklärten mir, daß sich schon bald Männer für mich interessieren könnten. Und daß sie als meine Eltern darauf achten müßten, mich zu gegebener Zeit zu verheiraten. Von jetzt an dürfe ich keinerlei Kontakt zu Deutschen mehr haben, zu Ungläubigen, wie mein Vater sich ausdrückte. Er war immer schon sehr religiös gewesen, bereits früh hatte er begonnen, uns aus dem Koran vorzulesen. Daß seine Vorstellungen von Religion allerdings nicht zwangsläufig mit »dem Islam« identisch waren, das sollte ich erst viele Jahre später erkennen und verstehen. Während meiner Kindheit hatte ich jedenfalls gelernt, daß Allah unser Gott war, daß der Prophet Mohammed Allahs Offenbarung überliefert hatte, und daß wir als Moslems nach dieser Offenbarung leben mußten. Mein Vater selbst betete regelmäßig, fünfmal am Tag, und freitags gingen wir abends in die Moschee, denn der Freitag ist für die Moslems das, was für gläubige Christen der Sonntag ist: der Tag, an dem man sich besinnt und in die Kirche geht.

An diesem Nachmittag nun, als meine Eltern mich »aufklärten«, wie sie es nannten, wiesen sie mich endgültig in die Pflichten einer arabischen Frau ein. Sie verboten mir außerdem ab sofort den Sportunterricht, denn sie hatten Angst, bei irgendeiner Übung könne mein Jungfernhäutchen reißen. Die Jungfräulichkeit ist das höchste Gut, das eine islamische Frau besitzt – bis sie heiratet. Stellt sich in der Hochzeitsnacht heraus, daß ein Mädchen keine Jungfrau mehr ist, dann kann ihr Bräutigam sie verstoßen. Eine unendliche Schande für das Mädchen und ihre Familie.

Und schließlich, so ging die »Aufklärung« weiter, würde mich meine Mutter nun alles lehren, was eine Frau wissen mußte, um ihrem künftigen Mann eine gute Gattin zu sein. Sofern ich es nicht schon wußte. »Es ist zu deinem Besten«, sagte meine Mutter zum Abschluß. »Du wirst davon profitieren, wenn du verheiratet bist«.

3. März 1982

Anfang März begannen alle wie wild, die bevorstehende Hochzeit zu organisieren. Das Fest war für den 13. angesetzt. Samirs Vater mietete einen Saal an, und meine

Eltern orderten für diesen Tag beim Schlachter fünf Schafe. Ein Dutzend Tanten hatte alle Hände voll damit zu tun, das Essen für die 250 geladenen Gäste vorzubereiten. Ich bekam von all dem nicht besonders viel mit, ich entzog mich dem Trubel, so gut es ging. Einzig zur Anprobe des weißen Brautkleids begleitete ich meine Eltern.

Niemand, aber auch wirklich niemand, kam in diesen Tagen auf die Idee, mit mir über die bevorstehenden Veränderungen zu sprechen. Alle schienen zu erwarten, daß ich mit meinen sechzehn Jahren erwachsen genug war, um zu verstehen und keine lästigen Fragen zu stellen. Dabei lag ich nächtelang wach in meinem Bett und grübelte über mein künftiges Leben als Ehefrau nach: über den Haushalt, den ich alleine würde führen müssen, über Sex mit einem elf Jahre älteren Ehemann, übers Kinderkriegen. Ich wußte ja noch nicht einmal, wie man küßt, von allem anderen ganz zu schweigen. Fragen über Fragen, und Antworten, die ich mir selbst zurechtbastelte, um das ängstliche Flattern in meinem Bauch zu drosseln. Sollte das die große Liebe sein, von der meine Klassenkameradinnen immer sprachen?

Ich hatte niemanden, dem ich mich anvertrauen konnte, auch nicht meine Freundinnen. In der Schule hatte ich kein Sterbenswörtchen über diese Hochzeit verloren, weil ich mich vor den deutschen Mädchen und Jungen schämte. Und in meiner Familie war erst recht niemand, dem ich mein Herz hätte ausschütten können. Wenn ich im Morgengrauen endlich erschöpft einschlief, war mein Kopfkissen oft naßgeweint. Ich weiß gar nicht mehr, wie oft ich betete: »Bitte, Allah, bitte, bitte, bitte: Hilf mir!«

13. März 1982

Mit jedem Tag, den die Hochzeit näher rückte, war meine Panik gewachsen. Und heute war es soweit, der Tag, vor dem mir so graute, war gekommen.

Gleich nach dem Aufstehen wurde ich zuerst zum Friseur gebracht. Er verpaßte mir eine Frisur, die mich älter aussehen ließ. Als ich nach der stundenlangen Prozedur aus dem Salon kam, hielt mich jeder für eine Zwanzigjährige. Machte sich ja auch besser für eine Braut... Wieder zu Hause, schminkte mich meine Schwester Leila und half mir, das weiße Kleid anzuziehen. Als ich endlich fix und fertig hergerichtet war, schickten mich meine Eltern in ihr Schlafzimmer, dort sollte ich warten, bis zwei meiner Onkel kamen, um mich abzuholen und bis zum »Thron« zu geleiten. Allein stand ich in dem kleinen Zimmer neben dem Ehebett und sah in den Spiegel. Ich sah ein junges Mädchen, dick geschminkt, eingepackt in ein steifes weißes Kleid. War das wirklich ich? Es klingelte.

Unten auf der Straße stand ein blumengeschmückter Mercedes. Unter lautem Gehupe und den schrillen »Lululu!«-Schreien meiner Tanten fuhren wir quer durch die Stadt zu dem prächtig dekorierten Festsaal, in dem schon mehr als 200 Gäste in piekfeiner Festgarderobe auf uns warteten. Meinen Bräutigam hatte man gleich nach seiner Ankunft in ein separates Zimmer geführt, denn er sollte mich vor der Trauung nicht zu Gesicht bekommen.

Untergehakt bei meinen beiden Onkeln betrat ich den Saal. Sie halfen mir, den »Thron« zu erklimmen, den meine Brüder – wie schon bei der Verlobung – für das Hochzeitspaar gebaut hatten, und das Fest begann. Essen wurde aufgetischt, alle aßen und lachten und sangen und tanzten. Alle amüsierten sich an diesem großartigen Tag. Nur ich – ich saß auf meinem »Thron«, sah dem Treiben von oben zu und kämpfte mit den Tränen. Meine Tanten dachten entzückt, es seien Tränen der Rührung. Wie ahnungslos sie doch waren.

Schließlich wurde Samir feierlich in den Saal geleitet. Ich erhob mich, als er zu mir auf den »Thron« kletterte. Die Gäste klatschten und jubelten. Sie alle würden unsere Trauzeugen sein. Tausend Augen starrten uns gespannt an, als wir wortlos die Ringe tauschten. Dann schmückte mich mein frischangetrauter Ehemann mit Armbändern, Ketten und Ohrringen, mit all dem Brautgold, das mein Vater mir als Aussteuer gekauft hatte. Er gab mir ein Küßchen auf die Wange und wir setzten uns. Das war's. Eine gelungene Vorstellung. Ohne feierliche Reden, ohne weiteres Trara. Der schlichte Höhepunkt einer ansonsten pompösen Hochzeit. »Lulululu!« schrie meine Mutter. Sie strahlte vor Begeisterung über das ganze Gesicht, ihre Wangen waren rot vor Aufregung. Sie hatte ihre Tochter Sarah »verheiratet«. Die standesamtliche Trauung in der jordanischen Botschaft in zehn Tagen würde die Sache auch offiziell besiegeln.

»Wie fühlst du dich?« fragte Samir mich plötzlich. Er strahlte genauso wie die anderen. Ich sah ihn an: Vor mir saß ein Fremder. Ein Fremder, mit dem ich nun leben sollte, mit dem ich reden, essen, schlafen sollte wie mit einem Ehemann. Ich weiß nicht, wie lange ich ihn angestarrt habe, bis er seine Frage wiederholte: »Wie fühlst du dich?«

»Gut«, log ich. Hätte er es verstanden, wenn ich die Wahrheit gesagt hätte? Wenn ich geantwortet hätte: »Miserabel?« Wo doch abgemacht schien, ich müsse eine glückliche Braut sein, ein Mädchen, das begeistert den größten Tag seines Lebens erlebt! Den Rest des Abends sprachen wir kein Wort mehr miteinander. Ich schaute mit leerem Blick in die Menge, während Samir sich nach allen Seiten angeregt unterhielt.

Eine Stunde vor Mitternacht machten sich die ersten Gäste auf den Heimweg. Schließlich wußte jeder, daß der Bräutigam noch etwas zu erledigen hatte. Nachdem alle gegangen waren, halfen meine Eltern Samir und mir von unserem Thron herunter und brachten uns zum Auto. Nun durfte ich also allein mit diesem Mann im Auto sitzen... Paradox, denn vor vierundzwanzig Stunden hatte ich noch das Zimmer verlassen müssen, wenn er zur Tür herein kam. Dabei hatte sich zwischen ihm und mir nichts geändert – mit Ausnahme dieses formalen Aktes, der von einem Moment auf den anderen aus zwei Fremden Mann und Frau machte.

Meine Familie fuhr die ganze Zeit über hinter uns her, bis zur Wohnung meines Onkels. Dort angekommen, ging alles ganz schnell: Meine Mutter schob mich ins Schlafzimmer, half mir beim Ausziehen und streifte mir ein hauchdünnes Nachthemd über. »Nun wirst du zur Frau gemacht. Mach uns keine Schande und tu einfach alles, was er will«, sagte sie. »Wenn du dich nicht verkrampfst, wird es schnell gehen. Und sobald wir das Blut auf dem Bettlaken gesehen haben, lassen wir euch allein.« In ihrem Gesicht mischten sich Freude und Genugtuung. Sie hatte mich unter die Haube gebracht...

Dann ging sie hinaus. Ich setzte mich auf die Bettkante. Ich hatte eine Gänsehaut am ganzen Körper. Tränen liefen mir übers Gesicht. »Wenn sich doch bloß der Boden unter mir öffnen würde«, betete ich und starrte auf die Tür, in der Hoffnung, sie möge sich nie öffnen. Aber es dauerte keine zehn Minuten, da kam Samir ins Schlafzimmer.

»Bist du bereit?«, fragte er. Er begann sich auszuziehen. Eine Antwort auf seine Frage erwartete er gar nicht. Meine Angst wandelte sich in leise Wut.

»Wir können das jetzt nicht machen, ich habe meine Regel.« Ich war heilfroh über meinen plötzlichen Geistesblitz. Samir zuckte zusammen. Wortlos zog er seine Hose wieder an und verließ das Zimmer. Himmel, war ich erleichtert! Diese Lüge hatte mich gerettet. Zwei Minuten später riß meine Mutter die Schlafzimmertür auf und stürzte auf mich zu. »Willst du uns ins Unglück stürzen?!« schrie sie, riß mich an den Haaren aus dem Bett und ohrfeigte mich. »Zieh deine Unterhose aus, ich will sehen, ob du die Wahrheit gesagt hast!«

»Nein, Mama«, brüllte ich. »Ich habe meine Regel nicht. Ich hab' das nur gesagt, weil ich solche Angst habe!«.

In ihren Augen stand die blanke Wut. »Was glaubst du, wofür dein Mann so viel Geld investiert hat? Damit du mit deinen dreckigen Lügen alles kaputt machst?«

Zitternd kauerte ich auf dem Boden. Sie drehte sich abrupt um und knallte die Tür hinter sich zu. Ich konnte nicht verstehen, was nebenan im Wohnzimmer geredet wurde, aber es dauerte eine Weile, bis Samir wieder ins Schlafzimmer kam. Er legte sich ins Bett, und ich legte mich zitternd neben ihn. Was hatte er jetzt vor, was hatten meine Eltern mit ihm besprochen? Ich lag mucksmäuschenstill unter dem Laken und rührte mich nicht. Erst nach einer ganzen Weile merkte ich, daß Samir eingeschlafen war. Ich atmete auf. Doch in meinem Kopf überschlugen sich die Fragen, und immer wieder mußte ich weinen, weil mir so elend war.

Bis zum Morgengrauen lag ich so neben meinem »Ehemann«.

14. März 1982

Als ich aufwachte, spürte ich eine Hand auf meinem Schenkel. Schlagartig verkrampfte sich mein Körper, ich war steif wie ein Brett. Damit hatte ich nicht gerechnet, ich hatte gehofft, bis zur nächsten Nacht würde Samir mich in Ruhe lassen.

»Du brauchst keine Angst zu haben«, beruhigte er mich. »Nachher bekommen wir die Schlüssel für unsere eigene Wohnung.« Mein Herz klopfte. »Erst da werde ich dich zu meiner Frau machen.« Dann gab er mir einen Kuß und stand auf. Himmel, war mir übel. Sollte das nun die Erfüllung sein, von der die Erwachsenen immer schwärmten? War das die große und einzigartige Liebe, nach der sich angeblich jede Frau sehnte? Wenn ja, dann wollte ich lieber ewig ein Kind bleiben... Nach dieser Nacht brauchte ich eine ausgiebige Dusche, um die Müdigkeit und Samirs fordernde Finger von mir abzuwaschen.

Gegen Mittag fuhren wir in unsere künftige Wohnung zur Schlüsselübergabe. Mit nur einem Koffer, einer Matratze und etwas Bettzeug zogen Samir und ich noch am selben Tag ein.

Nachdem wir ein bißchen aufgeräumt hatten, rückte mein Ehemann die Matratze ins Wohnzimmer und zog sich bis auf die Unterhose aus. »Komm, leg' dich neben mich!« Ich gehorchte. Ich zog alles bis auf den Slip und mein langes Unterhemd aus und legte mich neben ihn.

Er begann mich zu streicheln. Schlagartig war mein Körper stocksteif, doch das irritierte ihn nicht. Ich weinte leise. Merkte er denn nicht, daß ich zu diesem bedeutenden Schritt noch nicht bereit war? Er streichelte über meine Beine, meinen Bauch, meinen Hals. Er flüsterte mir Worte ins Ohr, an die ich mich bis heute nicht erinnern mag. Dann rollte er sich auf mich – und ich stieß ihn fort.

Sieben Stunden lang versuchte Samir in mich einzudringen. Dann verlor er die Geduld. Mit aller Kraft und Brutalität, die ein Mann aufbringen kann, vergewaltigte er mich. Als er fertig war, schnappte er sich das Telefon und rief meine Mutter an. »Herzlichen Glückwunsch«, hechelte er in den Hörer. »Ja, sie war Jungfrau.« Meine Mutter schien ihm noch weitere Fragen zu stellen. »Jaja, alles in Ordnung. Danke. Bis morgen!« hörte ich ihn noch sagen, während ich mich ins Bad schleppte. Ich blutete wie ein verwundetes Tier. Wie es ihrer Tochter gehe, hatte meine Mutter nicht gefragt. Dieses Grauen war für sie eben eine ganz normale Sache, etwas, das jede Frau über sich ergehen lassen mußte. Ob sie wollte oder nicht.

15. März 1982

Am nächsten Morgen stand meine Familie mit Keksen und Kuchen vor der Tür, um das blutbefleckte Bettlaken zu begutachten. Ich konnte mich derweil kaum auf den Beinen halten. Mein Unterleib schmerzte höllisch, und die Blutungen hörten nicht auf. Ein Gynäkologe sollte später meine Befürchtungen bestätigen: Samirs rabiate Erfüllung der »ehelichen Pflichten« hatte mir heftige Wunden zugefügt. Zwei Monate dauerte es, bis die Risse in meinen Genitalien wieder verheilt waren.

Ich habe ihm nie davon erzählt. Ab diesem Tag ließ ich über mich ergehen, was ich offensichtlich über mich ergehen lassen mußte. Sex war für mich die ekelhafteste Seite dieses Ehelebens. Daß ich es angenehm finden könnte, mit einem Mann zu schlafen, daß ich einen Orgasmus haben und vor Glück schreien könnte, das wäre mir im Traum nicht eingefallen.

7. Mai 1982

Meine Eltern hatten mir nun nichts mehr zu sagen, ich war ihrer Erziehungsgewalt enthoben. Und sie würden sich fortan auch nur noch um mich kümmern, wenn Samir sich wegen ungebührlichen Verhaltens über mich beschwerte. Oder wenn ich ihre Hilfe suchte. Ansonsten bestimmte jetzt einzig und allein mein Mann über mein Leben; *er* entschied, was ich durfte beziehungsweise nicht durfte.

Er erlaubte mir zum Glück, weiter zur Schule zu gehen. Meine Eltern ärgerten sich darüber, daß Samir mir solche Freiheiten ließ – aber ich war selig. Ich bestand das zehnte Schuljahr und wechselte zur Höheren Handelsschule.

Wir hatten gerade Sommerferien, als ich eines Tages plötzlich starke Unterleibsschmerzen bekam. Ich konnte kaum noch gehen, und mein Hausarzt wies mich ins Krankenhaus ein. Hier stellte man weitere Folgen meiner »Hochzeitsnacht« fest: Ich war schwanger. Allerdings handelte es sich um eine Eileiterschwangerschaft. Ich wurde noch am selben Tag operiert.

Als ich aus der Narkose erwachte, hörte ich Samirs Stimme. Er sprach mit dem Arzt, der mich untersucht hatte. »Ihre Frau wird vermutlich keine Kinder mehr bekommen können«, war der letzte, weit entfernte Satz, den ich auffing, dann schlief ich wieder ein.

Später erzählte mir meine Mutter, wie Samir unmittelbar nach diesem Gespräch bei ihr erschienen sei, um sich zu beschweren, weil ich keine vollwertige Frau mehr sei. Meine Mutter stellte es ihm frei, Konsequenzen zu ziehen, einer Scheidung würden mein Vater und sie anstandslos zustimmen. Samir dachte ein paar Tage darüber nach, dann besuchte er meine Eltern wieder. Er sei noch jung genug, erklärte er ihnen, er könne sich, wenn er Kinder haben wolle, jederzeit nach einer anderen Frau umsehen. Und, grinste er, eine Scheidung sei da nicht einmal nötig: »Es gibt ja bei uns Allah sei Dank die Möglichkeit, noch eine zweite Frau zu heiraten.«

Nachdem ich aus der Klinik entlassen worden und wieder zu Hause war, hatten Samir und ich ständig lange Debatten: Ich wollte weiter zur Schule gehen und einen Beruf erlernen. Was sollte ich den ganzen Tag zu Hause sitzen, wo ich niemals Kinder bekommen würde? Nach vielem Hin und Her gab er mir seine Erlaubnis.

Ein paar Wochen später zogen wir dann noch einmal um, diesmal in eine größere Wohnung. Allerdings war auch sie nur mit einer Matratze und einem Kühlschrank möbliert.

Nach außen hin schien es, als seien Samir und ich ein glückliches junges Paar, das eine harmonische Ehe führte. Aber die Wirklichkeit sah anders aus. Langsam aber sicher entdeckte ich nämlich auch, daß mein Mann sich eigentlich nur für elektronische Geräte und junge Mädchen interessierte. Immer wieder forderte er mich auf, doch meine Freundinnen mit zu uns nach Hause zu bringen. Was ich anfangs tat, weil ich dachte, er wolle einfach über meinen Umgang Bescheid wissen. Es dauerte lange, bis ich dahinter kam, daß er sich an die Mädchen heranmachte, sie betatschte und ihnen perverse Geschichten erzählte.

13. Dezember 1983

Samir war nicht nur ein glühender Fan teurer High-Tech-Anlagen und blutjunger Mädchen, er entpuppte sich auch zunehmend als brutaler Schläger. Eines Morgens, knapp zwei Jahre nach unserer Hochzeit, an einem Sonntag, sagte Samir, er wolle eine Pfanne gebratener Tomaten zum Frühstück. Ich lehnte ab, ihm welche zu bereiten, weil ich meine Tage hatte und dann partout nichts Rotes sehen konnte. Da begann er, wie aus heiterem Himmel, auf mich einzuschlagen. Er wurde richtig hysterisch und verprügelte mich, bis ich bewußtlos war. Ohne ein Wort verließ er anschließend die Wohnung.

Eine Nachbarin, mit der ich mich ein wenig angefreundet hatte, hörte den Krach, klingelte an unserer Wohnungstür, nachdem Samir aus dem Haus war, und als ich nicht öffnete, rief sie die Polizei. Die Beamten brachen die Tür auf und fanden mich bewußtlos am Boden liegen. Erst im Krankenhaus kam ich wieder zu mir.

Zu meiner allergrößten Überraschung eröffnete mir der Arzt, der mich untersucht hatte, daß ich schwanger sei. Ich konnte es kaum glauben. Noch vor ungefähr eineinhalb Jahren hatte es geheißen, ich könne keine Kinder mehr bekommen und nun sollte ich ein Baby in meinem Bauch tragen? Als Samir mich besuchte, zwei Tage nachdem er mich krankenhausreif geprügelt hatte, eröffnete ich ihm, daß er Vater würde. Seine Reaktion war eisig. Er freute sich kein bißchen, er blieb völlig ungerührt.

Als ich diesmal aus dem Krankenhaus entlassen wurde, war es vorbei mit meiner hart erkämpften kleinen Freiheit: Samir verbot mir, weiter zur Schule zu gehen. Jetzt, wo ich schwanger sei, wäre es für mich an der Zeit, zu Hause zu bleiben, um mich um den Haushalt – und demnächst um das Kind – zu kümmern. Ich war verzweifelt, aber ich wußte nicht, wie ich ihn noch überreden könnte.

Kurze Zeit später kam der nächste Schock. Samir hatte einige undurchsichtige Geschäfte abgewickelt, die uns aber immerhin Geld für Möbel in unserer spärlich eingerichteten Wohnung brachten. Nun eröffnete er mir, daß es sich bei diesen Geschäften um Hehlerei handelte. Ich war entsetzt. Ich erzählte meinen Eltern davon, doch die antworteten nur: »Er ist dein Mann, und du mußt dich nach ihm richten. Was er tut, ist in Ordnung.«

Ich hatte Angst, daß die Polizei vom Samirs illegalen Machenschaften erfahren würde, daß er verhaftet und ins Gefängnis gesteckt werden könnte. Immerhin waren wir nun bald zu dritt, er trug nicht nur für mich, sondern auch für unser Kind Verantwortung.

Wenn ich ihn bat, nicht mehr mit Hehlerware zu handeln, sagte er jedesmal, ich solle den Mund halten, schließlich lebe auch ich gut von dem Geld. Fragte ich ihn, ob er denn keine Angst habe, drosch er auf mich ein. Also schwieg ich irgendwann. Ich hatte keine Rechte, ich hatte nur Pflichten. Diese Ehe war ein Gefängnis, und die Schwangerschaft würde sicher auch nichts zum Besseren wenden. Andere mochten den Eindruck haben, unser Zusammenleben sei perfekt – denn Samir konnte hervorragend schauspielern –, in Wirklichkeit wurde mein Leben mehr und mehr zu einer Tortur.

6. März 1984

In unserer Familie hatte noch nie eine Frau den Führerschein gemacht. Eine Frau, die Auto fahren könne, hieß es, nehme sich Freiheiten heraus, die dem Ansehen der Familie schadeten. Die Männer waren außerdem samt und sonders der Meinung, eine Frau könne »so etwas« auch gar nicht schaffen – und vielleicht glaubten die Frauen es sogar selbst. Mich reizte es, allen das Gegenteil zu beweisen.

Da ich nun schwanger war, deshalb nicht länger zur Schule gehen durfte und statt dessen den ganzen Tag über zu Hause saß, hatte ich auf Samir eingeredet, mich in einer Fahrschule anzumelden. Damit ich irgend etwas zu tun hatte, denn unseren kleinen Zweipersonenhaushalt in Ordnung zu halten, schaffte ich wirklich im Handumdrehen. Schließlich hatte ich vor meiner Heirat viel mehr Hausarbeit erledigt . . .

Irgendwann hatte ich Samir soweit, daß er mir die Anmeldeformulare unterschrieb. Als er allerdings erfuhr, was ihn mein Führerschein kosten würde, gab es einen Riesenkrach. Am Ende suchte ich mir eine Putzstelle, um die Fahrstunden finanzieren zu können.

Am 4. März 1984 war dann der Termin für meine Fahrprüfung. Und ich bestand sie auf Anhieb! Ich war unglaublich stolz. Der einzige, der sich mit mir über meinen Erfolg freute, war erstaunlicherweise mein Vater. Mein Mann wurde fuchsteufelswild, als er erfuhr, daß ich jetzt einen Führerschein hatte. Obwohl Samir mir zwar erlaubt hatte, Fahrunterricht zu nehmen, muß er doch bis zum Schluß gehofft haben, ich würde durch die Prüfung fallen. Mein Erfolg schien seinen männlichen Stolz zu untergraben. Jedenfalls beschimpfte und beleidigte er mich tagelang – bei jeder sich bietenden Gelegenheit.

Die Mädchen in unserer Familie waren allesamt begeistert über meine Leistung. Für sie war ich eine Vorreiterin. Wenn sie es mir eines Tages nachmachten, würden sie wahrscheinlich auch nicht mehr soviel Ärger bekommen wie ich. Die meiste Wut bekommt doch immer derjenige ab, der sich als Erster festen Regeln widersetzt.

Und ich selbst war schlicht überglücklich über meinen nagelneuen Führerschein. Er gab mir nämlich auch ein bißchen Freiheit, ein bißchen Bewegungsfreiheit. Samir überließ mir, nachdem sich sein Ärger etwas gelegt hatte, seinen Wagen. Solange ich ihn nur immer pünktlich von der Arbeit abholte, konnte ich den restlichen Tag über durch die Gegend fahren und meine Freundinnen oder meine Familie besuchen.

4. Juni 1984

Von einem Tag auf den anderen beschlossen meine Eltern, Deutschland zu verlassen. Sie wollten zurück nach Jordanien. Damit nahmen sie mir, woran ich am meisten hing: meine Schwestern Mona und Samira. Die beiden liebte ich abgöttisch! Sie waren zwar jünger als ich und verstanden nicht immer alles, was ich ihnen erzählte, aber sie waren die einzigen, mit denen ich über mein unglückliches Leben reden konnte. Sie waren die einzigen, die mir nicht ständig vorhielten, ich müsse meinem Mann gehorchen und schweigen.

Vor lauter Kummer über die Trennung begann ich zu essen und zu essen. Durch meinen Frust – und natürlich auch die Schwangerschaft – nahm ich satte dreißig Kilo zu.

12. August 1984

Mit furchtbaren Schmerzen im Unterleib wachte ich auf. Samir lag neben mir, er schlief tief und fest. Ich versuchte, ihn zu wecken. »Samir, die Wehen haben begonnen.« Doch er rollte sich auf die andere Seite und schlief weiter. Erst gegen zehn Uhr wachte er auf und befahl mir, ihm Frühstück zu machen. Er ging ins Bad, ich quälte mich in die Küche.

Nachdem er gegessen hatte, wollte Samir zu dem Gebrauchtwagenmarkt, der jeden Sonntag auf dem Gelände des Autokinos am Stadtrand stattfand. Um nicht allein zu Hause bleiben zu müssen, zog ich mich an und fuhr mit. Drei Stunden lang liefen wir um blitzblank polierte Daimler und heruntergekommene Schrottlauben herum, hier und da blieb Samir stehen und unterhielt sich mit den Besitzern, während ich mit zusammengebissenen Zähnen danebenstand und gegen die Schmerzen ankämpfte. Als ich es nicht mehr aushielt und ihn anflehte, er möge mich doch zu einem Arzt bringen, fuhr er mich schließlich zu meiner Tante. Sie sollte entscheiden, ob die ständigen Krämpfe Wehen waren oder nicht. Meine Tante schlug die Hände über dem Kopf zusammen und sagte zu Samir, er solle mich ins nächste Krankenhaus bringen, und zwar sofort. Die Wehen kamen inzwischen alle vier Minuten.

Samir setzte mich vor der Frauenklinik ab und fuhr zurück zum Automarkt.

In der Aufnahme untersuchte mich der diensthabende Arzt und gab mir eine Spritze ins Rückenmark, um die Schmerzen zu lindern. Dann brachte mich eine Schwester auf die Entbindungsstation. Abends gegen halb acht platzte die Fruchtblase, kurz darauf begannen die Preßwehen. Zwanzig Minuten später brachte ich meinen Sohn Farid zur Welt.

Eine Krankenschwester hatte Samir angerufen, und stolz wie ein Pfau kam mein Mann jetzt in den Kreißsaal stolziert. Er war überglücklich, daß sein Erstgeborenes ein Junge war und nahm das Baby auf den Arm. Seine Augen glänzten und er lächelte selig. Was hätte ihm, dem stolzen Jordanier, Schöneres widerfahren können, als Vater eines gesunden Sohnes zu werden! »Das haben wir toll hingekriegt«, sagte er und hauchte mir einen Kuß auf die Wange.

Keine drei Tage später fing er an, sich zu beschweren. »Ich kann nicht gleichzeitig arbeiten, den Haushalt führen und dich im Krankenhaus besuchen!« Also unterschrieb ich meine Entlassungspapiere und verließ die Klinik auf eigenes Risiko.

Zu Hause sah es aus, als habe eine Bombe eingeschlagen. Was um alles in der Welt hatte Samir hier getrieben? Der Kühlschrank war gähnend leer, weder für das Baby noch für mich war etwas zu essen im Haus. »Der Haushalt ist deine Sache«, herrschte er mich an.

Fortan kümmerte er sich nicht mehr um uns, er war ständig unterwegs. Für ihn war ich die Mutter seines Sohnes, die Frau, die Farid umsorgte – und die, über die er sich jederzeit hermachen konnte, wenn ihn das Verlangen übermannte. Darüber hinaus hatte er nicht das geringste Interesse an mir.

Mit der Zeit wurde ich traurig und depressiv. Was führte ich bloß für ein Leben? Sollte ich bis ans Ende meiner Tage mit einem Mann leben, für den ich ein Nichts war? Vor Kummer stopfte ich noch mehr Süßigkeiten und Kuchen in mich hinein und wurde dicker und dicker. Ab und zu höhnte Samir: »Friß weiter, ich heirate sowieso eine andere Frau. Dich lasse ich das Kind erziehen, die andere nehme ich fürs Vergnügen.«

Er ließ keine Gelegenheit aus, mich zu erniedrigen. Bat ich ihn um Geld, damit ich die Gäste bewirten konnte, die er ständig einlud, um ihnen voller Stolz seinen Sohn vorzuführen, dann antwortete er: »Geh doch arbeiten, anstatt hier faul auf deinem dicken Hintern rumzusitzen. Ich denke, du bist so gebildet, das hat deine Familie jedenfalls behauptet, als ich dich geheiratet habe.« Obwohl ich mich ständig um Farid kümmerte, sprach er mir jede Kompetenz in Erziehungsfragen ab. Brachte ich unseren Sohn abends um acht Uhr ins Bett, zog er ihn wieder heraus. Dann mußte der Kleine oft stundenlang im Wohnzimmer bei seinem Vater sitzen, der sich mit Freunden amüsierte. Viele von ihnen rauchten und tranken. Versuchte ich, Samir klarzumachen, daß ein kleines Kind viel Schlaf brauche, bekam ich mindestens eine Ohrfeige.

Ich bemühte mich, seine Gemeinheiten an mir abprallen zu lassen und konzentrierte mich mit aller Kraft auf meinen Sohn. Seelische Unterstützung fand ich nur bei meinen Freundinnen – die ich immer häufiger einlud, die aber immer seltener kamen. Auch sie fürchteten sich vor der Brutalität meines Mannes und betraten unsere Wohnung nur noch, wenn er nicht zu Hause war. Andere Bekannte zogen sich ebenfalls nach und nach zurück, weil Samir immer öfter als brutaler Schläger und selbstherrlicher Angeber auftrat. Alles, was er tat, war das Beste, was er sagte, das Schlaueste, was er hatte, das Schönste. Er wurde zunehmend unerträglich. Ich verachtete ihn mehr und mehr. Ich lebte zwar an seiner Seite, aber nicht mit ihm.

Meine Freundinnen brachten mich peu à peu dazu, Samirs Widerwärtigkeiten nicht mehr kritiklos hinzunehmen. Sie rieten mir, mich scheiden zu lassen oder ins Frauenhaus zu ziehen.

20. Dezember 1984

Das Telefon klingelte. Meine Eltern waren am Apparat und sagten, sie würden wieder nach Deutschland zurückkehren. Meine Geschwister vertrugen das Klima in Jordanien nicht. Ich freute mich riesig – nicht wegen meiner Eltern, aber wegen meiner Schwestern. Ein paar Wochen später holte ich sie vom Flughafen ab. Weinend fiel ich Mona und Samira um den Hals. Wir waren überglücklich, wieder beieinander zu sein. Die beiden durften mich fortan jedes Wochenende besuchen.

Samir kam unterdessen immer seltener nach Hause. Mir war das nur recht, ich fragte ihn nie, wo er sich herumtrieb. Als er jedoch sah, daß ich mich jetzt wieder regelmäßig mit meinen Schwestern traf und amüsierte, kreuzte er allerdings regelmäßig – und überraschend – in unserer Wohnung auf.

Samir verhielt sich äußerst fies gegenüber den Mädchen. Er musterte sie, die gerade erst zwölf Jahre alt waren, von oben bis unten mit dreisten Blicken und machte üble Sprüche. »Du siehst frischer aus als Sarah«, sagte er beispielsweise zu Samira und lobte ihren knackigen, kleinen Hintern. Mona fragte er, wie sie sich Sex vorstelle, wann sie heiraten wolle und manches mehr, was noch peinlicher oder gemeiner war.

Gleichzeitig beschwerte er sich bei meiner Mutter, ich sei zu nichts zu gebrauchen, weder im Bett noch im Haushalt. Sie glaubte ihm jedes Wort und redete ständig auf mich ein, ich solle meinem Mann eine bessere Ehefrau sein. Als ich ihr bei einem solchen Gespräch einmal antwortete, Samir und ich schliefen überhaupt nur noch miteinander, wenn er es dringend nötig habe und mich mitten in der Nacht brutal überfalle, lächelte sie mit ihren kalten, dünnen Lippen. »Hast du vergessen, was ich alles mitgemacht habe?«

Samir sei mein Mann, fuhr sie fort, und deshalb für mich ein »kleiner Gott«, dem ich zu gehorchen habe.

»Streng dich an, sonst sucht er sich womöglich eine andere Frau.« Ich antwortete, genau das sei es, was ich eigentlich wolle. Da spuckte sie mir ins Gesicht.

Im stillen nahm ich mir vor, mit meinem Vater über

alles zu reden. Aber ich wollte ihn alleine sprechen, und darum mußte ich auf eine günstige Gelegenheit warten. Meine Mutter sollte nicht dabei sein, denn sie, so fürchtete ich, hätte mich hinter meinem Rücken bei Samir angeschwärzt.

3. Juli 1985

Samirs Geschäfte mit der Hehlerware liefen immer schlechter. Er gab mehr aus, als er einnahm, und unsere finanzielle Lage wurde immer miserabler. Schließlich gaben wir Farid zu meinen Eltern, und ich suchte mir einen Job. Im Mai begann ich als Aushilfs-Fakturistin bei einer Ex- und Importfirma. Nach langer Zeit kam ich jetzt wieder unter Leute, und ich blühte förmlich auf. Es war ein großartiges Gefühl, gebraucht zu werden, etwas leisten zu können und dafür auch noch bezahlt zu werden! Ich stürzte mich mit all meinen Kräften in die Arbeit. Mein Chef merkte das, und er wußte es auch zu würdigen: Nach sechs Wochen bot er mir eine feste Stelle an.

Als ich meiner Mutter voller Stolz davon erzählte, verlangte sie prompt Geld dafür, daß sie Farid betreute – obwohl meine Schwestern die meiste Arbeit hatten, Mona und Samira kümmerten sich ständig um den Jungen. Wir einigten uns letzlich darauf, daß ich ihr hundertfünfzig Mark im Monat geben würde, was mir regelrechte Magenschmerzen machte. Nicht wegen des Geldes an sich, sondern wegen der Situation: Ich sollte meine Mutter dafür bezahlen, daß sie, während ich arbeiten ging, auf meinen Sohn aufpaßte.

Aber nicht nur meine Mutter neidete mir den beruflichen Erfolg: Meinem Mann platzte vor Eifersucht fast der Kragen. Monatelang waren wir am finanziellen Abgrund entlang balanciert, und jetzt meinte Samir auf einmal, wir könnten durchaus von seinem Geld leben – nur um mich dazu zu bringen, wieder zu kündigen. Am Ende siegten jedoch seine Gier und der Wunsch, weiter seine Hehlergeschäfte zu betreiben. Ich konnte also meinen Job behalten.

Samir ließ sich andere Mittel und Wege einfallen, mir mein neues Leben zu vermiesen. Wenn ich nachmittags aus dem Büro kam, sprang er beispielsweise aus dem Bett und ging eilig ins Bad, um sich die Genitalien zu waschen. Manchmal riß er die Fenster auf, und bemerkte lakonisch: »Nach gewissen Beschäftigungen riecht die Wohnung immer stundenlang.« Er dachte sich einiges aus, um bei mir den Verdacht zu wecken, er habe ständig irgendwelche Frauen zu Besuch, während ich in der Firma war. Mich ließen diese Mätzchen kalt. Ich war mit meiner Arbeit und mit meinem Kind völlig ausgelastet, und selbst wenn Samirs Frauengeschichten wahr gewesen wären, sie hätten mich kein bißchen verletzt. Ich war inzwischen viel zufriedener mit mir, selbstbewußter, stärker und längst nicht mehr so traurig wie in den vergangenen Monaten.

Dank dieser neuen Ausgeglichenheit verlor ich auch den Kummerspeck, den ich mir angefressen hatte. Innerhalb von fünf Monaten nahm ich 22 Kilo ab und erreichte wieder mein Idealgewicht von 56 Kilo. Alle meine Freundinnen versicherten mir, mein Aussehen habe sich sehr zu meinem Vorteil verändert, und immer häufiger machten mir sogar Freunde meines Mannes Komplimente. Was wiederum ihn an den Rand des

Wahnsinns trieb. Aus dem häßlichen Entlein war ein schöner Schwan geworden, eine schlanke, attraktive Frau – und die wollte nichts von ihm wissen. Wie das an seinem Ego kratzte! Tagsüber konnte er sich noch beherrschen und seine Eifersucht kaschieren, indem er mir irgendwelche Affären vorgaukelte. Aber nachts fand er keine Ruhe. Er wartete, bis ich eingeschlafen war und vergewaltigte mich dann. So konnte er mich quälen, so konnte er mir doch noch zeigen, wer von uns der Stärkere war . . .

Wenn ich meinen Freundinnen davon erzählte, redeten sie inständig auf mich ein, ich solle etwas unternehmen, ich dürfe diese brutalen Überfälle nicht länger dulden. Besonders Nicole, meine beste Freundin, mit der ich schon seit der Schulzeit befreundet war, mischte sich ein. – Womit sie bei mir allerdings immer gemischte Gefühle auslöste, denn so dankbar ich ihr einerseits war, so neidisch war ich andererseits auf sie. Nicole lebte genau *das* Leben, von dem ich immer träumte. Sie war selbständig, sie war unabhängig, sie hatte ihren Job und ihr eigenes Einkommen. Nicole wechselte ihre Freunde, wie es ihr paßte, zog ihren Sohn alleine groß und mußte niemandem Rechenschaft über irgend etwas ablegen. Sie war stark, sie sah toll aus, sie hatte einfach alles im Griff – sie war so, wie ich gern gewesen wäre.

Doch wie sehr sie auch auf mich einredete, mich von Samir zu trennen, ich unternahm nichts. Was hätte ich denn tun sollen?

Während einer Routineuntersuchung stellte mein Gynäkologe dann fest, daß ich wieder schwanger war. Samir schien sich über diese Neuigkeit zunächst zu freuen. Tagelang dachte er sich Namen für seinen zweiten Sohn aus. Daß es ein Mädchen werden könnte – dieser Gedanke kam ihm gar nicht.

Mich selbst bedrückte diese neue Schwangerschaft. Ich machte mir große Sorgen darüber, wie es finanziell weitergehen sollte. Da Samirs Lohn überwiegend in teure Hifi-Anlagen floß, war ich inzwischen diejenige, die uns ernährte. Wovon aber würden wir leben, wenn ich ein zweites Kind bekam? Denn ich müßte wieder kündigen, soviel war klar; mit einem Kind zu arbeiten war für meinen Mann und meine Familie eigentlich schon ein Unding, mit zwei Kindern würde es absolut indiskutabel sein.

Die Pille zu nehmen, wie meine deutschen Freundinnen, das war für mich nie möglich gewesen. Verhütung war in unserer Familie immer ein striktes Tabu. Es gab schlicht keine Verhütung! Es galt schließlich als ein Segen, Kinder zu bekommen, da war jedes Wort über die Pille oder andere Mittel absolut überflüssig. – Tja, und nun war es passiert...

Ich sträubte mich gegen den Gedanken, meinen neuen Job nach so kurzer Zeit wieder an den Nagel zu hängen. Nicht nur wegen des Geldes, sondern auch, weil ich meine hart erkämpfte Freiheit nicht schon wieder verlieren wollte.

Je länger ich über dieses Kind in meinem Bauch nachdachte, desto häufiger spürte ich einen heftigen Ekel: Es war zu alledem auch noch die Folge einer Vergewaltigung. Einer von vielen. Es war das Kind eines Mannes, für den ich nur noch Widerwillen empfand, von dem ich mich innerlich inzwischen soweit entfernt hatte, daß ich seine Anwesenheit kaum noch ertrug.

Dann besuchte uns eines Tages Samirs Bruder. Ich war gerade müde und erschöpft von der Arbeit nach

Hause gekommen, als Hussein auf dem Sofa saß. Ich haßte ihn aus vollem Herzen, weil er vor Jahren meinen Vater rücksichtslos und eiskalt bestohlen hatte, und ich wollte diesen Mistkerl nicht in unserer Wohnung sehen. Ohne ihm auch nur »Guten Tag« zu sagen, ging ich in die Küche. Samir kam hinterher und befahl mir, Tee und Essen für seinen Bruder zu bereiten. Ich weigerte mich und stürmte wutentbrannt aus der Küche. »Was denkst du dir dabei?« Ohne Hussein eines Blickes zu würdigen, tobte ich am Wohnzimmer vorbei ins Schlafzimmer. »Er hat meinem Vater horrende Beträge gestohlen, Tausende, und du läßt ihn bei uns ein- und ausgehen!«

Weiter kam ich nicht. Ein Schlag warf mich aufs Bett. Wie von Sinnen prügelte Samir auf mich ein. Seine Fäuste fielen wie rasende Hämmer, sie trafen mich im Gesicht, auf die Brust, in den Bauch, an den Armen und Beinen. Wie durch einen Schleier sah ich auf einmal Farid im Türrahmen stehen. Der Kleine war uns gefolgt, er stand weinend da, mit weit aufgerissenen Augen. Ich verbiß mir krampfhaft jede Träne, jeden Schrei, denn wenn ich mich zu wehren oder zu ducken versuchte, kam Samir oft erst richtig in Rage, und dann schlug er auch Farid. Um ihn hatte ich wirklich Angst. »Die Schläge gehen vorüber«, dachte ich, »Hauptsache, Samir läßt den Jungen in Ruhe«.

Irgendwann wurden die Schläge tatsächlich weniger, und endlich ließ Samir von mir ab und stürmte aus dem Zimmer. Zitternd vor Schmerzen versuchte ich mich aufzurichten und nahm Farid in den Arm. Der arme Junge mußte so viel Schlimmes mitansehen, und er war noch so klein. »Wir haben nur getobt, mein kleiner Schatz«, versuchte ich ihn zu beruhigen. Ich trocknete seine Tränen und zog ihn zärtlich an mich. Jedesmal, wenn ich ihn in den Armen hielt, wurde mir warm ums Herz. Was für einen niedlichen Sohn ich hatte! Nur er ließ mich diese höllische Ehe ertragen. Nur für ihn hielt ich diese Schmerzen aus. Aber irgendwann einmal, irgendwann würde ich den Qualen ein Ende bereiten, das schwor ich mir in diesem Moment, als ich grün und blau geprügelt neben dem Bett hockte und Farid tröstete.

Wir gingen in die Küche, um etwas zu kochen. Mein linkes Auge schwoll langsam zu, mein Bauch brannte wie Feuer. Ich hörte, wie Samir sich im Wohnzimmer damit brüstete, seine aufsässige Frau zur Räson gebracht zu haben, und sein Bruder bestärkte ihn noch darin. »Jaaa, das war schon richtig«, grölte Hussein. »Man darf sich von den Frauen nichts gefallen lassen!« Dann lachten sie beide schallend. In mir brodelte es. »Ich hasse dich, ich hasse dich!« zischte ich durch zusammengebissene Zähne Richtung Wohnzimmer. Ich war ohnmächtig vor Wut.

Im Lauf der Nacht wurden die Schmerzen in meinem Unterleib immer stärker. Ich versuchte Samir zu wekken, doch er schlief tief und seelenruhig. Am nächsten Morgen bat ich ihn, mich zum Notarzt zu fahren. Es war Samstag, und deshalb konnte ich meinen Hausarzt nicht erreichen. Aber Samir reagierte nicht auf meine Bitte. Sein Bruder war noch da, und darum markierte er weiterhin den harten Mann. »Halt den Mund«, herrschte er mich an. »Sieh zu, daß der Junge ordentlich ißt! Die Schmerzen verschwinden von allein und außerdem war so eine Tracht Prügel längst mal wieder fällig.« Ich schwieg.

Für den Nachmittag waren wir zur Hochzeit meiner Cousine Selma eingeladen. Samir wartete schon ungeduldig im Flur auf mich, als ich ihm sagte, daß ich nicht mitkäme – meine Schmerzen wurden immer stärker. Er geriet wieder in Wut und holte zu neuen Schlägen aus. Also riß ich mich zusammen, zog Farid seine besten Hosen an, machte mich selbst zurecht und stieg ins Auto. Wieder einmal mimten wir die glückliche Familie.

Auf der Hochzeit wurde gefeiert, gelacht und getanzt, alle amüsierten sich prächtig. Ich saß den ganzen Abend über still in einer Ecke, weil mir die Schmerzen inzwischen fast den Atem nahmen. Mein Gesicht glühte, und meine Beine wurden immer weicher. Samir kümmerte sich keine Sekunde um mich. Als ich gegen elf Uhr zur Toilette ging, sah ich, daß mein Kleid voller Blut war. Ich schleppte mich zurück in den Saal, suchte Samir und bat ihn um die Autoschlüssel. Daß er mich nicht zum Arzt fahren würde, konnte ich mir inzwischen ja denken, außerdem war er gerade dabei, mit einem schwarzgelockten jungen Mädchen zu flirten.

Als ich im Krankenhaus ankam, diagnostizierten die Ärzte eine Fehlgeburt. Am Montag sollte die Ausschabung gemacht werden, vorerst wurde ich in die gynäkologische Station eingeliefert. Später, als ich noch ein zweites Mal untersucht wurde, fragte mich der Arzt nach meinen vielen blauen Flecken. »Ich bin eine Treppe heruntergefallen«, log ich.

Ich war froh, daß ich endlich im Bett lag. Ich war mit den Nerven am Ende. Ein wenig hatten die Schmerzen inzwischen nachgelassen, trotzdem tat mein Unterleib immer noch so weh, daß mir manchmal die Tränen kamen.

Mitten in der Nacht wachte ich auf, weil ich Krämpfe hatte, regelrechte Wehen. Ich versuchte aufzustehen, um die Nachtschwester zu rufen, und rollte mich mühsam aus dem Bett. Ich konnte kaum gerade stehen, mein Knie waren butterweich. Langsam setzte ich einen Fuß vor den anderen. Plötzlich spürte ich einen grausamen Stich im Unterleib und kurz danach etwas Warmes zwischen meinen Beinen entlangrinnen. Als würde etwas aus mir herausrutschen. Der Stationsarzt, der kurz danach kam, konnte nur noch eine zweite Fehlgeburt feststellen. Es traf mich wie ein Schlag. Mit Zwillingen war ich schwanger gewesen! Und ich hatte sie verloren, weil mein Mann sie aus mir herausgeprügelt hatte. Ich brach zusammen.

11. Juli 1985

Als ich am nächsten Morgen aufwachte, fühlte ich mich wie betäubt. Mein Kopf war leer, meine Arme und Beine schwer wie Blei. Der Arzt hatte mir in der Nacht noch eine Beruhigungsspritze gegeben, damit ich schlafen konnte. Jetzt, kaum daß ich die Augen geöffnet hatte, machte sich wieder diese tiefe Traurigkeit in mir breit. Zwillinge hätte ich kriegen sollen! Aber sie waren gestorben, bevor sie auf die Welt kommen konnten. Ich lag tagelang völlig apathisch in meinem Bett. Besuch bekam ich nicht, weder Samir noch meine Mutter ließen sich im Krankenhaus sehen. Ich hatte unendlich viel Zeit nachzudenken.

Erst nach knapp einer Woche kam mein Mann, in Begleitung meiner Mutter und meiner Schwester. Er schwärmte, wie gut ihm die Hochzeitsfeier gefallen habe, von der ich so plötzlich verschwunden sei. Das Mädchen, das er dort kennengelernt habe, sei sooo hübsch gewesen, und er wäre nun schrecklich verliebt. »Ich werde sie wahrscheinlich heiraten«, sagte er, gerade als die Stationsschwester zum Fiebermessen ins Zimmer kam.

Weder meine Mutter noch meine Schwester trauten sich, Samir darauf hinzuweisen, daß seine Frauengeschichten und Heiratspläne sicher nicht das waren, was meinen Nerven jetzt gut tat. Ich versuchte, mir nichts anmerken zu lassen und erzählte bemüht nüchtern, daß ich zwei Fehlgeburten gehabt hatte. »Allah sei Dank«, stöhnte Samir. »Mit einem Kind ist es schon schwer genug.« Was er damit sagen wollte, war allen Anwesenden klar: Für zwei Frauen und mehrere Kinder sorgen zu müssen, würde Samir einige Anstrengungen abverlangen – da war die Fehlgeburt doch sozusagen ein Geschenk des Himmels...

Am nächsten Tag verließ ich die Klinik. Ich hielt es vor Sehnsucht nach meinem Sohn nicht länger im Krankenhaus aus. Fast eine Woche lang hatte ich Farid nicht mehr gesehen.

Ich war kaum zu Hause, als Samir wieder begann, in den höchsten Tönen von seiner neuen Traumfrau zu schwärmen. Diesmal platzte mir der Kragen: »Halt den Mund!« schrie ich. Ich fühlte mich – seltsamerweise – stark und mutig. Ich hatte keine Angst mehr vor seinen Schlägen, das spürte ich genau. Etwas in mir war zerbrochen. Ich hatte zwei Kinder durch seine Brutalität verloren; niemals würde ich ihm das verzeihen.

»Ab sofort wohnen wir in verschiedenen Zimmern, damit du mich nicht mehr vergewaltigen und schwängern kannst, wenn ich schlafe«, schrie ich ihn an. »Du bist mein Cousin, und mehr wirst du für mich niemals sein! Wenn dir das nicht paßt, dann heirate doch deine andere!«. Ich holte kurz Luft. »Aber glaub ja nicht, daß ich meinen Sohn hergebe. Farid bleibt bei mir. Da kann kommen was will.« Ich hatte im Krankenhaus genug Zeit gehabt, über Samir nachzudenken. Immerhin war ich ihm nicht völlig ausgeliefert, ich hatte die Schule besucht und konnte arbeiten. Sollte er doch spotten über meine Bildung, sollte er doch jammern, wie teuer er sie bezahlt habe. Er würde schon sehen, daß sie zu etwas nütze war.

In diesem Moment griff Samir nach der Videokamera und warf sie nach mir. Ich duckte mich, riß Farid an mich, rannte ins Schlafzimmer und schlug die Tür hinter mir zu. Zitternd drehte ich den Schlüssel zweimal im Schloß herum. Draußen hörte ich Samir fluchen und in der Küche nach Werkzeug suchen. Leise sperrte ich wieder auf, huschte zur Haustür und schlich mit dem Kleinen auf dem Arm aus der Wohnung. Wie gejagt lief ich zur Bushaltestelle. Ich hatte Glück: Der Bus war schneller da als Samir.

Wir fuhren zu Nicole, meiner besten Freundin. Dort fühlte ich mich vorläufig in Sicherheit. Als ich ihr erzählte, wie Samir mich so verprügelt hatte, daß ich zwei Babies verlor, konnte sie es gar nicht fassen. »Du mußt mit Farid ins Frauenhaus ziehen«, redete sie auf mich ein, »da seid ihr jedenfalls sicher.« Aber ich wollte nicht ins Frauenhaus. Ich wollte erst einmal nur reden. Reden, reden, reden. Ich wollte all das loswerden, was mir in der Klinik durch den Kopf gegangen war. Nicole hörte schweigend zu. Bis tief in der Nacht saßen wir in ihrer Küche.

Als Farid am nächsten Morgen in dem Bett aufwachte, das wir ihm mit Hilfe von zwei Sesseln notdürftig hergerichtet hatten, drückte ich ihn fest an meine

Brust. »Der Kleine hat für sein Alter schon verdammt viel mitbekommen«, ging es mir durch den Kopf. Würde er all das wieder vergessen können? Ich machte mir Sorgen um den Jungen, und beschäftigte mich darum in den zwei Tagen, die wir noch bei Nicole blieben, rund um die Uhr mit ihm. Wir spielten, wir gingen spazieren und waren stundenlang auf dem Spielplatz im Park.

Das hielt mich glücklicherweise auch davon ab, über unsere spontane Flucht nachzudenken. Ich weigerte mich, mir auszumalen, welche Folgen sie haben würde. Schließlich hatte ich mich nicht nur meinem Ehemann widersetzt, ich hatte auch gegen sämtliche Traditionen verstoßen. Bei einem Ehestreit ist es in moslemischen Familien in der Regel üblich, daß die Frau zu ihren Eltern zurückkehrt. Die rufen dann ein Familiengericht zusammen, um den Streit zu schlichten. Mir lag aber nichts ferner, als meiner Familie zu erzählen, was sich ereignet hatte. Letzlich würden sie mir die Schuld dafür geben, daß Samir mich verprügelt hatte. Sie würden mir wieder vorwerfen, ich sei eine schlechte Ehefrau, die ihren Mann dazu nötigt, sie zu schlagen. Besonders meine Mutter würde so daherreden, das war mir klar. Es gibt eben so gut wie nichts, was ein Mann sich nicht leisten darf, und es sind immer die Frauen, die gezwungen werden, sich zu unterwerfen und ihr Los schweigend zu erdulden.

14. Juli 1985

Nachdem Farid und ich das Wochenende über bei Nicole gewohnt hatten, fuhren wir Sonntag abend wieder zurück in unsere Wohnung. Nicole hatte vorsichtshalber dort angerufen, und nachdem Samir den Hörer nicht abnahm, konnten wir davon ausgehen, daß er unterwegs war. Das bedeutete wenigstens ein paar Stunden Sicherheit. Als ich die Tür öffnete, traf mich fast der Schlag. Die ganze Wohnung war ein einziges Chaos. Ich räumte also zuerst auf und machte uns dann etwas zu essen. Anschließend legte ich Farid in sein Bettchen, setzte mich vor den Fernseher und wartete.

Als Samir kam, war er überrascht, mich zu sehen. »Daß du dich traust, hier noch einmal zu erscheinen! Hast du solche Angst vor deinen Eltern, daß du lieber hierher zurück kriechst, als zu ihnen zu gehen?«

Ich antwortete nicht. Was hätte ich auch sagen sollen? Ich hatte keine Wahl. Irgendwie mußte ich mit diesem Mann leben. Eine Scheidung wäre nur mit dem Einverständnis meiner Eltern möglich gewesen, das hatte ich in Erfahrung gebracht. Und die Haltung meiner Mutter kannte ich ja, ich brauchte sie gar nicht erst zu fragen. Außerdem wußte ich, daß bei einer Scheidung grundsätzlich der Mann das Sorgerecht für die Kinder bekommt, so bestimmen es die islamischen Familiengesetze. Da war nicht dran zu rütteln. Und unsere Ehe war nach islamischem Recht geschlossen worden, also war diese Regelung für uns verbindlich, unabhängig davon, daß wir seit vielen Jahren in der Bundesrepublik Deutschland lebten. Farid seinem Vater zu übergeben, war für mich aber absolut indiskutabel. Um keinen Preis wollte ich auf meinen Sohn verzichten.

»Du kannst ruhig hier bleiben«, sagte Samir und zündete sich eine Zigarette an. »Ich habe mich entschlossen, dich zu behalten, damit das Kind bei seiner leiblichen Mutter aufwächst. Für mein Vergnügen werde ich mir das Mädchen von der Hochzeit nehmen. Ich werde sie heiraten.« Mit diesen Worten verließ er die Wohnung.

Ich war seltsam ruhig. Samirs Heiratspläne berührten mich kaum. Ich hätte allem zugestimmt, solange ich nur mit meinem Sohn zusammenbleiben konnte. Sollte er doch eine andere Frau heiraten, ich würde schon damit zurechtkommen. Und eines Tages würde ich mich wehren. In den Tagen bei Nicole hatte ich mir geschworen, dieser Hölle irgendwann und irgendwie ein Ende zu machen.

Von nun an ging ich Samir so gut wie möglich aus dem Weg. Ich machte nur das Nötigste für ihn, gerade so, daß er mich nicht bei meinen Eltern ankreiden konnte.

An den Wochenenden besuchten mich nach wie vor meine Schwestern. Sie spielten mit Farid, und immer öfter fuhr ich währenddessen zu meinen Freundinnen. Ich merkte, daß es mich allmählich aushöhlte, ständig zuzusehen, wie Samir mich ignorierte und in meiner Gegenwart mit anderen Mädchen telefonierte. Ich wollte nicht mehr schweigend mitanhören müssen, wie er Rendezvous verabredete. Ich wollte nicht mehr zu Hause rumhängen, während er sich bei seinen Verabredungen amüsierte. Bis auf meine Schwestern wußte allerdings niemand etwas von diesen Alleingängen. Und die Mädchen verrieten auch kein Sterbenswörtchen, sie gönnten es mir von Herzen, wenn ich ab und zu mit Nicole in ein Café ging oder in die Disco fuhr.

Ich ahnte allerdings nicht, daß es ein fataler Fehler

war, Mona und Samira mit Farid allein in der Wohnung zu lassen.

23. November 1985

Ich kam aus der Disco. Mona hatte wieder auf Farid aufgepaßt, während ich mit Nicole ins »Top Ten« gefahren war. Aufgeregt zog meine Schwester mich ins Bad. Sie war ganz durcheinander. »Sarah, ich weiß, daß ich dir damit sehr weh tue«, sagte sie verzweifelt. »Aber ich mag gar nicht mehr so oft zu dir kommen.«

»Warum?« fragte ich erstaunt. »Ist etwas passiert?« Mona zögerte.

»Ganz oft, wenn du das Haus verläßt, kommt zehn Minuten später Samir reingeschneit. Er beobachtet mich dann ständig und sagt so komische Sachen.« Ich erschrak.

»Was für Sachen? Erzähl schon.« Mona war sichtlich verlegen.

»Er fragt mich, ob ich schon meine Tage habe, oder ob ich weiß, was Männer und Frauen miteinander machen, wenn sie alleine sind.« Mir wurde schlecht. Samir rieb mir oft genug unter die Nase, daß es für ihn die schönste Sache der Welt sei, junge Mädchen zu entjungfern, aber das hätte ich ihm nicht zugetraut! Ich nahm mir vor, meine Schwestern nicht mehr mit diesem perversen Dreckskerl allein zu lassen. Schließlich hatte ich seine Bestialität am eigenen Leib erfahren. Außerdem wußte ich, daß er momentan in besonders mieser Stimmung war. Sein Ego hatte sehr gelitten, als er dem Mädchen, das er auf der Hochzeit meiner Cousine kennengelernt hatte, einen Heiratsantrag machte. Sie und besonders ihre Eltern mochten seine Starallüren nämlich nicht und hatten ihn irgendwann abblitzen lassen – total genervt von dem ständigen Gerede, wie toll und super und großartig er sei. Es war schon erstaunlich, was Samir für ein Talent hatte, sich unbeliebt zu machen.

Wenn er nun also versuchte, sein Selbstbewußtsein wieder aufzupeppen, konnte das für meine Schwestern gefährlich werden. Wenn er zu meinen Eltern ginge, um ihnen vorzujammern, daß unsere Ehe nichts mehr tauge, und daß er lieber eine meiner Schwestern zur Frau hätte – sie würden sie ihm garantiert geben. Ich mußte also aufpassen.

Wir versuchten Samir auszuhorchen, um zu wissen, wann er zu Hause sein würde und wann nicht. Einerseits wollte ich meine Schwestern nicht mehr mit diesem Menschen allein lassen, andererseits mochte ich die Treffen mit meinen Freundinnen, diese kleine Freiheit, die ich mir errungen hatte, nicht aufgeben. Aber trotz aller Tricks bekamen wir keine genaue Kontrolle über Samirs Verabredungen: Oft stand er plötzlich in der Tür, obwohl er gerade erst gegangen war.

Eines Tages – es war an einem Wochenende und ich hatte mich mit Gabi, einer Kollegin aus dem Büro, in einem Café in der City verabredet – kam mein Mann wieder einmal überraschend und unerwartet nach Hause. Wir hatten nicht einmal das Klappern des Schlüssels gehört. Mona war gerade dabei, Farid anzuziehen, und ich stellte in der Küche meine Handtasche auf den Kopf, in der Hoffnung, noch drei Fahrkarten für den Bus zu finden. Auf dem Küchentisch stand ein Aschenbecher, ich hatte mir nämlich eine Zigarette angezündet. Als Samir so plötzlich vor mir stand, stockte mir das Blut in den Adern. Sein Blick wanderte langsam von mir zum Aschenbecher und wieder zurück. Ein triumphierender Blick. Jetzt hatte er ein unbezahlbares Druckmittel gegen mich in der Hand: Sollten meine Eltern je erfahren, daß ich rauchte, würden sie keine Gnade kennen . . .

Solange ich denken kann, war es in unserer Familie strengstens verpönt, daß Frauen rauchten. Unter den insgesamt rund 500 Personen, die zu unserem Clan zählen, gab es keine einzige Frau, die sich eine Zigarette angesteckt hätte! Rauchen war ein Privileg der Männer, es war auch ein Symbol von Männlichkeit, von Freiheit. Und keine Frau durfte sich erdreisten, dieses Recht für sich zu beanspruchen. Allein die Haltung beim Rauchen, die erhobene Hand, wäre eine unerhört anmaßende Geste gewesen. Fordernd, aggressiv, selbstsicher, direkt. Die einzigen Frauen, die rauchten, waren Huren!

»Du rauchst also«, sagte Samir nach einer Weile betont gelassen. »Ich bin gespannt, ob du dir der Konsequenzen bewußt bist.« Sein Blick wurde düster. »Überleg dir von nun an immer ganz genau, was du tust. Sonst werde ich singen wie ein Vogel.« Damit drehte er sich auf dem Absatz um und ging ins Wohnzimmer.

Ich brachte keinen Ton heraus. Mein Magen krampfte sich zusammen, mir war übel. »Mama und Papa drehen total durch, wenn sie das erfahren«, flüsterte Mona. Sie war genauso blaß wie ich. Allmählich löste sich mein Schock, und kalte Wut stieg in mir auf. Ich hörte, wie Samir im Wohnzimmer den Fernseher anschaltete und ging ihm hinterher.

»Erzähl doch der ganzen Welt, daß ich rauche.« Meine Stimme klang kalt. »Für dich gibt es doch nichts

Schöneres, als andere leiden zu sehen, du Sadist.« Ich wartete keine Antwort ab, sondern ging wieder in die Küche, zu Mona. »Mach Dir keine Sorgen, Kleine. Erstens würde ich sofort zur Polizei gehen, wenn er petzt, und ihn wegen seiner dreckigen Hehlergeschäfte anzeigen, und zweitens muß er erst mal beweisen, daß ich geraucht habe.«

Ich glaube, damit versuchte ich damals eher mich selbst als Mona zu beruhigen – denn schließlich wußte ich ja ganz genau, daß meine Eltern Samir mehr glauben würden als mir. Und daß die Strafe meines Vaters drakonisch wäre, daß er mich verprügeln würde bis zur Bewußtlosigkeit.

Von jetzt an beobachteten Samir und ich einander genau, jeder lauerte auf einen Fehler des anderen. Die Stimmung war zum Zerreißen gespannt. Samir demonstrierte bei jeder Gelegenheit, daß er der Stärkere in diesem Kampf war. Ich versuchte, mich nicht provozieren zu lassen und jedem Streit aus dem Weg zu gehen. Ich hielt den Mund, wenn irgendwelche Frauen anriefen und meinen Mann sprechen wollten. Ich schwieg, wenn sie in unsere Wohnung kamen und kaffeetrinkend im Wohnzimmer auf der Couch saßen. Denn ich hatte Angst. Trotzdem traf ich mich ab und zu heimlich mit Nicole und ging mit ihr zum Tanzen. Samir ahnte davon noch immer nichts, und das war gut so. Hätte er mich je in einer Disco getroffen, wäre das mein Todesurteil gewesen.

Farid mit seinen knapp eineinhalb Jahren bekam die Spannungen zwischen Samir und mir immer deutlicher mit, obwohl ich versuchte, ihm soviel wie möglich zu ersparen. Er wurde immer ängstlicher und mißtrauischer gegenüber seinem Vater. Er hörte sogar auf, ihn »Papa«

zu nennen und schrie jedesmal wie am Spieß, wenn Samir ihn auf den Arm nahm. Der brüllte dann los wie ein Wilder und beschuldigte mich, ich würde Farid gegen ihn aufhetzen. – Aber das wäre gar nicht nötig gewesen angesichts der Angst, die er verbreitete. Auch Kinder haben ein Gespür für bedrohliche Situationen.

7. März 1986

Nicole hatte Geburtstag. Zur Feier des Tages lud uns ihr Freund Stefan zum Essen ein. Dieser Abend sollte mein Leben verändern – aber davon ahnte ich nichts, als ich mich zurechtmachte. Ich zog meinen supertollen schwarz-grau-gestreiften Overall an, den Nicole so gerne an mir mochte, und steckte die Haare hoch. Kurz vor acht standen sie vor der Tür. Weil Stefans Auto in der Werkstatt war, hatte er seinen Freund Frank gebeten, uns ins Restaurant zu fahren und ihn kurzerhand eingeladen mitzukommen.

Gut gelaunt fuhren wir zu viert zu einem Chinesen. Das Essen war köstlich, und wir amüsierten uns glänzend. Wir alberten herum wie Kinder und machten Späße. Irgendwann wurden die Männer richtig übermütig und begannen, sich die Stäbchen in die Nase zu stekken und den fetten Buddha auf der Balustrade neben unserem Tisch mit Blumen zu schmücken. Das war mir dann doch zuviel. Diese Sorte von Humor fand ich nicht mehr lustig. Ich wollte nach Hause.

Als ich in die Wohnung kam, sagte mir Mona, die auf Farid aufgepaßt hatte, Samir sei mit seinen Freunden nach Münster gefahren. Das hieß, er würde erst morgen zurückkommen! Ich lief zum Fenster, aber die drei anderen waren schon weitergefahren. Also schnappte ich mir die Autoschlüssel und brauste geradewegs in meine Lieblingsdisco. Und wie ich es erwartet hatte, saßen dort Nicole, Stefan und Frank und tranken Pina Colada.

Doch die Stimmung im »Top Ten« war an diesem Abend nicht besonders, und darum fuhren wir kurze Zeit später weiter ins »Starlight« – das allerdings so voll war, daß man kaum Luft bekam. Auch in der nächsten Discothek gefiel es uns nicht; am Ende fuhren wir einfach ziellos durch die Nacht und unterhielten uns.

Irgendwann redeten nur noch Frank und ich, Nicole und Stefan knutschten auf der Rückbank wie ein frisch verliebtes Pärchen. Als Frank auf einem Parkplatz hielt, stiegen die beiden aus und gingen ein wenig spazieren. Ich ahnte, daß Nicole das inszeniert hatte, damit Frank und ich uns näherkommen konnten. Er nützte auch prompt die Gelegenheit und umarmte mich. Als er versuchte mich zu küssen, wehrte ich ab. »Ich bin verheiratet, Frank.«

»Verstehe.« Er rutschte wieder hinters Lenkrad.

»Außerdem lasse ich mich nicht mit Männern ein, die ich erst seit ein paar Stunden kenne.«

»Okay, okay«, murmelte er. »War nicht so gemeint.« Bis Nicole und Stefan wiederkamen redeten wir dann über dieses und jenes. Eigentlich war er ja schon ganz nett...

Die Sonne ging bereits auf, als wir zum »Top Ten« zurückfuhren, wo immer noch mein Auto stand. Frank drückte mir zum Abschied einen Zettel in die Hand. Ich stieg in den Golf, warf einen Blick auf die Zeilen und wartete, bis die drei losfuhren. Dann zerriß ich den Zettel.

Zu Hause schloß ich leise die Wohnungstür auf und schlich mich in den Flur. »Guten Morgen, mein Schatz!« Ich blieb wie angewurzelt stehen. Im Schlafzimmer saß Samir in voller Montur auf dem Bett. »Wie war es denn mit den beiden Männern?« fragte er scheinheilig. »Sind sie besser im Bett als ich?« Ohne zu antworten rannte ich ins Bad und schloß mich ein. Damit hatte ich nicht gerechnet. Mein Puls raste. Was würde er jetzt tun? Ich konnte keinen klaren Gedanken fassen, in meinem Kopf summte es wie in einem Bienenstock. Ich saß ungefähr eine Dreiviertelstunde auf dem Wannenrand, da klopfte jemand ganz leise an die Tür. »Mach auf, ich bin es, Mona.« Ich zögerte.

»Bist du allein, oder steht er hinter dir?«

»Nein«, flüsterte Mona, »Samir schläft jetzt endlich. Mach auf, ich muß dir was erzählen!« Ich öffnete die Tür einen Spaltbreit und Mona schlüpfte ins Bad. Aufgeregt erzählte sie, was passiert war. Samir hatte uns hereingelegt. Sein Vorhaben, nach Münster zu fahren, war eine miese Falle gewesen. Er hatte herausfinden wollen, ob ich ausging, wenn er nicht zu Hause war. Eine Arbeitskollegin hatte ihm nämlich erzählt, sie habe mich in der Disco getroffen. Mir wurde schwindelig. Ich hatte mich meinem Ehemann widersetzt und war heimlich mit fremden Männern ausgegangen. Etwas Schlimmeres konnte eine moslemische Frau kaum tun. Jetzt mußte ich mit allem rechnen. Zum ersten Mal in meinem Leben dachte ich an Selbstmord.

Mona und ich malten uns aus, was geschehen würde, wenn unsere Eltern davon erfuhren. Was sollten wir machen? So sehr wir uns auch den Kopf zerbrachen – die Situation schien ausweglos. Schließlich beschlossen wir, daß Mona im schlimmsten Fall einfach sagen sollte, sie habe von nichts gewußt, während ich meine Sachen pakken und heimlich mit Farid verschwinden würde. Wohl war keinem von uns dabei, wir hofften inständig, Samir möge meinen Eltern nichts von der Geschichte erzählen. Aber wir wußten, daß wir auf einer Zeitbombe saßen. Wir kannten ihn lange und gut genug, um zu wissen, wie scheinheilig er sein konnte. Und wir wußten, daß seine Gemeinheit vor nichts haltmachte.

In der Nachbarwohnung hörte ich den Kaffeekessel pfeifen, als Mona und ich endlich ins Bett gingen.

8. März 1986

Ich hatte höchstens zwei Stunden geschlafen, als ich hochschreckte. Farid schrie wie eine Sirene. Ich sprang aus dem Bett und lief in sein Zimmer. Er war ganz durcheinander, er hatte von bösen Gespenstern und großen grünen Monstern geträumt. Ich beruhigte ihn und streichelte über sein kleines Köpfchen. »Ist ja gut mein Kleiner, Mami ist bei dir. Jetzt kann dir nichts mehr passieren...« Samir sollte nicht mitbekommen, daß Farid schrie. Er hätte mir sofort wieder vorgeworfen, ich würde den Jungen nicht gut versorgen, und vor allem wollte ich vermeiden, daß er ihn zu sich ins Bett holte.

Ich ging in die Küche und machte uns Frühstück. Es war Sonnabend, ich mußte heute also nicht ins Büro. Mona deckte den Tisch, und ich hatte gerade Kaffeewasser aufgesetzt, da kam Samir. »Sollten wir nicht mal drüber reden?« fragte er.

»Worüber sollen wir denn noch reden?« fragte ich zurück. »Du glaubst doch, du weißt Bescheid, und diese

Weisheiten wirst du jetzt wahrscheinlich brühwarm meinen Eltern erzählen, oder nicht?« Ich mußte aufpassen, daß ich den Kaffee nicht verschüttete, so sehr zitterten meine Hände.

»Liege ich mit meiner Vermutung etwa falsch?« Seine Stimme klang bedrohlich.

»Ja!« Ich nahm all meinen Mut zusammen: »Ja, du liegst falsch! Du weißt ganz genau, daß Nicole Geburtstag hatte. Und diesen Geburtstag haben wir gefeiert. Der eine Mann, der mit ins Restaurant gefahren ist, war ihr Freund, und der andere war ihr Bruder. Wenn du mir nicht glaubst, ruf sie doch an!«

Ich muß erstaunlich überzeugend geklungen haben, denn es geschah, was ich am wenigsten erwartet hätte: Samir lenkte ein und bat mich, Spiegeleier zu machen. Ich konnte es kaum glauben. Hatte ihm meine Geschichte tatsächlich eingeleuchtet? Dabei hätte er doch hören müssen, was für ein riesiger Stein mir vom Herzen fiel...

Wie angestochen flitzte ich in der Küche hin und her und bereitete ein Frühstück, wie er es selten bekommen hatte. Und da ein gutes Essen wohl tatsächlich die größte Wut verrauchen läßt, sagte Samir, als er vom Tisch aufstand: »Laß uns alles vergessen und heute zusammen ausgehen.« Ich verschluckte mich beinahe. Monas Augen waren groß wie Wagenräder. War es denn zu fassen? Ich zögerte. »Wir haben niemanden, der auf Farid aufpaßt«, sagte ich und wies auf Mona. »Sie muß nach Hause.« So sehr ich über Samirs Vorschlag staunte, so sehr befürchtete ich auch, unterwegs jemanden von meinen Bekannten zu treffen. Samir würde schon bei der kleinsten Kleinigkeit Verdacht schöpfen. Es brauchte mich nur jemand zu grüßen, den er nicht kannte, und schon würde er wieder mißtrauisch werden. Deshalb wollte ich lieber nicht ausgehen. »Also, jedenfalls fahre ich jetzt erst mal Mona wieder zu unseren Eltern.« Samir nickte.

Meine Schwester packte ihre Sachen, und gleich nach dem Frühstück machten wir uns aus dem Staub. Vater und Mutter sollten schließlich glauben, es sei alles wie immer. Vorsichtshalber fuhren wir noch kurz bei Nicole vorbei und warnten sie. Es war ja möglich, daß Samir tatsächlich bei ihr anrief.

Zu Hause bei den Eltern war mein Bruder Amin zu Besuch. Er nahm mich in einem unbeobachteten Moment zur Seite. »Letzte Nacht hab' ich deinen Mann mit einem anderen Mädchen in einer Kneipe getroffen«, flüsterte er. »Blonde Haare, ganz hübsch«. Ich wußte sofort, wer dieses Mädchen war. Immer wieder hatte Samir in den vergangenen Wochen von einer blonden Kollegin geschwärmt, ihr Name war Michaela. Sie hatte auch schon mehrmals bei uns angerufen. Aber das brauchte Amin nicht zu wissen. Ich tat, als würde ich aus allen Wolken fallen, und er kaufte mir dieses Schauspiel ab. »Ich werde ihn in der nächsten Zeit im Auge behalten«, versicherte er mir. Und ich dankte ihm, denn ich wollte mir auf keinen Fall anmerken lassen, daß mir Samirs Eskapaden eigentlich völlig egal waren. Schließlich wußte ich längst von seinen Frauengeschichten, er hatte ja inzwischen nicht einmal mehr Skrupel, die Weiber mit zu uns nach Hause zu bringen! »Bitte, Amin...«, ich drückte seinen Arm, »...bitte erzähl niemandem davon.«

Als ich am Nachmittag wieder nach Hause kam, wartete dort schon die nächste Überraschung. Im Wohnzimmer saß tatsächlich – Michaela. Samirs Kollegin. Die

Frau, mit der er am Abend vorher in der Kneipe gewesen war, wo Amin sie getroffen hatte. Und jetzt klickte es in meinem Kopf. Sie mußte es auch gewesen sein, die mich in der Disco gesehen hatte und Samir angestiftet hatte, mir nachzuspionieren! Ich ging geradewegs auf sie zu. »Wenn du dich schon in fremder Leute Angelegenheiten mischst, dann guck wenigstens genau hin, anstatt Lügen zu verbreiten.« Die Gute war völlig perplex. Mit so etwas hatte sie offensichtlich nicht gerechnet. »Kümmere dich in Zukunft um deinen eigenen Kram«, legte ich noch nach. »Wenn du dich in meinen Mann verschossen hast, kann ich dir Tips geben, wie du ihn für dich begeistern kannst. Dazu brauchst du mich nicht zu verleumden!« Ich weiß bis heute nicht, woher ich den Mut für diesen Auftritt nahm. Michaela sagte keinen Ton mehr und verließ zehn Minuten später unsere Wohnung. Und Samir war so beeindruckt, daß er anschließend in die Küche kam und sagte: »So langsam denke ich, deine Geschichte mit Nicoles Geburtstagsfeier hat wirklich gestimmt. Ich will dir glauben. Belassen wir's dabei.« Ich hielt erstaunt mit dem Spülen inne. Hatte ich ihn tatsächlich verunsichert?

»In Ordnung«, sagte ich.

»Aber Michaela läßt du in Ruhe!« Aha, so verunsichert war er also doch nicht...

»Mach doch, was du willst.« Ich sah ihm in die Augen. »Ob du mit Michaela ins Bett gehst oder nicht – für mich ist unsere Ehe sowieso längst gescheitert. Ich lebe nur noch für meinen Sohn und kümmere mich um den Haushalt.«

Samir lief rot an, als ich auf sein großzügiges Versöhnungsangebot so gar nicht dankbar und reuevoll reagierte. Er begann, mich zu beschimpfen, stampfte dann aber aus der Küche und warf krachend die Tür hinter sich zu. Im Wohnzimmer tobte er weiter, ich hörte ihn rumpeln und stampfen. Plastik splitterte – offenbar warf er alle Videokassetten aus dem Schrank und trampelte darauf herum. Ich war froh, daß er seine Wut an den Kassetten abreagierte und nicht an mir. Dann kam er wieder zurück, fluchte und fuchtelte mit den Händen und ließ den nächsten Schwall von Verwünschungen los. Doch ich ließ mich nicht provozieren. Ich hatte wieder begonnen, das Geschirr abzuwaschen, und während er sich immer weiter in seinen Zorn steigerte, schrubbte ich nur stur einen Teller nach dem anderen. Samir dachte wohl, ich müßte irgendwann in Tränen ausbrechen. Daß ich das nicht tat, machte ihn nur noch wütender. Schließlich griff er sich die Autoschlüssel und verließ, Türen schlagend, die Wohnung.

»Endlich«, atmete ich auf, »endlich ist dieser Idiot weg.«

20. Juni 1986

Nicole und ich fuhren fast jedes Wochenende ins Freibad. Der Sommer trieb das Thermometer in immer neue Rekordhöhen, und in der Stadt war es kaum noch auszuhalten.

Schon zwei Tage nach ihrem Geburtstag hatte sich Nicole von Stefan getrennt. Die beiden waren sich fürchterlich in die Haare geraten und sprachen seitdem kein Wort mehr miteinander, was auch für mich einen Nachteil hatte: Ich konnte nichts mehr über Frank in Erfahrung bringen. Inzwischen ärgerte ich mich längst, daß ich den Zettel mit seiner Adresse zerrissen hatte. Ich hätte ihn gerne wiedergesehen, aber mehr als seinen Vornamen wußte ich ja nicht von ihm. Doch gerade als ich die Hoffnung, ihn noch einmal zu treffen, aufgegeben hatte, zeigte sich das Schicksal von seiner nettesten Seite ...

Nicole und ich waren wieder mit den Kindern im Freibad, ihr Sohn Danny und mein Farid, die sich glänzend verstanden, flitzten gerade quietschvergnügt in Richtung Nichtschwimmerbecken, ich räkelte mich in der Sonne, und Nicole löste Kreuzworträtsel. Da liefen zwei Männer über unsere Decke. Als ich hochblickte und schon Luft holte, um ihnen hinterherzuschimpfen, erkannte ich die beiden: Stefan und Frank! Sie waren völlig ins Gespräch vertieft gewesen und hatten uns offenbar gar nicht bemerkt. »Hey! Stefan! Frank!« Sie drehten sich um – und in Franks Gesicht sah ich zuerst Überraschung, dann Freude über dieses unverhoffte Wiedersehen. Gut sah er aus, sonnengebräunt und ganz schön durchtrainiert.

»Hallo.« Er schaute mir direkt in die Augen. Dann kam er zu unserer Decke, beugte sich über mich und hauchte mir einen ganz zarten Kuß auf die Wange. Ich spürte ein Kribbeln in meinem Bauch. Heute glaube ich, daß es an diesem Nachmittag im Schwimmbad auch bei mir richtig gefunkt hat. Frank und Stefan setzten sich mit auf unsere Decke. Es gab eine Menge zu erzählen, denn wir hatten uns lange nicht gesehen. Sogar Nicole und Stefan rafften sich auf und redeten wieder miteinander.

Als die Kleinen aus dem Wasser kamen und Geld für Eis haben wollten, ging Frank mit ihnen zum Kiosk und spendierte ihnen zwei riesige Becher. Es herrschte eine ganz seltsame Stimmung an diesem Samstagnachmittag. Entspannt, harmonisch, locker – ich sah Frank mit den Kindern im Wasser planschen, und mir wurde richtig warm ums Herz. Farid mochte ihn offensichtlich auf Anhieb. »Fank, Fank«, probte er den neuen Namen, hing wie eine Klette an Franks Arm und wollte noch mal und noch mal und noch mal vom Beckenrand ins Wasser hopsen. Und Frank stand geduldig mit ausgebreiteten Armen im Becken und fing ihn noch mal und noch mal und noch mal auf. »Warum kann es nicht immer so sein?« dachte ich. Im selben Moment verbot ich mir eine so sentimentale Anwandlung – ich war schließlich eine verheiratete Frau.

Ich setzte mich auf, um in unserem Korb nach einem Buch zu graben. In diesem Moment sah ich Samir. Er kam grade durch den Eingang des Schwimmbads, links und rechts neben ihm meine Geschwister! Blitzschnell lief ich zum Becken, schnappte Farid und rannte zurück zu unserem Platz. »Geht weiter«, betete ich, »schaut nicht her!« Es war Wochenende, das Freibad war voll, mit etwas Glück würde er mich gar nicht entdecken zwischen all den Leuten mit ihren Tüchern, Liegen und Sonnenschirmen. Aber da stand er schon vor uns.

»Hallo«, sagte er und ließ sich auf die Decke plumpsen. »Ich habe euch etwas Leckeres zu essen mitgebracht.« Ich schielte nach Frank und konnte aus dem Augenwinkel sehen, daß er uns vom Beckenrand aus beobachtete. Er begriff und tauchte ab.

Samir packte einen Picknickkorb aus und breitete lauter Töpfe und Dosen auf der Decke aus. »Hallo Nicole! Herzlichen Glückwunsch nachträglich, ich hoffe, du bist mir nicht böse, daß ich damals nicht mit zu deinem Geburtstagsessen kommen konnte.« Nicole schüttelte den Kopf.

»Ach woher, warum sollte ich dir böse sein. Ich weiß doch, wie beschäftigt du bist«, antwortete sie. »Da kann man nichts machen.« Ihr Ton war ironisch – erstens lag ihr Geburtstag schon Monate zurück und zweitens wußte ich, daß sie bei der Feier nur zu gerne auf Samir verzichtet hatte, weil sie ihn partout nicht ausstehen konnte. Doch sie hielt sich ansonsten zurück und plauderte mit ihm, als sei er der netteste Mensch der Welt. Ich war ihr sehr dankbar dafür. Sie kannte meine Lage, sie wußte, wie wichtig es war, diesen Kerl bei Laune zu halten, wenn man Prügel vermeiden wollte. Wie oft hatte ich mich ausgeheult bei ihr, wie oft hatte sie mir die blauen Flecken eingesalbt, wenn er mich wieder geschlagen hatte.

»Eßt!« forderte uns Samir mit vollem Mund auf und stopfte gleich noch ein Stück Kuchen hinterher. Er hatte sein Hemd ausgezogen und es sich gemütlich gemacht. Ich nahm einen Keks, aber die Bissen rutschten nur schwer durch meinen Hals. Ich überlegte fieberhaft. Einerseits war ich heilfroh, daß Frank sich nicht mehr blicken ließ. Ein Zusammentreffen zwischen ihm und Samir ... – nicht auszudenken. Andererseits aber wollte ich ihn auch nicht gleich wieder aus den Augen verlieren, nachdem sich unsere Wege nun noch einmal gekreuzt hatten.

Als Samir aufs Neue in seinem Picknickkorb grub, nutzte ich den Moment und flüsterte Nicole ins Ohr, sie solle unbedingt Frank nach seiner Telefonnummer fragen. Dann begann ich, unsere Sachen zusammenzupakken. »Wollt ihr schon gehen?« fragte Samir erstaunt. Aus seinem Mundwinkel hing ein Stück Wurst. »Es ist doch gerade erst halb sechs!« Aber ich hatte nicht mehr die Nerven, weiter ruhig sitzen zu bleiben, während ich Frank im Freibad wußte. Was, wenn er doch noch vorbeikommen sollte? Was, wenn Farid dann zu ihm hinlaufen würde?

»Ich möchte den Kleinen noch baden«, erklärte ich. »Außerdem hab' ich dir doch erzählt, daß mein Chef am Montag Geschäftsfreunde aus Saudi-Arabien erwartet, und daß ich dolmetschen soll. Ich muß mich noch vorbereiten.«

»Ich hab' auch noch ein paar Sachen zu erledigen«, kam mir Nicole zur Hilfe. Sie blickte mich an. »Ich geh' aber noch mal ganz kurz ins Wasser.« Sie stand auf. »Bin gleich wieder da.« Klar, sie wollte ja noch Franks Telefonnummer besorgen.

Auf dem Heimweg saß ich leise zitternd auf dem Beifahrersitz neben Nicole. Samir fuhr hinter uns her. Erst als er abbog, um meine Geschwister bei meinen Eltern vorbeizubringen, atmeten Nicole und ich auf. »Na, willst du wissen, ob ich Franks Nummer habe?« fragte sie schelmisch. Und drückte mir breit grinsend einen kleinen Zettel in die Hand. Sie war stolz darauf, mir aus der Klemme geholfen zu haben.

»Danke«, flüsterte ich, »das werde ich dir nie vergessen«.

»Warum flüsterst du?«, fragte sie. »Es ist doch niemand mehr da.« Wir sahen uns an und mußten lachen. Allmählich löste sich in mir die Spannung der vergangenen Stunden.

Als ich Nicole vor ihrer Haustür absetzte, verabredeten wir uns für den nächsten Tag. Mit dem Gefühl, eine gewaltige Gefahr heil überstanden zu haben, fuhr ich heim.

Samir kam kurz nach mir. Er brachte meine Schwester Samira mit, die heute nacht bei uns schlafen durfte. Als ich mit ihr in der Küche stand und Gemüse für das Abendessen putzte, während Samir zwei Türen weiter vor dem Fernseher saß, erzählte ich ihr von den Ereignissen des Nachmittags, von meinem unverhofften Wiedersehen mit Frank. Am meisten freute mich, daß Nicole es hingekriegt hatte, noch heimlich seine Telefonnummer zu besorgen, und Samira freute sich für mich. Auf meine Schwestern konnte ich mich genauso verlassen wie auf meine Freundin Nicole. Sie waren die drei Menschen, die mir – außer Farid selbstverständlich – wirklich nahestanden.

Später, als ich im Bett lag, dachte ich noch einmal über diesen wundersamen Zufall im Schwimmbad nach. War es nicht erstaunlich, daß wir Stefan und Frank dort getroffen hatten? Immerhin wohnten die beiden rund dreißig Kilometer entfernt, und in der Nähe der Kaserne, in der sie stationiert waren, lag ein idyllisches Freibad mitten in einem kleinen Wäldchen. Warum also waren sie so weit gefahren, nur um baden zu gehen? Wußten sie, daß sie Nicole und mich dort treffen würden? Hatten sie es etwa darauf angelegt...? Ich würde die Antwort auf diese Frage schon rausfinden, dachte ich lächelnd, und mit diesem wohligen Gefühl im Bauch schlummerte ich weg.

Ich wachte auf, als Samir sich auf mich wälzte und versuchte, in mich einzudringen. Völlig schläfrig lag ich da, hielt still und wartete, daß er fertig würde. Es war widerwärtig, aber wenn er bekam, was er wollte, ging es wenigstens immer recht schnell. Kurz und schmerzhaft eben...

Als er erschöpft von mir herunterrollte, sich wegdrehte und sofort einschlief, stand ich auf. Diese Übergriffe waren ja keine Seltenheit, sie waren inzwischen eine traurige Routine geworden. Aber diesmal wurde mir speiübel bei dem Gedanken, auch nur eine Sekunde länger neben diesem Mann im Bett zu liegen. Ich konnte Samirs Anwesenheit einfach nicht mehr ertragen, und an Schlaf war sowieso nicht mehr zu denken.

Ich ging ins Wohnzimmer, wo meine Schwester schlief, und weckte sie. Ich bat sie, wach zu bleiben und steckte mir eine Zigarette an. Doch Samira fielen schnell wieder die Augen zu. Ich kuschelte mich in die Sofaecke und malte mir aus, in Franks Armen zu liegen und ihm von all den schrecklichen Dingen in meinem Leben zu erzählen. Vielleicht, dachte ich, vielleicht würde es ja tatsächlich einmal so weit kommen.

Meine Phantasie kannte in solchen Momenten keine Grenzen. Ich hatte mir schon manchmal ausgemalt, Totenscheine auf Farids und meinen Namen ausstellen zu lassen. Irgendwie, von wem auch immer. Vielleicht gäbe es an der Uni einen Studenten, der zwei Totenscheine fälschen könnte. Vielleicht... Ich wußte nicht genau, wie ich so etwas tatsächlich hinbekommen könnte, ich wußte nur, daß mit dem Tod alles vorbei wäre – auch dieses unerträgliche Leben mit Samir.

Vielleicht könnte ich aber auch mit Farid in die USA auswandern? Vielleicht würde Frank nachkommen. Vielleicht, vielleicht, vielleicht... Stundenlang zermarterte ich mir das Hirn nach Perspektiven für eine gemeinsame Zukunft. Eine Zukunft für mich, Farid und Frank. Schließlich war ich erst zwanzig, da konnte doch nicht schon alles vorbei sein...

Nur eines wußte ich genau: Um nichts in der Welt würde ich für ein neues Leben meinen Sohn hergeben.

Niemals. Eher hätte ich auf Frank und jeden Mann der Welt verzichtet als auf Farid.

21. Juni 1986

Als ich aufwachte, war Samir weggegangen. Ich versorgte Farid, frühstückte ein paar Bissen und begann, das Mittagessen vorzubereiten.

Pünktlich zur Essenszeit kam Samir wieder. Als ich die dampfende Schüssel auf den Tisch stellte, fragte ich ihn wie nebenbei, ob er etwas dagegen hätte, wenn ich mit Farid und Samira wieder ins Freibad fahren würde. Er war einverstanden. Samira spülte nach dem Essen fix das Geschirr, während ich unsere Badesachen zusammenpackte, und keine halbe Stunde später verließen wir die Wohnung.

Ich fuhr zu Nicole. Ans Baden dachte ich jetzt kaum noch – nachdem wir uns begrüßt hatten, war meine erste Frage: »Darf ich telefonieren?« Natürlich durfte ich, und das Herz klopfte mir bis zum Hals, als ich den kleinen Zettel herauszog und die Nummer wählte, die Frank daraufgeschrieben hatte. Am anderen Ende der Leitung meldete sich eine tiefe Stimme: der diensthabende Soldat in der Kaserne. Er werde versuchen, mich zu verbinden, sagte er knapp. Ein Klicken, Stille, dann meldete sich eine vertrautere Stimme. »Ja, Müller . . .«

Wir waren beide verlegen, keiner wußte so recht, was er sagen sollte, und darum tauschten wir eigentlich nur Belanglosigkeiten aus. Aber wir verabredeten uns für den Nachmittag im Schwimmbad. Ich legte auf – und war heilfroh, daß Frank mich nicht sehen konnte. Im

Spiegel über dem Sofa leuchtete mein Gesicht knallrot vor Aufregung. Wie eine Leuchtboje.

Nicole lachte, sie hatte mich die ganze Zeit schon beobachtet. Ihre Badesachen standen bereit, wir riefen Farid und Danny und fuhren ins Freibad.

Wir waren viel zu früh dran für mein Rendezvous, die Uhr am Bademeisterhäuschen zeigte erst kurz vor zwei. Also spielten wir mit den Kindern Federball, um uns die Zeit zu vertreiben. Nicole zog mich auf, weil ich immer wieder nervös zur Uhr sah. »Was machst du eigentlich, wenn statt Frank plötzlich Samir kommt?« Sie lachte.

»Ich finde deine Scherze alles andere als lustig«, erwiderte ich. Ich hoffte inständig, daß Samir wirklich zum Billardspielen gefahren war, so wie er es beim Mittagessen gesagt hatte. »Wenn er jetzt käme, würde ich sofort alle Sachen wieder einpacken und verschwinden.« Ich ließ mich auf die Decke fallen, Nicole setzte sich neben mich.

»In deiner Haut möchte ich nicht stecken«, gab sie zu. »Wenn ich einen Mann wie Samir hätte, würde ich auch versuchen, ihm zu entkommen.«

»Ja«, seufzte ich, »das Problem ist nur, daß ich ihm nicht so leicht entkommen kann, weil er auch noch meine Eltern auf seiner Seite hat. Wo soll ich denn hin?« Nicole zuckte mit den Schultern. In dem Moment stieß Farid einen Schrei der Begeisterung aus.

»Fank!« krähte er. »Faahaank!« Mit leuchtenden Augen und paddelnden Ärmchen hopste der Kleine quer über die Wiese auf Frank zu, der gerade aus der Umkleidekabine kam. Warum tut er das wohl nie, wenn er seinen Vater sieht, dachte ich.

»Hallo«, sagte Frank und breitete sich neben uns aus. »Ich freu' mich riesig, euch zu sehen.« Mein Gesicht wurde prompt ganz heiß, und ich schaute schnell verlegen weg, damit er meine glühend rote Birne nicht sah. Nicht einmal auf seine Begrüßung konnte ich antworten – meine Stimme hätte garantiert gestreikt, wenn ich auch nur versuchte hätte, »Hallo« zu sagen. Frank bemühte sich, das peinliche Schweigen zu überspielen. »Seid ihr schon lange hier?«

»Seit zwei ungefähr«, kam mir Nicole zur Hilfe.

»Ja, aber wir wußten ja, daß du erst am Nachmittag kommen würdest«, brachte ich jetzt mit dünner Stimme hervor.

»Ich konnte nicht eher. Wir haben in der Kaserne jede Menge Arbeit, weil nächstes Wochenende ›Tag der offenen Tür‹ ist.«

»Fank!« Farid und Danny kamen angerannt und zogen Frank am Arm. Sie wollten mit ihm spielen, und er ließ sich bereitwillig breitschlagen. Er hatte ganz offensichtlich ein Händchen für Kinder. Erst spielten die drei auf der Wiese Fangen, dann sah ich sie im Wasser planschen, und schließlich mußte Frank die Knirpse immer wieder auffangen, wenn sie begeistert Anlauf nahmen und ins Becken hüpften. Farid jauchzte vor Vergnügen. So unbeschwert und ausgelassen hatte ich ihn lange nicht gesehen. Wäre es je möglich, daß er und ich immer so glücklich leben könnten? fragte ich mich. Eine traumhaft schöne Vorstellung. Aber absurd, sie auch nur zu träumen. Die Folgen wären im wahrsten Sinne des Wortes tödlich. Meine Familie würde mich umbringen, wenn ich mich mit einem anderen Mann einließe. Und Farid würden sie dann zu Samirs Eltern nach Jordanien bringen. Nein, solche Gedanken waren absolut illusorisch. Ich mußte die Unbeschwertheit einfach genießen, solange es ging. Irgendwann würde sie vorbei sein.

Farid und Danny waren völlig außer Puste, als sie mit »Fank« zu unserem Platz zurückkamen. Ich packte den Picknickkorb aus, den Nicole mitgebracht hatte und breitete tausend Köstlichkeiten aus. Wir rückten auf der Decke zusammen und aßen und tranken. Als ich Frank ein Glas kalten Himbeersaft reichte, trafen sich unsere Blicke. Er sah mir so offen und intensiv in die Augen, daß ich mich beinahe verschluckte.

»Muß Liebe schön sein«, amüsierte sich Nicole, die das mitbekommen hatte.

»Halt den Mund«, antwortete ich verlegen. »Wer hat dir denn überhaupt gesagt, daß ich verliebt bin?« Mir wurde schon wieder ganz heiß.

»Meine Süße, ich bin doch nicht blind«, sagte Nicole in mütterlichem Ton. »Das ist heute schon das dritte Mal, daß du rot wirst, sowas kenne ich sonst gar nicht von dir.«

»Laß sie doch in Ruhe.« Frank hatte gemerkt, wie höllisch peinlich mir das alles war. »Das muß doch nicht sein. Außerdem ist es wohl noch ein bißchen zu früh, um von Liebe zu reden, wir kennen uns kaum, und jedesmal, wenn wir uns bis jetzt getroffen haben, kam etwas dazwischen.« Ich war Frank so dankbar, daß er mir beisprang. »Du kannst uns ja noch mal drauf ansprechen, wenn wir uns länger kennen«, fügte er vielsagend hinzu.

Nachdem wir gegessen hatten, übernahm Nicole die Kinder und ging mit ihnen ins Wasser. »So«, sagte Frank, »jetzt erzähl doch mal, ich weiß ja wirklich gar nichts über dich außer deinem Namen und deiner Adresse.« Ich zuckte mit den Achseln.

»Viel gibt es da nicht zu erzählen«, antwortete ich. »Ich bin zwanzig Jahre alt, Jordanierin, verheiratet, wie du schon weißt, ich arbeite als kaufmännische Angestellte in einem Ex- und Importunternehmen, und ansonsten verbringe ich meine ganze Zeit mit meinem Sohn. Das war's. Jetzt bist du dran.« Frank lachte schallend.

»Das soll alles sein? Mehr willst du mir nicht über dich verraten?« Er sah mir direkt ins Gesicht. »Was ist denn mit deinem Mann? Warum bist du alleine hier und nicht mit ihm? Was führt ihr denn für eine Ehe?« Er machte eine kurze Pause und blickte mich fragend an, aber ich schwieg. »Soll ich noch weiter fragen? Es gibt einiges, was mich wirklich brennend interessiert!«

»Warum beantwortest du nicht einfach erst mal meine Frage«, entgegnete ich. »Ich hab' genauso ein Recht, etwas über dich zu erfahren.« Und dann erzählte Frank. Daß er vierundzwanzig war und sich als Zeitsoldat bei der Bundeswehr verpflichtet hatte. Und daß er in Scheidung lebte – worüber ich natürlich mehr wissen wollte. Er gab mir bereitwillig Auskunft: Vor einem halben Jahr hatten seine Frau und er sich getrennt. Weil sie einfach zu jung geheiratet hatten, so sah er das jedenfalls. Für Frank war die Hochzeit einfach eine Art Flucht von zu Hause gewesen, vor seinem strengen Vater und dessen rigiden Verboten und Vorschriften. Und kurz nach der Trauung gab es dann auch schon den ersten Krach. Schließlich hatten beide eingesehen, daß sie einfach noch zu unreif für eine Ehe waren und sich im Guten getrennt.

Frank erzählte auch von seiner Familie, von seinen Eltern und seinen Brüdern – wir merkten gar nicht wie die Zeit verging.

Als Nicole mit Farid und Danny wiederkam, war es schon sechs. Die Kinder waren müde und hatten Hunger, darum beschlossen wir, nach Hause zu fahren.

Frank zog mich beiseite und fragte, wann wir uns wieder treffen würden. Er lud mich für den Abend zum Essen ein, aber ich schüttelte dem Kopf. »Unmöglich ... Aber ich ruf' dich morgen an.« Ich wußte selber nicht genau, warum ich ihm absagte. Irgendwie wuchs mir das alles über den Kopf. Noch nie hatte ich so lange mit einem Mann über mein Leben geredet, über alles, was ich dachte, machte und fühlte. Mir war ganz schwindelig und ich wollte erst mal nach Hause, ein bißchen allein sein. Ich mußte meine Gedanken sortieren und über diesen Tag nachdenken. Nicole spürte, daß ich lieber nicht angesprochen werden wollte und ließ mich während der Rückfahrt in Ruhe.

Zu Hause fragte Samira sofort, was mit Frank gewesen sei, ob wir uns getroffen hätten und wann wir uns wiedersähen. Sie brannte vor Neugierde. Ihr konnte ich dann nach und nach von diesem sonderbaren Gefühl in meinem Bauch erzählen. So etwas hatte ich noch nie erlebt! War ich deshalb so durcheinander?

»Meine große Schwester ist wohl verliebt?« neckte mich Samira. »Und sie braucht erst ihre kleine Schwester, um das zu erkennen!« Sie war in der Tat gerade mal vierzehn, und ich überlegte, was sie wohl übers Verliebtsein wissen konnte. »Jetzt erzähl mir doch, was er gesagt hat, ich bin gespannt wie ein Flitzebogen«, bohrte sie.

Ich erzählte ihr, worüber Frank und ich uns unterhalten hatten. Als ich mit seiner Einladung zum Essen endete, verdrehte Samira die Augen. »Bist du noch bei Verstand, Sarah? Wieso hast du abgesagt? Du bist doch sonst nicht auf den Mund gefallen.« Sie seufzte. »Aber wenn man verknallt ist, ist man wohl irgendwie nicht mehr ganz beieinander ...«

Ich ließ mir immer wieder die Details des Tages durch den Kopf gehen und rauchte dabei eine Zigarette nach der anderen. War ich verliebt? »Hör jetzt lieber auf zu rauchen«, mahnte meine Schwester, »Samir kann jeden Augenblick nach Hause kommen. Soll es wieder Krach geben?« Sie hatte ja recht, die Kleine. Ich drückte meine Zigarette aus und riß die Fenster auf. Während ich den Aschenbecher hinunter zur Mülltonne trug, machte Samira es sich vor dem Fernseher bequem. Den Rest des Abends saßen wir vor dem Bildschirm. Ich bekam aber nicht viel vom Programm mit, vor meinen Augen sah ich immer nur Frank.

Samir ließ sich nicht blicken. Als wir ins Bett gingen, war er immer noch unterwegs.

Gegen Mitternacht, ich schlief schon, klingelte das Telefon. Ein Schrecken durchfuhr mich. Wer konnte das sein? Hatte Samir etwas angestellt? War er endlich wegen seiner krummen Geschäfte verhaftet worden? Oder war ihm etwas passiert? Ich atmete auf, als ich hörte, daß Amin am Apparat war. Er hatte Samir wieder in der Disco getroffen, wieder mit der blonden Frau. Ich wurde sauer.

»Deswegen holt man doch niemanden aus dem Bett«, blaffte ich in den Hörer, »darüber können wir auch morgen reden.« Amin staunte, er hatte wohl erwartet, daß ich über seine Neuigkeit aus dem Häuschen geraten würde. Er verabschiedete sich schnell und legte auf. Ich trottete wieder in mein Bett und war im Nu eingeschlafen.

22. Juni 1986

Irgendwann gegen Morgen kam Samir nach Hause. Ich hörte ihn schon, bevor er ins Schlafzimmer kam, denn er polterte lautstark durch den Flur und rumpelte ein paar Mal gegen die Tür, weil er die Klinke nicht gleich fand. Und noch auf dem kurzen Weg von der Tür zum Bett stieß er einen Stuhl um und riß ein Buch vom Nachttisch, bevor er endlich ächzend neben mir auf die Matratze fiel. Er roch nach Qualm und Parfüm, aber wütend war ich eigentlich bloß, weil er so rücksichtslos Krach machte.

Als er dann schlief und im Traum »Michaela« nuschelte, bestätigte das etwas, was ich schon lange ahnte. Die Vorstellung, daß er gerade noch in einem anderen Bett bei einer anderen Frau gelegen hatte, ließ mich jedoch kalt. Im Grunde kam mir diese Affäre ganz gelegen.

Auch Samira schaltete schnell, als ich ihr später davon erzählte: »Wenn er sich immer mit Michaela rumtreibt, kannst du dich eventuell mit Frank treffen.« Sie hatte meine Gedanken erraten.

»Am liebsten wäre es mir, er würde jede Nacht wegbleiben«, spann ich weiter. Wir malten uns gerade aus, wie wir solche heimlichen Rendezvous arrangieren könnten, als Samir plötzlich in der Tür stand. Wir hatten ihn nicht kommen hören. »Worüber redet ihr denn so eifrig?« fragte er mißtrauisch.

»Über alles mögliche«, kam mir Samira zuvor. »Zum Beispiel über unsere Cousine Jehan, die bald mit einem alten Mann verheiratet sein wird . . .«

»Hört auf zu lästern«, fuhr Samir uns an. Dann verlangte er sein Frühstück. Erleichtert, daß er nichts gemerkt hatte, gingen Samira und ich in die Küche. Aber irgendetwas reizte mich, ihn zu provozieren. Ich wollte

Samir hier nicht so einfach reinsegeln und zur Tagesordnung übergehen lassen, ich wollte seinen nächtlichen Ausflug und Amins Anruf nicht stillschweigend zu den Akten legen. Als ich ihm sein Frühstück servierte, nahm ich mir eine Tasse Kaffee und setzte mich ans andere Ende des Tisches. Über den Tassenrand beobachtete ich ihn, ohne ein Wort zu sagen, so lange, bis er meinen Blick bemerkte. »Was ist denn?«

»Och, nichts . . .« Ich zuckte mit den Schultern. »Mich würde nur interessieren, wo du heute nacht warst.« Ich machte eine kleine Kunstpause. »Du hast auch im Schlaf gesprochen, aber ich habe den Zusammenhang nicht begriffen. Naja, ist auch egal.« Ich nahm meine Kaffeetasse und verschwand in der Küche. Samir reagierte, wie ich es erwartet hatte. Er kam mir nach, rechtfertigte sich umständlich, redete großspurig herum und log hemmungslos. So sehr, daß ich die Geduld verlor. »Warum lügst du?« fuhr ich ihn an. »Du bist mir im Grunde genommen keine Rechenschaft schuldig, aber wenn du mir erzählen willst, wo du gewesen bist, dann lüg mich jedenfalls nicht an! Ich weiß, daß du dich mit Michaela getroffen hast!« Ich sah ihm an, daß er irritiert war. »Letzte Nacht ist mein Verdacht bestätigt worden«, setzte ich hinzu.

»Das darf doch nicht wahr sein! Wer hat dir das erzählt? Dein blöder Bruder?«

»Nein«. Amin wollte ich aus der Geschichte heraushalten. »Du hast dich im Schlaf selbst verraten«. Mein großer Ehemann verlor sichtlich die Fassung und wurde derart kleinlaut, daß Samira und ich Mühe hatten, nicht loszulachen. Hätte Samir unsere Schadenfreude bemerkt, er wäre sicher explodiert. Hastig schlüpfte er in eine Jacke, nahm sich die Autoschlüssel und verschwand mit der knappen Bemerkung, er würde zu einem Freund fahren.

Ich nutzte die Chance und stürzte zum Telefon, um Frank anzurufen, aber in der Kaserne hieß es, er sei nicht zu erreichen. Meine Laune kippte schlagartig um. Enttäuscht legte ich den Hörer auf.

Am Nachmittag nahm ich mit Samira und Farid den Bus, und wir fuhren zu meinen Eltern. Der einzige, der sich auf diesen Besuch wirklich freute, war mein Sohn – und das auch nicht, weil er seinen Opa und seine Oma so liebte, sondern weil sich dort am Sonntag nachmittag immer alle meine Geschwister trafen. Die, die schon verheiratet waren, brachten dann ihre Kinder mit, und mit denen spielte Farid so gerne.

Ich selber war auch nicht wild darauf, meinen Eltern zu begegnen, es waren eher meine kleinen Schwestern, die mich zu den Familientreffen fahren ließen. Die Mädchen waren jedesmal begeistert, wenn ich zur Tür hereinkam. Sie wußten, daß ich ihnen dann zum Abendessen Spaghetti kochen würde, die aßen sie für ihr Leben gern. Meine Mutter machte ihnen nie Nudeln, weil sie bezüglich des Speiseplans keine Wünsche ihrer Kinder akzeptierte.

Nach dem Abwasch fuhren Farid und ich wieder nach Hause. Doch als der Bus in unsere Straße einbog, und ich sah, daß noch kein Licht in der Wohnung brannte, überlegte ich es mir kurzerhand anders: Wir stiegen nicht aus, sondern fuhren weiter bis zu Nicole. Als ich in ihr Appartement kam, traf mich fast der Schlag, denn auf dem Sofa lümmelte – Frank. Ich spürte, wie ich eifersüchtig wurde. »Was machst du denn hier?« fragte ich ungläubig, fast ein wenig gehässig.

»Ich warte hier seit zwei Stunden auf dich«, antwortete er ganz ruhig. »Irgendwie hatte ich es im Gefühl, daß du vorbeikommen würdest. Nicole sagt zwar schon seit einer Stunde, daß es kaum noch Sinn hat – aber ich hab' mir gedacht, bis acht Uhr halte ich aus. Vorher fahre ich nicht wieder nach Hause.«

»Alle Achtung«, dachte ich. »Der ist ja ziemlich zielstrebig. Und zäh . . .« Aber so ganz glauben mochte ich ihm trotzdem nicht. Ich war von meinem Mann derart oft dreist belogen worden, daß ich niemandem mehr richtig vertraute. Jedenfalls nicht sofort, und Frank kannte ich ja noch kaum.

Er merkte, daß ich sehr reserviert blieb und beteuerte, er sei wirklich nur gekommen, weil er gehofft habe, mich zu treffen. Mit Nicole sei er schließlich nur ganz platonisch befreundet. Doch ich wußte, daß Nicole ihrerseits sehr für Frank geschwärmt hatte, schon als sie noch mit Stefan zusammen gewesen war. Ich konnte mir nicht helfen – ich war schlicht und einfach eifersüchtig.

Nach einer Tasse Kaffee und einer Zigarette zog ich Farid wieder an, und wir gingen zur Bushaltestelle. Zu Hause brachte ich ihn in sein Bettchen und verkroch mich in den Fernsehsessel. Ich war traurig. Traurig, enttäuscht und eifersüchtig. Konnte das denn sein, daß sich ausgerechnet Nicole, meine beste Freundin, an Frank herangemacht hatte? An den ersten Mann in meinem Leben, für den ich eine gewisse Sympathie empfand? Ich wollte das nicht glauben. Aber ich wußte auch, daß Freundschaften zwischen Frauen leicht zerbrechen können, wenn ein Mann ins Spiel kommt. Dabei waren Nicole und ich schon seit so vielen Jahren eng befreundet! Sie kannte mich so gut wie sonst nur meine Schwestern. Sie, Mona und Samira waren meine

Vertrauten. Die einzigen Menschen, die mir beistanden, wenn ich das Leben mit Samir nicht mehr ertrug.

Mitten in diese Gedanken hinein klingelte das Telefon. Ich putzte mir die Nase und schluckte kräftig, weil von meiner Stimme sonst wohl höchstens ein tränenerstícktes Piepsen zu hören gewesen wäre. »Sarah? Ich bin es, Nicole«, kam es aus dem Hörer. »Sarah, denkst du jetzt, ich hätte mich an Frank rangemacht?« Sie ahnte also meine Gedanken, und mein Schweigen verriet ihr, daß ihr Gefühl sie nicht trog. »Oh Mädchen, ich weiß doch, was sich für eine Freundin gehört!« Dann erzählte sie mir, wie Frank die ganze Zeit auf ihrem Sofa hin und her gerutscht sei und ständig auf die Uhr geguckt habe. »Der hat immer nur von dir geredet. Der ist völlig hingerissen von dir!«

Stück für Stück schrumpfte mein Mißtrauen, Nicoles Beteuerungen beruhigten mich tatsächlich. Sie erzählte mir noch, daß Frank versucht hatte, sie über mich auszufragen. Er mußte sie richtig gelöchert haben ... Wir verabredeten uns für den nächsten Tag nach der Arbeit, dann legte Nicole auf. Ich stand da, mit dem Hörer in der Hand – und spürte, daß eine riesige Last von meinem Herzen gefallen war.

14. Juli 1986

Seit drei Wochen hatte ich Frank schon nicht mehr angerufen. Mir fehlte jeder Mut. Wieder und wieder hatte ich mir alles durch den Kopf gehen lassen und war zu dem Schluß gekommen, daß er und ich einfach keine Chance hatten. Niemals würde mein Mann mich freigeben! Mit aller Kraft hatte ich versucht, nicht mehr an Frank zu denken. Doch es fiel mir schrecklich schwer, vor allem nachts vor dem Einschlafen vermißte ich ihn schmerzlich. Nicole hatte ab und zu erzählt, er habe bei ihr angerufen und nach mir gefragt; ich war trotzdem stets eisern geblieben.

Doch jetzt hielt ich es nicht mehr aus. Samir war gerade unterwegs, die Luft war rein, also faßte ich mir ein Herz und rief in der Kaserne an. Es läutete lange, bis Frank endlich an den Apparat kam. Wir redeten ein paar Sätze, lauter verlegenes Geplänkel, dann fragte ich ihn geradeheraus, ob er sich noch einmal mit mir treffen würde. »Übermorgen?« Er zögerte.

»Ich weiß nicht genau, ob das klappt, ich habe da noch eine Verabredung.« Mir wurde schwindelig.

»Gut«, sagte ich leise. Ich hatte einen Kloß im Hals sitzen und konnte nicht mehr viel sagen. »Du kannst mich ja anrufen.« Ich legte auf. In allen meinen Träumen und Gedanken war ich nie auf die Idee gekommen, Frank könnte sich mit einer anderen trösten.

An der Wohnungstür klapperten Schlüssel, das mußte Samir sein. Ich holte tief Luft, er sollte mir nichts anmerken. »Zieh dich an«, rief er vom Flur her, »wir gehen einkaufen. Mona paßt auf Farid auf!« Er lief wieder hinaus. Ich ging ihm nach und zog gerade die Wohnungstür hinter mir zu, als das Telefon klingelte. »Frank«, dachte ich. Aber seine zögerlichen Worte klangen noch in meinen Ohren, und die Enttäuschung darüber saß mir in den Knochen. Stur stieg ich also hinter Samir die Treppen hinab.

Ich mußte mich sehr konzentrieren, die nötigen Lebensmittel für das Abendessen auszusuchen. Der Gedanke, Frank könne wirklich zurückgerufen haben, ließ mich nicht los. Jetzt bereute ich, daß ich nicht mehr zurückgelaufen war. Als Samir mich vor unserem Haus aussteigen ließ und sagte, er wolle noch zu einem Kollegen weiterfahren, kam mir das sehr recht. Ich nahm die Einkaufstüten und stieg aus. Oben kam mir Mona entgegengerannt. »Er will sich mit dir treffen!« Ich ließ alles stehen und liegen und rief in der Kaserne an.

»Ich bin es«, sagte ich vorsichtig. »Hast du deine Verabredung verschieben können?«

»Na klar«, meinte Frank. »Kaum daß du aufgelegt hattest, hab' ich Susanne angerufen und ihr abgesagt. Wir zwei müssen uns ja bei einem Rendezvous wohl oder übel nach deinem Mann richten ...« Im übrigen, plauderte er weiter, sei meine Schwester Mona ja ausgesprochen nett. Sehr sympathische Stimme! Mona habe ihm auch erzählt, daß ich nach dem ersten Telefonat traurig gewesen sei. »Ganz überflüssig«, sagte Frank, das mit Susanne sei wirklich nur ein oberflächlicher Flirt gewesen. »Ich wußte einfach nicht, woran ich mit dir bin, Sarah. Du hast dich plötzlich überhaupt nicht mehr gemeldet!« Einen Moment lang wußten wir beide nicht, was wir sagen sollten. Ich hörte das Rauschen in der Leitung. »Das nächste Mal machst du den Mund auf, wenn dich etwas bedrückt. Versprichst du mir das?«

»Okay«. Am Mittwochabend wollten wir uns treffen, in der Wohnung von Nicoles Mutter.

16. Juli 1986

Ratlos stand ich vor dem Spiegel. Wie sollte ich dieses blaue Auge kaschieren? Ich hatte es schon mit einem Abdeckstift und etwas Puder versucht, aber nichts half. Das Augenlid war dunkelviolett und rot verfärbt, da ließ sich nichts überschminken. Was würde Frank denken, wenn er mich so sah? Egal, ich mußte mich beeilen, um sieben Uhr wollte ich bei Nicoles Mutter sein. Als ich im Bus saß, merkte ich, wie mich eine ältere Frau musterte. »Ja«, dachte ich, »glotz nur, mein Mann hat mich verprügelt!«

An dem Tag, an dem ich glückselig über meine Verabredung mit Frank durch die Wohnung schwebte, hatte diese Michaela mit Samir Schluß gemacht. Und so was kann ein Mann wie er nicht einfach wegstecken, einer, der so überzeugt ist von sich und seiner Herrlichkeit. Als er nach Hause kam, war er so aggressiv, wie ich ihn lange nicht erlebt hatte. Ich scherte mich zunächst nicht groß um seine Beschimpfungen, sie glitten an mir ab, ich war viel zu guter Laune, um mich provozieren zu lassen. Sollte er doch giften und stänkern. Aber es war wohl gerade diese Gelassenheit, die Samir vollends zur Raserei brachte.

Er fing an, Mona übel zu beleidigen und ging auch auf Farid los. Der Kleine fürchtete sich ohnehin schon genug vor seinem Vater und versteckte sich sofort hinter seinem Bettchen. Ich redete auf Samir ein, er möge die Kinder in Ruhe lassen. Da explodierte er. Er kam auf mich zu und gab mir eine Ohrfeige, die mich an die Wand warf. Völlig von Sinnen prügelte er auf mich ein, bis ich vor Schmerzen gekrümmt am Boden lag. Dann ließ er ab und schlug die Wohnungstür hinter sich zu.

Mona half mir auf die Beine und versuchte, mich zu trösten. »Laß nur«, sagte ich, während ich mir die Tränen abwischte. »Eines Tages bekommt er das alles heimgezahlt, alles. Das schwöre ich.«

Ich dachte an Frank. Ihn in meinem Leben zu wissen, gab mir Kraft. Außerdem war ich im Laufe der Jahre abgehärtet, Samirs Schläge und Beschimpfungen trafen mich nicht mehr so im Innersten, wie sehr sie auch schmerzen mochten. Meine blauen Flecken würde ich unter langärmeligen Blusen und Strumpfhosen verstekken können. Erst als ich mein Auge im Spiegel sah, das langsam blau anlief und zuschwoll – da schossen mir aufs neue Tränen in die Augen. Ich schrie vor Wut. »Da schlägt mein Mann mich grün und blau, weil seine Geliebte ihn verlassen hat! Was ist das für eine verrückte Welt?«

Mona kam, nahm mich in den Arm – und brach selbst in Tränen aus. Sie tat mir leid. Wie oft hatte sie solche Szenen schon mitbekommen. Wir lagen uns in den Armen. Nach einer Weile sahen wir uns an – und begannen zu lachen. Was hätten wir auch sonst tun sollen? – Mona beschloß in diesem Moment, niemals den islamischen Traditionen zu gehorchen und sich gegen ihren Willen mit einem unbekannten Mann verheiraten zu lassen, der sie dann vielleicht so behandeln würde wie Samir mich. Lieber, sagte sie mit bebender Stimme, wolle sie sich umbringen.

Als dann endlich der ersehnte Mittwoch begann, der Tag, an dem ich mit Frank verabredet war, hatte ich schon auf dem Weg zur Arbeit Magenschmerzen vor Nervosität. Im Büro fragten sie mich, was mit mir los sei, ich hätte mich in der letzten Zeit so verändert. »Mal bist du aufgekratzt, im nächsten Moment völlig abwesend«, sagte meine eine Kollegin. Und mit einem Blick auf mein blaues Auge fügte sie hinzu: »Wenn ich nicht wüßte, was bei dir zu Hause los ist, würde ich denken, du wärst verliebt.« Ich nickte nur, ich wollte lieber nichts dazu sagen. Ich merkte selber, daß es mir schwerfiel, mich zu konzentrieren, besonders heute. Darum verdrückte ich mich mit der Ablage ins Nebenzimmer – Rechnungen alphabetisch zu sortieren, das würde ich gerade noch hinkriegen. Ich war meinen Kolleginnen dankbar dafür, daß sie nicht weiterbohrten und mich für den Rest des Tages in Ruhe ließen.

Ich zählte die Minuten bis zum Feierabend, und als der Zeiger endlich auf fünf Uhr sprang, sauste ich in Windeseile zu meiner Mutter, holte meinen Sohn ab, fuhr nach Hause, räumte die Wohnung auf, machte Abendessen für Samir, zog mich um und fuhr schließlich mit Farid zu Frau Weber. Nicole hatte ihre Mutter eingeweiht, beide erwarteten uns schon. Nicole erschrak, als sie mein Auge sah, aber sie kannte Samir und seine Anfälle ja und dachte schnell wieder praktisch: »Soll ich versuchen, es zu überschminken?«

»Laß gut sein, ich hab's schon probiert. Ganz kriegt man es nicht weg.«

Ihre Mutter war nachhaltiger entsetzt. Nachdem sie mir in der Küche ein Glas Wasser eingeschenkt hatte, sah sie mich lange und besorgt an. »Ich wünsche dir alles Glück auf dieser Erde, meine Kleine«, sagte sie. »Aber paß auf dich und deinen kleinen Sohn auf! Entscheide dich erst, wenn du ganz sicher bist.« Sie hatte die Hand auf meinen Arm gelegt.

»Ach, Frau Weber, ich werde an Ihre Worte denken«. Ich setzte mich mit den beiden ins Wohnzimmer, und gemeinsam warteten wir auf Frank. Nicole versuchte mich mit allen möglichen Faxen abzulenken, damit ich nicht immer nervös nach der Uhr schielte. Da klingelte es. Pünktlich um sieben Uhr stand Frank vor der Tür. Er stutzte, als er mein ramponiertes Auge sah – aber offenbar reimte er sich inzwischen auch so einiges zusammen, denn er sah mich nur ganz kurz forschend an, bevor er sein Lächeln wiederfand und mir artig die Hand gab. Dann strich er mir übers Haar und sagte leise: »Ich freu' mich, dich zu sehen«.

»Ich auch«, strahlte ich. Mehr mochte ich nicht sagen. Nicole hatte mich ermahnt, nicht so schüchtern zu sein, aber ich fand mein Verhalten ganz und gar nicht schüchtern, sondern einfach vorsichtig. Ich wollte nicht gleich mit der Tür ins Haus fallen, ich wollte langsam abwarten, wie sich die Dinge entwickelten. Ich dachte an die Worte, die ihre Mutter mir gerade so inständig ans Herz gelegt hatte. Und ich dachte an Nicole selbst, die in der letzten Zeit eine Enttäuschung nach der anderen erlebt hatte. Alle ihre Affären waren wie Seifenblasen zerplatzt. Das wollte ich vermeiden, und darum zog ich es vor, die Sache langsam anzugehen. Natürlich wußte ich auch nicht, ob ich ewig mit Frank zusammenbleiben würde. Im Gegenteil, eigentlich hielt ich eine Freundschaft zwischen uns nach wie vor für ausgeschlossen. Aber ich wollte einfach die schönen Momente genießen, solange es unter diesen Umständen möglich war...

»Zu Tisch, die Herrschaften«, rief Nicole aus dem Nebenzimmer. Sie und ihre Mutter hatten momentan Urlaub und den ganzen Nachmittag damit verbracht, ein vorzügliches Menü zu zaubern. Frank öffnete eine Flasche Beaujolais, und wir setzten uns an den festlich gedeckten Eßtisch. Es wurde ein phantastischer Abend. Das Essen war großartig, die Stimmung bestens. Farid und Danny schliefen brav nebenan, und wir vier unterhielten uns bis spät in die Nacht, bis Nicole und ihre Mutter irgendwann zu Bett gingen. Frank und ich blieben sitzen. Wir hatten uns unendlich viel zu erzählen.

Als er sich mit einem Küßchen von mir verabschiedete, war es drei Uhr morgens. Selig kuschelte ich mich bei Nicole in die Kissen. Ich hatte Samir gefragt, ob Farid und ich bei ihr übernachten durften. Da er gerade das Badezimmer renovierte und die ganze Wohnung schmutzig und ohne fließendes Wasser war, klang meine Bitte nicht sonderlich abwegig. Ich war mir sicher, daß mein Ehemann nicht im Traum auf die Idee kam, ich könnte ähnliche Abwege gehen wie er...

26. Juli 1986

Frank und ich trafen uns jetzt regelmäßig. Wir machten Ausflüge in die Umgebung und es war wunderschön, einfach nur zusammenzusein. Ich genoß es, stundenlang mit ihm über Gott und die Welt zu reden. Nie mußte ich dabei lügen, nie befürchten, er könnte im nächsten Moment wütend werden, nie mußte ich Angst haben, er würde mich vielleicht gleich schlagen. Auch Farid fühlte sich in Franks Gegenwart pudelwohl. Es war eine Wonne, den Kleinen so ausgelassen und fröhlich zu erleben.

Einmal besuchten wir gemeinsam Franks Eltern. Die hielten – genau wie seine Brüder – unsere Beziehung zwar für sehr riskant, mischten sich aber nicht großartig ein. Nur seine Mutter fragte mich, ob nicht die Gefahr bestünde, jemand aus meiner Familie könne von unserer

Liaison erfahren. Und wie mein Mann oder mein Vater oder meine Brüder dann reagieren würden. Ich beruhigte sie und beteuerte, daß wir immer äußerst vorsichtig seien. Niemand würde Verdacht schöpfen.

Wir waren nun seit zehn Tagen ein Paar; aber außer einigen Küssen hatte es keine Zärtlichkeiten zwischen uns gegeben. Frank spürte, daß ich noch zögerte, weiter zu gehen.

Eines Abends fuhren wir wieder mit dem Auto ins Grüne, meine Schwestern paßten auf Farid auf. Wir gingen spazieren, an einem kleinen See, bis uns ein Gewitter überraschte. Es donnerte und blitzte. Wir rannten zurück und schafften es gerade noch ins schützende Auto, bevor der Regen in dicken Tropfen niederprasselte. Ein richtiges Sommergewitter war das, aus heiterem Himmel und heftig.

Als wir im Wagen saßen, nahm Frank mich in den Arm und gab mir einen langen Kuß. Fragend sah er mich an. Seine Finger strichen durch mein Haar und wanderten langsam tiefer. Ein kleiner wohliger Schauer lief über meinen Rücken. Seine Lippen glitten über meinen Hals, seine Zähne knabberten sanft an meinem Ohr. Sein Atem war heiß. Mein Herz klopfte laut, lauter als der Regen, der auf dem Autodach trommelte. Ich zögerte, aber gleichzeitig drängte es mich nach mehr. Ich schmiegte mich an ihn und strich über seinen Nakken. Vorsichtig, sehr vorsichtig tasteten wir uns aneinander heran. Ich fühlte mich Frank so nah, meine Liebe zu ihm wuchs ins schier Unermeßliche. Ich schlang meine Arme um ihn. Er flüsterte meinen Namen und zärtliche Worte in mein Ohr, sein Atem ging immer heftiger. Es war unbequem in dem kleinen Auto, aber das war uns egal. Wir schwelgten in einem Rausch von Zärtlichkeit. In einem Meer von Liebe. In dieser Nacht hätte ich am liebsten die ganze Welt umarmt. Ich nahm mit Frank vorlieb...

Als wir uns am Morgen vor meiner Haustür verabschiedeten, kamen mir die Tränen. Vor Glück über diese wunderbare Nacht, vor Traurigkeit, mich jetzt von Frank trennen zu müssen. Wie gerne wäre ich mit ihm weitergefahren! Aber oben wartete mein Sohn auf mich.

27. Juli 1986

Ich deckte gerade den Frühstückstisch, als Samir in die Wohnung stürmte. Er ging ins Bad, wo ein provisorisch angeschlossener Schlauch wieder notdürftig Wasser lieferte, wusch und rasierte sich und warf sich in Schale. Wie ein Pfau stolzierte er durch den Flur. »Es kann spät werden«, sagte er knapp, dann verschwand er wieder, so plötzlich, wie er aufgetaucht war.

»Na«, sagten meine beiden Schwestern gleichzeitig, »dann haben wir ja erst mal wieder Ruhe.« Ich nickte seufzend. Zwar wünschte ich, Samir würde endlich die Baustelle im Bad beseitigen, aber im Grunde war uns allen am wohlsten, wenn er sich nicht blicken ließ.

Am Morgen, als ich mich von Frank verabschiedet und leise die Wohnungstür aufgesperrt hatte, war ich höchst überrascht gewesen, Mona und Samira noch wach zu finden. Sie empfingen mich ungeduldig, und redeten aufgeregt durcheinander. »Samir hat angerufen!« rief Mona.

»Ja, er wollte dich sprechen«, fügte Samira aufgeregt hinzu.

»Wir haben gesagt, du wärst...«

»... bei einer Nachbarin.«

»Ja, um ihr bei irgend etwas zu helfen, haben wir gesagt.«

»Was wollte Samir von mir?«

»Er wollte dir sagen, daß er bei Freunden übernachtet.« Mona grinste. Ich atmete auf.

»Soll er doch übernachten, wo er will.« Dann bestürmten mich die beiden und wollten detailliert wissen, was geschehen war. Die ganze Nacht hatten sie auf mich gewartet. Ich erzählte ihnen, daß Frank und ich zu dem kleinen See gefahren und spazierengegangen waren. Den Rest behielt ich für mich, aber Samira und Mona sahen deutlich, daß ich strahlte wie das berühmte Honigkuchenpferd, und sie freuten sich mit mir. Erst um sechs Uhr waren wir endlich hundemüde ins Bett gefallen.

Und jetzt also saßen wir alle mit kleinen Augen um den Frühstückstisch herum und waren erleichtert über Samirs fixen Abgang. So würde ich auch in Ruhe mit Frank telefonieren können, freute ich mich gerade, als das Telefon klingelte. Er war mir zuvorgekommen.

»Hallo Mäuschen«, flötete es aus der Muschel. »Ich habe dich sooo lieb! Wie ist es bei dir?«

Ich mußte nicht lange überlegen: »Ich habe dich auch lieb«, sagte ich. Und das war die Wahrheit.

»Treffen wir uns nachher?« Da Samir angekündigt hatte, bei ihm könne es später werden, kam meine Antwort rasch:

»Kein Problem!«

Wir fuhren wieder aufs Land und gingen spazieren. Mona und Samira waren zu meinen Eltern zurückgefahren, Farid nahmen wir mit. Er tollte durch den Wald, mein kleiner Liebling, pflückte Brombeeren und jagte Eichhörnchen. Er war so ausgelassen in Franks Gegenwart! Immer wieder erstaunte mich das, und immer wieder war ich sehr froh darüber, denn was hätte ich mit meiner neuen Liebe anfangen sollen, wenn mein Sohn und mein Freund sich nicht verstanden hätten? Mir wurde warm ums Herz, wenn ich die beiden sah. Ich dachte oft, daß uns die Leute, denen wir bei unseren Spaziergängen begegneten, sicher für eine glückliche junge Familie hielten. Dabei hing über unserem Glück ein gewaltiger Schatten. Ich versuchte die Gedanken daran schnell zu verscheuchen, wenn sie mich packten, ich hatte mir ja vorgenommen, die unbeschwerten Momente einfach zu genießen. Aber ein ungutes Gefühl blieb.

Frank und ich trafen uns in den folgenden Wochen immer häufiger, immer regelmäßiger. Er erzählte mir, seine Eltern hätten mich zu ihrer Silberhochzeit im September eingeladen. Ich freute mich über diese Einladung und sagte begeistert zu; ich bat ihn aber auch, nicht enttäuscht zu sein, falls ich es nicht würde arrangieren können. Wohl war Samir momentan bis über beide Ohren in irgendeine neue Frau verliebt und so gut wie nie zu Hause, aber was in zwei Monaten sein würde – wer wußte das schon.

In diesen Sommerwochen ließen sich unsere heimlichen Treffen geradezu spielend arrangieren. Mona und Samira waren einverstanden gewesen, an den Wochenenden abwechselnd auf Farid aufzupassen, und so konnte ich mich auch manchmal allein mit meinem Liebsten treffen.

Heute weiß ich, daß das leichtsinnig war. Frank und ich waren einfach zu verliebt und glücklich, um vorsichtig genug zu sein. Samir muß oft, kaum daß ich nach ihm aus dem Haus gehuscht war, wieder zurückgekommen sein. Meine Schwestern verrieten mir nichts davon – und ich hätte nie geahnt, daß sie einen so hohen Preis für mein junges Glück zahlen würden.

7. September 1986

Ich hatte Samir angelogen: »Ich gehe zur Silberhochzeit meiner alten Lehrerin«. Eine andere Ausrede war mir nicht eingefallen, um zu der Feier von Franks Eltern fahren zu können. Nachts hatte ich dann zu Hause angerufen und Samir gesagt, ich würde bei dieser Lehrerin übernachten.

Als ich jetzt die Tür aufschloß, kam er mir entgegen. Sein Blick war seltsam kalt. Er ging wortlos an mir vorbei und verließ die Wohnung. »Der ist wohl sauer, weil ich woanders übernachtet habe«, vermutete ich und ging ins Wohnzimmer. Dort fand ich Samira und Mona völlig verschüchtert auf der Couch sitzen. »Was ist denn mit euch passiert?« Ich war irritiert, so hatte ich die beiden noch nie gesehen. Samira holte mir eine Zigarette.

»Bitte, werd' nicht böse, egal, was wir dir jetzt erzählen«, bat sie mich. »Wir lieben dich und Farid über alles. Aber . . .«, sie holte tief Luft. »Sarah, in Zukunft verlassen wir diese Wohnung, wann immer Samir sie betritt.« Ich ahnte Böses. Dann erzählten sie mir die ganze Geschichte. Nach meinem Anruf hatte Samir seine eigene Verabredung abgesagt und war statt dessen zu Hause geblieben. Er stellte den Mädchen tausend Fragen, wo ich sei, ob ich mich mit einem anderen Mann treffe und so weiter. Mona und Samira antworteten mit der abgesprochenen Version: Ich sei bei meiner ehemaligen Lehrerin. Das machte Samir noch wütender. Sie sollten ihn nicht belügen, herrschte er sie an und rannte wie ein wilder Stier im Zimmer herum.

Er versuchte, meine Schwestern mit allen Mitteln einzuschüchtern, um aus ihnen herauszulocken, wo ich war.

Auf einmal schnappte er sich Mona und befahl ihr, sein Glied anzufassen. Sie weigerte sich und versuchte sich aus der Umklammerung zu befreien. Samira kam ihr zur Hilfe, woraufhin Samir nach ihr griff und sie begrabschte. Samira strampelte sich frei, Samir jagte hinter ihr her, sie fiel hin, er stürzte sich auf sie. Mona begann zu weinen. »Das Schlimmste ist, daß er auch immer darauf lauert, daß wir einen Moment lang unachtsam sind.« Mir blieb beinahe das Herz stehen. Ich wußte, daß dies nicht das erste Mal gewesen war, daß mein Mann sich über meine Schwestern hergemacht hatte; ich bekam ein bodenlos schlechtes Gewissen.

»Er lauert uns auf und wenn wir einen Augenblick nicht aufpassen, schmeißt er sich auf uns und reibt sich an uns. Wie ein Hund...« Mona zitterte bei jedem Wort. Erst wenn meine Schwestern schrien und wimmerten, ließ dieser Sadist von ihnen ab. Solange weidete er sich an ihrer Schwäche.

»Und dann sollen wir ihm immer sagen, wie groß und toll sein Ding ist.« Samira putzte sich die Nase. »Was er sonst noch alles sagt, mag ich dir gar nicht erzählen. Sätze wie ›Wenn ich von Sarah genug habe, heirate ich eine von Euch, ihr seid jünger und knackiger‹, sind schon schlimm genug«. Ich bebte vor Wut. Mein Gesicht muß purpurrot gewesen sein. Dieser Schmerz in meinem

Bauch – er mußte raus! Ich schrie. Ich schrie wie von Sinnen, immer lauter und lauter. Mona und Samira erschraken und versuchten mich zu beruhigen. Aber ich wollte mich nicht beruhigen lassen. »Dieses Schwein! Das soll er mir büßen!« Da spürte er, daß seine Ehefrau sich mehr und mehr von ihm distanzierte, und dafür machte er sich dann an seine kleinen Cousinen heran. Um sich seine Männlichkeit zu beweisen! Er würde eine von ihnen entjungfern – was ihm ja sooo großen Spaß machte, wie er mir schon in unserer Hochzeitsnacht versichert hatte –, und schließlich würde meinen Eltern nichts anderes übrig bleiben, als Samira oder Mona mit dieser Bestie zu verheiraten, je nachdem, welche von ihnen es erwischte.

»Der soll den Tag verfluchen, an dem er um meine Hand angehalten hat!« brüllte ich. Ich konnte gar nicht mehr richtig denken, in meinem Kopf überschlugen sich die Gedanken. Nur eines war mir absolut klar: Ich durfte meine Schwestern jetzt nie wieder allein lassen.

Noch heute schäme ich mich unendlich, wenn ich an diese Nacht denke. Denn Mona hatte bereits Monate zuvor durchblicken lassen, daß Samir die Mädchen übel belästigte, sobald ich aus dem Haus war. Ich erinnere mich gut daran, wie ich mir und meinen Schwestern damals geschworen hatte, die beiden nie wieder allein zu lassen mit diesem perversen Dreckskerl. Und dann hatte ich es nach einer Weile doch getan... Dann bin ich irgendwann doch nachlässig geworden, weil die Tatsache, daß die Mädchen sich um Farid kümmerten, meine einzige Chance für ein kleines eigenes Leben war: für meine Liebe, für Frank. Ich mache mir immer noch Vorwürfe, diese miesen Übergriffe derart verdrängt zu haben. Schließlich war mir ja stets klar gewesen, daß wir immer damit rechnen mußten, daß Samir, sobald ich daß Haus verließ, überraschend zurück kam, oder daß er seine Verabredungen aus heiterem Himmel absagte. Immer.

Ich beschloß damals, meinen Mann nun so lange zu provozieren, bis er von sich aus die Scheidung verlangte. Irgendwie mußte ich einen Ausweg aus dieser unerträglichen Situation finden. Ich würde vorsichtig taktieren müssen, langsam und mit Bedacht. Er würde viele Anschuldigungen gegen mich vorbringen, um nicht die zehntausend Mark Scheidungsgeld bezahlen zu müssen, die meine Eltern vor unserer Trauung mit ihm ausgehandelt hatten. Das wußte ich. Aber ich wußte auch, daß ich jetzt mit ihm abrechnen mußte.

Während ich noch mit Feuereifer Rachepläne schmiedete, hörte ich plötzlich einen Schlüssel klappern. Samir war zurückgekommen. Aber inzwischen schien ich mich derart auf die Kunst der Beherrschung zu verstehen, und meine Schwestern nicht weniger, daß Samir uns ansah, ohne jeden Argwohn, ohne die kleinste Spur von Mißtrauen. Wahrscheinlich spekulierte er auch darauf, daß seine beiden Opfer lieber vor Scham im Boden versinken würden, als ein Wort über seine Überfälle zu verlieren. Auf jeden Fall taten alle so, als wäre nichts, aber auch gar nichts geschehen.

Gegen Abend machte ich mich fertig, um Mona und Samira zu meinen Eltern zurückzubringen. »Laß Farid hier, ich bleibe zu Hause«, befahl Samir. Ich dachte, ich würde ohnmächtig. Ekel kroch in mir hoch. Mein Liebling allein bei dieser Bestie? Niemals!

»Nein«, sagte ich. »Ich fahre hinterher noch zu Nicole, um ihr bei ihren Umzugsvorbereitungen zu helfen, und Farid kann dann mit Danny spielen«. Erstaunlicherweise blieb Samir ruhig. »Es ist wichtig, daß der Kleine Kontakt mit Gleichaltrigen hat, dann findet er, wenn er in den Kindergarten kommt, besser Anschluß«. Ich log, was das Zeug hielt. Ich wußte, daß Samir Nicole genauso wenig leiden mochte wie sie ihn. Er nannte sie oft eine Hure und prophezeite mir, ich würde genauso, wenn ich immer mit ihr zusammenhockte. Aber die Vorstellung, meinen Farid allein zu lassen, machte mich fast irr vor Angst. Der Kleine schrie ja schon nach mir, wenn ihn sein Vater nur auf den Arm nahm. Was würde erst geschehen, wenn ich ihn alleine in der Wohnung zurücklassen würde. Und was würde Samir mit ihm anstellen, wenn ich weg war?

Zum Glück hatte ich mit dem Argument, das Kind brauche ein bißchen Förderung, ins Schwarze getroffen; schließlich wollte Samir, daß sein Sohn eines Tages genauso toll und perfekt würde wie er selbst. Er murrte, er bedachte mich mit finsteren Blicken, aber er ließ uns gehen.

Als wir im Auto saßen, beschwor ich Mona und Samira, niemandem auch nur ein Sterbenswörtchen über Samirs Attacken zu verraten. Sie versprachen es mir feierlich.

Anschließend fuhr ich zu Nicole und erzählte ihr alles. Sie war entsetzt. »Diesen Mistkerl müßte man einsperren«, fluchte sie. »Ruf doch Frank an, vielleicht hat der eine Idee.« Aber ich wollte Frank nicht auch noch in diese miese Geschichte hineinziehen. »Dann hau doch einfach ab«, sagte sie. Als wäre das so einfach. »Ja! Du mußt verschwinden! Frank hilft dir bestimmt, und dann könntet ihr zwei zusammen leben.« Ich seufzte.

»Oh, Nicole, du hast wirklich keine Ahnung. Du vergißt, daß unsere Ehe nach islamischem Gesetz geschlossen wurde. Wenn ich verschwinde, hat Samir meine Eltern und alle moslemischen Männer der Welt auf seiner Seite. Sie würden mich überall suchen, und wenn sie mich jemals in die Finger bekämen, würden sie mich töten, um die Familienehre wiederherzustellen. Sie würden mich eiskalt umbringen.« Nicole wußte nicht, was sie sagen sollte. »Außerdem bekäme Samir als Vater das Sorgerecht für Farid, wenn ich ginge«, fügte ich hinzu.

»Und wenn Du die deutsche Staatsbürgerschaft annehmen würdest?«

»Ja, vielleicht hätte ich dann etwas mehr Schutz... Vielleicht könnte ich dann so leben wie du, ich hab' schon manchmal darüber nachgedacht. Vielleicht müßte sich – sobald ich eine Deutsche bin – auch die Polizei um mich kümmern, wenn meine Familie mich verfolgt und bedroht. Ich weiß nicht... Vielleicht könnten sie mir, wenn ich erst einmal die deutsche Staatsangehörigkeit hätte, auch Farid nicht mehr wegnehmen, das wär' das Wichtigste überhaupt. Ich weiß es einfach alles nicht so genau! Ich weiß bloß, daß ich für Farid nur dann eine Änderung der Staatsbürgerschaft beantragen kann, wenn Samir die Papiere unterschreibt! Und wie soll ich das hinkriegen?«

Wir saßen noch lange auf Nicoles Balkon und überlegten hin und her. Je länger wir redeten, und je deutlicher mir meine Ausweglosigkeit bewußt wurde, desto mehr kroch mir die Angst in alle Glieder. Am meisten Angst hatte ich vor meiner Familie. Wenn ich Samir verließe, würden sie mich suchen. Sie würden mich jagen, sie würden nicht eher ruhen, bis sie mich eines Tages irgendwo gefunden und getötet hätten. Ehebruch – zumindest, wenn die Frau ihren Mann verläßt – ist eine Verletzung der Familienehre. Und wer die Familienehre verletzt, muß sterben. Mit meinem Blut würden sie ihre befleckte Ehre reinwaschen. Prügel reichen bei einem solchen schweren Verstoß gegen die guten Sitten nicht mehr aus... Das war ein Verdikt. Wie so viele Vorschriften im Islam eine Auslegungssache, aber unsere Familie legte es eben seit ewigen Zeiten so aus. Ich würde sterben müssen.

Und gesetzt den Fall, ich würde nicht verschwinden, sondern offiziell von Samir geschieden, außerdem gesetzt den Fall, er würde mir Farid sogar lassen – dann würden meine Eltern einschreiten, um den Kleinen zu sich zu nehmen. Eine »benutzte«, also eine entjungferte Frau wieder an den Mann zu bringen, war schon schwierig und aussichtslos genug, ein Kind würde dieses Unterfangen völlig unmöglich machen. Kein Mann würde mich mehr nehmen, wenn ich einen Sohn mitbrächte.

Als ich mir das alles durch den Kopf gehen ließ, schien mir die Möglichkeit, weiter mit Samir zu leben, dafür aber auch Farid bei mir behalten zu können, doch als das geringere Übel. Das versuchte ich Nicole zu beschreiben. Sie wußte so gut wie nichts über islamische Lebensgewohnheiten. Sie ahnte nicht, wie groß in manchen Dingen die Unterschiede zwischen einer jordanischen und einer deutschen Familie sein konnten. »Eine jordanische Frau wird verheiratet«, erklärte ich ihr. »Das bringt ihr einen gewissen Schutz, weil ihr Mann für sie sorgen muß, und weil sie als verheiratete Frau ein gewisses gesellschaftliches Prestige genießt. Das kann ihr aber auch Schwierigkeiten bringen – bei mir begannen sie zum Beispiel damit, daß ich den Mann, den meine Eltern ausgesucht hatten, gar nicht heiraten wollte. Auf jeden Fall kann eine Jordanierin weniger über sich und ihr Leben bestimmen, als manche deutsche Frau.«

Nicole hörte mir schweigend und manchmal kopfschüttelnd zu. Schließlich mußte sie zugeben, daß meine Lage ziemlich aussichtslos war. »Eines Tages, Sarah«, sagte sie zum Abschied, »eines Tages wird sich eine Gelegenheit ergeben. Und dann steh' ich als erste vor deiner Tür, um dich rauszuholen.« Ihr Ton ließ mir eine Gänsehaut über den Rücken laufen. Diese Worte waren wie ein Pakt, der uns von jetzt an verbinden sollte. Wie froh war ich, Nicole zur Freundin zu haben.

Als ich nach Hause kam, war Samir gerade dabei, unsere Wohnungseinrichtung an einen türkischen Freund zu verkaufen. Ich war fassungslos. Als der Freund gegangen war, herrschte ich Samir an: »Sag mal, bist du noch ganz richtig im Kopf?« Er lächelte.

»Ich habe Dir doch gesagt, daß ich noch einmal heiraten werde. Und ich kann meiner neuen Frau nicht zumuten, in eine Wohnung zu ziehen, die nicht nach ihrem Geschmack eingerichtet ist. Also muß ich diese Möbel verkaufen – sonst hätte ich auch gar kein Geld für neues Mobiliar.« Es war unglaublich.

»Und was wird aus Farid und mir?«

»Ihr zieht in eine andere Wohnung«, lächelte er weiter. »Ich kann nicht von meiner neuen Frau erwarten, daß sie ein Kind aufzieht, das sie nicht in die Welt gesetzt hat. Für euren Unterhalt mußt du allerdings selber sorgen, aber du hast ja deine tolle Bildung. Bei unserer Hochzeit hab' ich sie teuer bezahlt, jetzt kannst du mir und unserem Sohn zeigen, was sie wert ist.« Ich traute meinen Ohren nicht.

»Ich biete dir an, mit deinen Eltern zu reden, damit du keinen Ärger bekommst. Als Ehefrau behalte ich dich ja, dein Ruf ist also gerettet. Aber wohnen kannst du hier nicht mehr.« Er machte eine kurze Pause. »Wahrscheinlich erlauben deine Eltern ohnehin nicht, daß du irgendwo allein mit Farid lebst, und sie werden euch zu sich nehmen. Das wäre auch die billigste Lösung.« Er sagte das in einem Ton, als würde er mir etwas Gutes tun. Ich war sprachlos. Diese geballte Ladung Verachtung und Haß mußte ich erst einmal verdauen. Daß wir uns nicht herzlich und innig liebten, war ja offensichtlich, aber daß er so rücksichtslos mit seiner Ehefrau und seinem Sohn umgehen würde, hatte ich nicht für möglich gehalten. Er setzte uns ohne Skrupel von einem Tag auf den anderen vor die Tür, weil er sich eine neue Frau angelacht hatte. Langsam schien der Boden unter meinen Füßen wegzugleiten. Was sollte ich jetzt tun? Erst einmal die Ruhe bewahren, sagte ich mir.

Als ich später noch einmal ins Wohnzimmer kam, wo Samir Videos durchsah, schlug er mir vor, doch vorläufig zu Nicole zu gehen, bis er die Wohnung renoviert und mit meinen Eltern gesprochen habe. Ich war einverstanden. Es war die beste Möglichkeit, schnell von diesem Dreckskerl wegzukommen. Über alles weitere konnte ich mir später Gedanken machen.

Ich ging zu Bett. Als ich gerade unter die Decke gekrochen war, kam Samir ins Schlafzimmer. »Was ist denn jetzt noch?«, fragte ich genervt. Er lehnte am Türrahmen.

»Tut es dir nicht weh, wenn ich solche Dinge sage?« fragte er langsam. »Wenn ich dich so ansehe, tust du mir fast leid. Du hast dich sehr zu deinem Vorteil verändert, du bist schlank und schön und intelligent – und ich verlasse dich wegen einer anderen.« Was sollte ich dazu sagen? Aber ich kam gar nicht zu einer Antwort. »Warum hast du nie versucht, unsere Ehe zu retten?« fuhr Samir fort. »Mit einer schönen Frau hätte ich gerne ein gemeinsames Leben geführt! Du bist immer so seltsam! Du bist keine richtige Frau! Du bist mir nicht hörig, und das kann ich nicht dulden.« Jetzt hatte ich genug von diesem Theater.

»Ich hatte noch nie vor, unsere Ehe zu retten«, erwiderte ich böse. »Wenn eine Frau für einen Mann so wenig empfindet, wie ich für dich, was sollte sie da retten? Was? Wenn Farid nicht wäre, hätte ich schon lange versucht, von dir wegzukommen.« Samir wurde rot vor Zorn. Er bebte.

»Geh mir aus den Augen, du Schlampe!« brüllte er. »So unverschämt wie du war noch keine Frau zu mir! Das lasse ich mir nicht bieten! Vergiß nicht, daß du immer noch meine Ehefrau bist, ich kann dich holen und nehmen, wann ich will! Und wenn du meinst, du müßtest dich wie ein Flittchen benehmen, dann werde ich dich auch so behandeln!« Mir wurde schlecht.

Ich stürzte ins Bad und erreichte gerade noch rechtzeitig die Toilette. Ich mußte mich übergeben. Das war zuviel. Mir kam alles hoch, der ganze Frust, all die Spannungen der letzten Jahre und die Angst vor einer düsteren Zukunft. Ich kotzte mir die Seele aus dem Leib. Meine Knie zitterten. Ich hatte einen dicken Kloß im Hals und spürte, wie mir langsam die Tränen kamen. Heulend sackte ich vor dem Klo zusammen und weinte hemmungslos. Wie sollte ich dieses Leben weiterhin ertragen? Was stand mir noch bevor? War es nicht besser, mit allem Schluß zu machen? – Ich weiß nicht mehr, wie lange ich damals vor der Toilette kauerte und diesen finsteren Gedanken nachhing. Es muß eine Ewigkeit gewesen sein.

Mühsam rappelte ich mich irgendwann wieder auf, meine Beine waren weich wie Gummi. Im ganzen Haus herrschte Totenstille. Ich schlich in Farids Zimmer. Ahnungslos schlummerte der Kleine in seinem Bettchen, unschuldig und friedlich. Wie ein Engel. Bei diesem Anblick schossen mir wieder Tränen in die Augen. Ich kletterte in das Kinderbett und schloß Farid in meine Arme. Die Wärme seines kleinen Körpers tat mir gut. Langsam wurde ich ruhiger. Irgendwann schlief in ein, meinen Sohn fest in meinen Armen.

8. September 1986

Ich wartete ab, bis Samir verschwand. Als ich in Farids Kinderbettchen aufgewacht war, hatte er gerade in der Küche Kaffee gekocht und leise geflucht, weil ihm das Frühstück nicht wie sonst fix und fertig vor die Nase gesetzt wurde. Erst als die Wohnungstür ins Schloß fiel, stand ich auf. Die gestrige Nacht saß mir in den Knochen, und ich wollte ihm vorerst nicht mehr über den Weg laufen.

Nach dem Frühstück rief ich im Büro an und nahm mir ein paar Tage frei. Dann fuhr ich mit Sack und Pack zu Nicole. Die nächsten Tage würde ich mit Farid bei ihr wohnen; was dann kam, nun, das stand vorläufig in den Sternen. Wahrscheinlich würden meine Eltern darauf bestehen, daß ich mit meinem Sohn zu ihnen zog, sobald sich Samir mit seiner neuen Ehefrau in unserer Wohnung breit machte. Unter der Fuchtel meiner Eltern würde ich dann weder Nicole noch Frank jemals wiedertreffen können.

Nicole kochte mir einen starken Kaffee. Wir hatten beschlossen, uns die letzten gemeinsamen Tage so schön wie möglich zu machen.

Als nächstes würde ich Frank anrufen müssen, um mit ihm Schluß zu machen. Ich mußte ihm meine Lage erklären und ihn bitten, mich nie wieder anzurufen oder zu versuchen, mich zu treffen. Im Haus meiner Eltern würde es absolut unmöglich sein, einen Schritt ohne die Aufsicht meiner Mutter zu machen, das wußte ich jetzt schon. Es lag mir wie ein Stein auf der Seele, ausgerechnet von den beiden Menschen Abschied nehmen zu müssen, die neben meinem Sohn und meinen Schwestern der Mittelpunkt meines Lebens waren. Die wichtigsten Personen, die es für mich gab. Die mich auffingen, wenn ich die Qualen zu Hause nicht mehr ertrug.

Ich schlich lange um das Telefon herum, nahm den Hörer ab und legte ihn schnell wieder auf, ging aufs Klo, griff wieder zum Hörer, legte wieder auf, holte mir noch einen Kaffee. Ich wußte nicht, wie ich es ihm sagen sollte. Ich hatte einfach kein glückliches Los gezogen mit meinem Leben, und alle Menschen, die mit mir zu tun hatten, würde ich früher oder später unglücklich machen. »Du mußt ihn anrufen«, sagte Nicole eindringlich, als sie sah, wie ich regungslos auf das Telefon starrte. Ich nahm den Hörer, wählte die vertraute Nummer und ließ es klingeln. Einmal. Wenn ich Glück hätte ... Zweimal. Wenn ich Glück hätte, wäre er nicht zu Hause! Dreimal. Nach dem nächsten Läuten würde ich auflegen. Es knackte: »Müller ...« Ich schluckte.

»Ich bin es, Sarah ...« Was dann geschah, erlebte ich wie in Trance.

Ich hatte den Hörer kaum wieder aufgelegt, da klingelte es an der Tür. Frank stand im Treppenhaus. Er war völlig außer Atem, das Haar zerzaust, ein Hemdzipfel hing noch aus der Hose. »Er muß geflogen sein«, dachte ich. Er zog mich an sich und drückte sein Gesicht in meine Haare. Minutenlang standen wir so im Türrahmen, bis ich mich aus seiner Umarmung löste und ihn in die Wohnung zog.

Wir setzten uns ins Wohnzimmer, und ich erzählte ihm alles. Samirs Ankündigung, mich und Farid vor die Tür zu setzen, meine Befürchtung, zu meinen Eltern ziehen zu müssen, meine Angst, ihn und Nicole dann nie wiederzusehen. Ich redete wie ein Wasserfall, und Frank sagte die ganze Zeit über kein Wort. Als ich fertig war, stand er auf und ging zum Fenster. Er sah hinunter auf die Straße und sagte immer noch nichts. Dann drehte er sich um und schaute mir direkt ins Gesicht. »Du darfst jetzt nicht die Nerven verlieren, Liebes.« Ich verstand nicht, was er mir damit sagen wollte. Fragend sah ich ihn an. Aber er hatte sich wieder umgedreht, starrte aus dem Fenster und sprach kein einziges Wort mehr.

18. September 1986

Nicole hatte Frank angeboten, auch bei ihr zu wohnen. Sie wollte, daß wir noch ein paar schöne Tage hatten, bevor ich zu meinen Eltern ziehen mußte. Frank nahm auch dankbar an, aber es wurden dennoch eher traurige Tage.

Immer wieder sah ich ihn mit Farid spielen. Oft drückte er den Kleinen unvermittelt an sich, als könne es jedesmal das letzte Mal sein. Mir krampfte sich bei diesem Anblick der Magen zusammen. Immer wieder betete ich: »Allah, gib mir Kraft, das alles zu überstehen.« Der Kummer lag wie eine Decke aus Blei über uns allen.

Immer wieder fuhr ich zwischendurch in unsere Wohnung, denn Samir hatte verlangt, daß ich trotzdem regelmäßig aufräumte, saubermachte und kochte. Eines Nachmittags, als ich gerade am Herd stand, kam er unvermittelt zu Tür herein. »Setz dich, ich muß mit dir reden«, sagte er barsch und zog mich auf einen Stuhl. »Die Dinge haben sich anders entwickelt, als ich erwartet hatte. Deshalb möchte ich, daß du wieder hier einziehst. Bis sich etwas anderes ergeben hat, werdet ihr hier wohnen, Farid und du.« Er zögerte kurz. »Solange ich hier noch renoviere, kannst du zum Waschen und Baden zu Nicole fahren.« Er stand auf. »Ansonsten bleibst du zu Hause.« Dann verschwand er, ohne eine Antwort von mir abzuwarten.

Ich hatte ja auch nicht das Recht, etwas darauf zu entgegnen ... Ich war eine Ware, die er sich gekauft hatte, weil er sie haben wollte. Die er zurückgab, wenn er ihrer überdrüssig war, und die er wieder hervorholte, wenn er es sich doch anders überlegte. Mein Wille zählte dabei nicht. – In Samirs Weltbild hatten Frauen zu gehorchen, ohne Widerworte. Und wenn es ihm beliebte, mich hin und her zu schieben wie ein Hütchen in einem Brettspiel, dann hatte ich immer noch zu gehorchen.

Ich zog mich an, um Farid zu holen, der noch bei Nicole war und mit Danny spielte. »Wohin willst du?« fragte Samir streng.

»Den Jungen abholen«, antwortete ich wahrheitsgemäß. Er befahl mir barsch, danach umgehend zurückzukommen.

»Und zwar wirklich sofort, hörst du?« Ich mußte es ihm versprechen, erst dann ließ er mich zum Bus gehen.

Bei Nicole angekommen, erzählte ich ihr vom plötzlichen Sinneswandel meines Mannes. Sie staunte nicht weniger, als ich es noch vor einer halben Stunde getan hatte. Aber es war keine Zeit, ihre Fragen zu beantworten, ich wußte, daß Samir mich mit der Stoppuhr in der Hand erwarten würde. Darum schnappte ich Farid, bat Nicole noch schnell, Frank anzurufen und ihn zu verständigen, und schon stand ich wieder an der Bushaltestelle.

Samir hatte während meiner kurzen Abwesenheit Besuch bekommen: Mein ältester Bruder, Ali, saß im Wohnzimmer, er war vor einer Woche aus Jordanien angereist. Ich wunderte mich ein bißchen, denn Ali hatte Samir, der sich auch jetzt gerade wieder als Pascha aufblies, wie immer, wenn wir Gäste hatten, noch nie leiden können. »Setz dich gar nicht erst hin«, trompetete er, »geh gleich in die Küche und mach Essen, wir haben jemanden zu bewirten!« Ich ignorierte seinen Tonfall, ich kannte die Pose. Er machte sich in meinen Augen nur lächerlich. Ein dummer, unverbesserlicher Angeber war er, mehr nicht. Außerdem war mir inzwischen alles recht, wenn es mich davor bewahrte, mich mit Samir in einem Raum aufhalten zu müssen.

Als ich fertig war, trug ich auf. Ich mußte das Abendessen allerdings auf dem Fußboden im Wohnzimmer servieren – Möbel hatten wir ja keine mehr. Ich schämte mich dafür vor meinem Bruder und wollte mich deshalb auch schnell wieder in die Küche zurückziehen. Sollte Samir die peinliche Situation doch alleine ausbaden! Ali bestand aber auf einem gemeinsamen Mahl, also holte ich widerwillig Farid, und wir setzten uns zu den Männern. Farid sträubte sich. Weinerlich gab er zu verstehen, daß er nichts essen wollte. Er war kaum auf seinem Platz zu halten. Plötzlich rief er: »Mama, komm Fank gehen!« Mir blieb der Bissen im Hals stecken.

»Wer ist Frank?« fragte Ali.

»Farids neuer Spielkamerad.« Ich log drauflos. »Mit dem versteht er sich prima, die beiden sind auf dem Spielplatz unzertrennlich!« Ich atmete auf, als sich Ali und Samir bald weiter über unsere Verwandten in Jordanien unterhielten. Mit knapper Not war ich an einer Katastrophe vorbeigeschliddert. Ich würde künftig besser aufpassen müssen, ermahnte ich mich, der Kleine bekam doch schon mehr mit, als ich dachte. Er konnte sich jederzeit verplappern.

18. Oktober 1986

Frank und ich konnten uns nun nur noch selten treffen, und dann unter äußersten Schwierigkeiten. Ab und zu verabredeten wir uns in Nicoles Wohnung. Dann paßte Nicole auf Farid auf, während Frank und ich ein bißchen spazierengingen. Ansonsten saß ich zu Hause herum. An den Wochenenden kam ich gar nicht mehr aus der Wohnung, denn Samir bewachte mich regelrecht. Hatte ich ihn sonst von Freitagabend bis Montagmorgen eher sporadisch zu Gesicht bekommen, so hing er jetzt das ganze Wochenende vor dem Fernsehapparat oder seinen High-Tech-Stereoanlagen. Verließ er die Wohnung, dann nur kurz. Mehr noch als früher hatte er es sich zur Gewohnheit gemacht, unerwartet und unberechenbar zurückzukehren. Manchmal kam er unter ganz fadenscheinigen Vorwänden in die Wohnung geschneit, nur um zu kontrollieren, ob ich zu Hause war.

Mir begann die Decke auf den Kopf zu fallen, und ich bat meine Schwestern, mich zu besuchen, damit sie mir ein wenig die Langeweile vertreiben konnten.

Es war an einem dieser Wochenenden, als Mona nach längerer Zeit wieder einmal bei uns schlief. Mitten in der Nacht weckte mich ein Knacken des Bettgestells. Ich schlug die Augen auf und sah Samir von hinten, wie er sich aus seinem Laken schälte und aus dem Schlafzimmer schlich. Sofort war ich hellwach. Ich lauschte, konnte aber nicht hören, wohin er ging, und was er tat. Was hatte er um diese Zeit vor? Ich wartete eine Minute, dann stand ich mucksmäuschenstill auf. Leise, leise öffnete ich die Schlafzimmertür. Ich horchte wieder. Nichts. Die ganze Wohnung war totenstill. Auf Zehenspitzen schlich ich den Flur entlang bis zur Wohnzimmertür, die einen Spaltbreit offenstand.

Ich traute meinen Augen nicht. Samir hatte sich bäuchlings über Mona geworfen, mit einer Hand hielt er ihr den Mund zu, mit der anderen fuhr er in ihren Schlüpfer. Ich schrie wie eine Wahnsinnige, schoß in die Küche, griff nach einem Messer, das auf dem Küchentisch lag, und rannte zurück ins Wohnzimmer. »Nimm sofort deine dreckigen Hände von meiner Schwester, du Schwein! Oder ich bring dich um!« Ich war kurz davor überzuschnappen. Meine Finger krallten sich um den hölzernen Griff des Messers, in ohnmächtiger Wut auf diesen unmenschlichen, perversen Kerl lief ich auf das Sofa zu. Durch einen Schleier von Tränen sah ich meine Schwester unter ihm liegen, hilflos, mit angstvollen, weit aufgerissenen Augen. Ihren Blick werde ich nie vergessen. Er bohrte sich wie glühendes Eisen in meine Seele. Aber ich brachte es nicht über mich zuzustechen.

Samir stand auf und stellte sich vor mir in Positur. Er war seelenruhig, er grinste sogar. »Gut, daß ich weiß, daß du nie so weit gehen würdest. Für so etwas bist du einfach zu feige.« Dann ging er zurück in sein Bett. Versteinert und verloren stand ich da, bis mich Monas Gewimmer wieder in die Realität zurückholte. »Das ist es, was ich damals versucht habe, dir zu beschreiben«, schluchzte sie. »Der lauert einem auf, ich bin nie sicher vor ihm. Und er ist so stark! Wenn er einmal auf mir liegt, habe ich keine Chance mehr...« Ich umarmte sie und versuchte, sie zu trösten.

Ich wußte genau, wovon sie sprach. Ich kannte dieses Gefühl der Wehrlosigkeit, des Ausgeliefertseins. Ich hatte es schon so oft am eigenen Leib zu spüren bekommen. Und bei mir mußte Samir sich ja nicht einmal beherrschen, ich war ja seine Frau, auf mich hatte er »ein Recht«, und dieses »Recht« nahm er sich, wann immer er wollte, ohne die geringste Rücksicht auf mich. Ob ich schlief, ob ich schwanger war, ich mußte mich seinen Gelüsten fügen. Ich hatte lange versucht, mich damit zu arrangieren, denn es schien mein Los zu sein, meiner Mutter war es ja auch nicht anders ergangen. Nur gelegentlich dachte ich darüber nach, ob und wie ich diesen Schikanen ein Ende machen könnte. Im Kopf spielte ich dann wieder und wieder die zwei Möglichkeiten durch: Scheidung oder Flucht. Aber immer endeten meine Überlegungen in den gleichen Sackgassen. Keine Chance.

Der Überfall auf meine Schwester machte diese Gedanken jetzt schlagartig wieder lebendig. Dafür würde Samir büßen. Ich nahm mir vor, am Montag zur Ausländerbehörde zu gehen, um mich noch einmal nach den Modalitäten einer Einbürgerung zu erkundigen.

19. Oktober 1986

Es muß Telepathie gewesen sein. Als ich gerade Kaffee kochen wollte, klingelte es. Mona und ich sahen uns erschrocken an. Wir waren erst aufgestanden, nachdem Samir die Wohnung verlassen hatte, keine von uns beiden wollten ihm über den Weg laufen. Die Ereignisse der vergangenen Nacht saßen uns noch in den Knochen. Sie öffnete die Tür. Es war unser Vater.

Ich staunte über diese Gedankenübertragung. Heute nachmittag hatte ich zu ihm gehen wollen! Vielleicht gab es eine Möglichkeit, mit ihm zu reden... Jetzt kochte ich uns erstmal Tee.

Als ich mit den Gläsern in der Hand ins Wohnzimmer kam, schickte er Mona und Farid nach nebenan, er schien gemerkt zu haben, daß etwas in der Luft lag. Ich setzte mich. »Papa«, begann ich vorsichtig, »ich möchte mit dir über etwas Wichtiges sprechen.« Ich nahm einen Schluck Tee, um zu sehen, wie er reagierte. Er saß ruhig auf der Matratze und sah mich an. »Ich möchte mich scheiden lassen, Papa.« Er verzog immer noch keine Miene.

»Samir ist kein Mann für mich. Wir verstehen uns schon seit langem nicht mehr, unser Leben besteht nur aus Streit und Tränen. Und nur wegen des Kindes zu bleiben, ist auch nicht gut. Das möchte ich nicht. Dieses Leben ist Gift für den Jungen.« Über den Vorfall der vergangenen Nacht verlor ich vorsichtshalber kein

Wort. Ich wußte nicht, wie mein Vater darauf reagieren würde, ob er nicht – anstatt Samir – Mona und mir die Schuld gäbe. Ich sah ihn an und versuchte, etwas in seinem Gesicht zu lesen. Er rührte in seinem Tee und schwieg. Dann legte er den kleinen, goldenen Löffel auf die Untertasse und sah mich an.

»Du weißt, daß es äußerst selten vorkommt, daß eine Frau die Scheidung von ihrem Mann verlangt.« Er setzte das Glas an seine Lippen. Ich wartete gespannt. »Du solltest dir auch im Klaren darüber sein, daß eine Scheidung für deine Mutter und mich erhebliche Nachteile bringen würde. Die Verwandtschaft würde über uns reden, unsere Familienehre würde Schaden nehmen.« Langsam griff mein Vater zur Teekanne, schenkte sein Glas wieder voll, stellte die Kanne zurück auf den Tisch, griff nach dem Zuckertopf, nahm drei Löffel Zucker und rührte versunken in seinem Tee.

»Außerdem würde dein Mann euren Sohn zu sich nehmen. Schon allein, weil deine Mutter und ich ihn nicht bei uns haben wollen. Und drittens würdest du wieder unserer Aufsicht unterstellt, du müßtest also wieder zu uns ziehen.« Ich schluckte. Er bestätigte alle meine Befürchtungen, eine nach der anderen. »Überleg dir genau, ob du wirklich den Rest deines Lebens so verbringen willst, Sarah. Als eine einsame Geschiedene. Wir könnten dich ja wohl kaum ein zweites Mal verheiraten, für eine gebrauchte Frau gibt doch kein Mann, der auf sich hält, auch nur einen Heller.«

Panik packte mich. Mein Vater bestätigte nicht nur meine Befürchtungen, nein, er nahm mir auch alle Hoffnungen, die mir noch geblieben waren. Hoffnungen auf irgendein Wunder, auf irgend etwas, was mir gegen alle Logik noch einen Ausweg hätte zeigen können. Ruhig und grausam, die Macht der Traditionen hinter sich, fegte er sie weg.

»Vielleicht«, stammelte ich, »vielleicht war mein Entschluß ja doch etwas übereilt.« Wir verloren kein Wort mehr über das Thema.

Nachdem mein Vater gegangen war, räumte ich die Wohnung auf. Hausputz war ein gutes Mittel, um auf andere Gedanken zu kommen.

Als ich später gemeinsam mit Mona das Mittagessen vorbereitete, erzählte ich ihr von meinen Plänen, die deutsche Staatsbürgerschaft zu beantragen. Wir besprachen alle Vor- und Nachteile und malten uns die Details aus. Je länger wir redeten, desto mehr schwand meine Angst. Ich steigerte mich voller Eifer in diese Idee hinein; vielleicht würde ich dieser höllischen Ehe doch ein Ende machen können. Vielleicht gelänge es mir, das alleinige Sorgerecht für Farid zu bekommen, wenn ich erst einmal die deutsche Staatsbürgerschaft hätte. Vielleicht könnte ich dann mit meinem Sohn – und Frank – so leben wie Nicole mit Danny. Ich würde es versuchen. Ich mußte es einfach versuchen! Euphorisch rief ich erst Nicole, dann Frank an. Wie erwartet, bestärkten sie mich und versprachen mir ihre Hilfe bei allem, was auf mich zukommen würde.

Als Samir nach Hause kam, fühlte ich mich mutig wie nie. Ich war auf Konfrontationskurs. Als ich ihm sein Essen servierte, fragte ich: »Kannst du mir mal erklären, was du dir dabei gedacht hast? Muß meine kleine Schwester jetzt Opfer deiner perversen Neigungen werden? Täusch dich ja nicht in mir, ich lasse dich für deine Schandtaten büßen!« Weiter kam ich nicht. Samir nahm das Tablett, das ich ihm eben vor die Füße gestellt hatte und warf es nach mir. Dann schlug er wie ein Berserker auf mich ein. Mona und Farid kamen schreiend ins Wohnzimmer gelaufen. Samir verprügelte auch sie. Ich rappelte mich hoch und warf mich schützend vor meinen Sohn. »Laß die beiden in Ruhe, du Schweinehund!« schrie ich. »Sie haben dir nichts getan! Schlag mich, ich bin deine Schläge gewöhnt, ich kann sie besser aushalten!« Und schon drosch Samir wieder auf mich ein. Bis er abrupt innehielt, das Zimmer verließ, sich im Bad die Hände wusch und ohne ein weiteres Wort die Wohnung verließ.

Mein ganzer Körper schmerzte, ich war von Kopf bis Fuß grün und blau. Ich kroch zu Mona und Farid, die weinend an der Wand kauerten. Sie hatten die Prügelei vergleichsweise gut überstanden, nur Monas Lippe war aufgesprungen und blutete. Ich verarztete sie, wusch Farid das Gesicht und cremte meine schlimmsten Blutergüsse vorsichtig mit einer Salbe ein. So verschwanden sie etwas schneller und wurden auch nicht ganz so groß. Mit zitternden Händen und weichen Knien warf ich dann ein paar Sachen von Farid und mir in eine Reisetasche. Ich hatte einen Entschluß gefaßt: Wir würden zu Nicole fahren und vorerst bei ihr wohnen. Samir hatte die Autoschlüssel liegenlassen, also nahm ich den Wagen.

Auf dem Weg zu Nicole wollte ich zuerst noch Mona nach Hause bringen. Meine Mutter war allein, mein Vater besuchte einen Arbeitskollegen. Sie öffnete uns die Tür – und im selben Moment begann ich hemmungslos zu heulen. Ich verlor einfach die Fassung, von einem Moment auf den anderen. Meine Mutter zog mich in die Wohnung und schob mich ins Wohnzimmer, Mona und Farid schickte sie hinaus. Unter Tränen erzählte ich, daß mein Mann uns drei verprügelt hatte. Ich redete und redete wie ein Wasserfall, ich erzählte alles, was sich in den letzten Monaten zugetragen hatte. Auch wie Samir sich in der vergangenen Nacht auf die schlafende Mona gestürzt hatte.

»Davon darf niemand erfahren«, fuhr meine Mutter harsch dazwischen. »Weißt du eigentlich, was passiert, wenn dein Vater und deine Brüder das mitbekommen? Sie wären imstande, deinen Mann, deine Schwester und dich zu töten! Vergiß, was du mir gerade erzählt hast. Vergiß es ein für allemal! Geh heim und behandle ihn so, wie es sich gehört. Behandle ihn wie einen kleinen Gott. Versuch ihn zu besänftigen. Gib ihm nie das Gefühl, etwas Unrechtes oder Falsches getan zu haben. Er ist dein Mann!« Ich starrte sie fassungslos an. War das meine Mutter, die da mit mir sprach? »Männer haben nun mal solche Bedürfnisse, und wir Frauen können uns nur bemühen, sie nicht in Versuchung zu führen. Zu mehr haben wir kein Recht.« Sie stand auf, um in die Küche zu gehen. »Deine Schwestern werden dich von heute an nicht mehr besuchen«, fügte sie abschließend hinzu.

Mich erschüttern ihre Worte heute noch. Selten in meinem Leben bin ich mir so verlassen vorgekommen wie an jenem Nachmittag, als ich heulend vor meiner Mutter saß und Unterstützung brauchte. Über meine blauen Flecken, über mein entstelltes Gesicht verlor sie kein Wort. Sie tröstete mich nicht. Sie kam mir nicht zur Hilfe. Sie wies mich nur zurecht. Wie einen kleinen Gott sollte ich diese prügelnde Bestie behandeln ... Ihre Ratschläge waren der blanke Hohn.

Als sie damals so einfach in die Küche verschwand, stürzte ich hinter ihr her. »So, zu mehr haben wir also kein Recht!« schrie ich angeekelt. »Du bist meine Mutter, und du forderst mich allen Ernstes auf, zu diesem Unmenschen zurückzugehen?« Meine Stimme überschlug sich vor Empörung. »Nein, Mama, das kannst du nicht von mir verlangen. Ich kann nicht zu diesem Mann gehen, der versucht hat, meine Schwester zu vergewaltigen. Ich kann nicht so tun, als wäre nichts geschehen. Und ich nehme schon gar nicht die Verantwortung für seine Perversionen auf mich! Wenn ihr mir nicht helfen wollt, wenn ihr mich nicht verstehen wollt, du nicht, Papa nicht – dann helfe ich mir eben selbst. Aber bitte, mach mir nie Vorwürfe für das, was in Zukunft geschieht. Ihr habt es so gewollt!« Ich lief hinaus, klemmte mir Farid unter den Arm und stürzte zur Tür. Meine Mutter hinterher. Wie eine Ertrinkende klammerte sie sich an mich.

»Tu nichts, was du später bereuen wirst! Sarah! Sei vernünftig!« Angewidert riß ich mich los und rannte mit Farid die Treppe hinunter. Hatte diese Frau gar kein Mitleid? Konnte sie an nichts anderes denken, als daran, daß es die Pflicht einer Frau war, ihrem Mann zu gehorchen? Selbst wenn diese Frau grün und blau geprügelt als wimmerndes Häufchen Elend vor ihr saß?

Das Verhalten meiner Mutter erschien mir nicht weniger unmenschlich als das meines Mannes. Sollte das das Leben sein, das Allah für eine moslemische Frau vorsah? Wollte er, daß sie zu allem schwieg und immer gehorsam war, selbst dem größten Unrecht gegenüber? Sah er Frauen als Wesen ohne Rechte, ohne Meinung, ohne Willen? Als Gebärmaschinen und Dienerinnen, die putzend und kartoffelschälend erst ihren Eltern, dann ihren Ehemännern zu Füßen lagen? Nein! Wenn das tatsächlich Allahs Wille war, dann hatte das Leben als Frau keinen Wert. Dann war es besser, gar nicht geboren zu werden. Nein, so wollte ich nicht leben.

Unten auf der Straße liefen wir einer Nachbarin in die Arme. »Mein Gott, Sarah, was ist denn mit dir los?« rief sie. »Du siehst ja vielleicht mitgenommen aus. Hast du Kummer?« Sie zog mich mit in ihre Wohnung und verfrachtete mich samt Farid in einen Sessel. »Weißt du was? Ich koche uns erst mal einen ordentlich starken Kaffee. Mir scheint, du könntest einen brauchen.« Wie recht sie hatte.

Ich kannte diese Frau schon lange und mochte sie sehr gerne. Sie hatte auch schon manches Leid in ihrem Leben aushalten müssen. Ihr Mann trank oft und viel, und sobald er betrunken war, drosch er wahllos auf seine Frau und auf seine Töchter ein. Wenn er wieder nüchtern war, tat ihm alles schrecklich leid, dann entschuldigte er sich und kuschte regelrecht vor seiner Frau. Dann trug er sie auf Händen. Aber sobald er das nächste Bier ansetzte, wurde er wieder zu einem unberechenbaren Ekel.

Ich bewunderte diese Frau dafür, daß sie ihrem Mann so trotzte, daß sie immer noch selbstbewußt und ungeheuer eigenständig ihr Leben managte, daß sie ihm Paroli bot. Ihren Töchtern beispielsweise hinter dem Rükken des Vaters half, dessen Verbote zu unterlaufen – obwohl er *sie* hinterher dafür verprügeln würde. Ich hatte mich schon oft gefragt, woher diese Nachbarin bloß ihre Kraft nahm.

»Nimm, Kleine«, sagte sie und drückte mir eine Tasse in die Hand. Für Farid hatte sie ein Glas Saft mitgebracht. »Magst du mir erzählen, was los ist?« Oh, ich wollte. Doch da sie mit meinen Eltern im selben Haus wohnte, zögerte ich. Vielleicht war es besser, sie nicht in die Sache hineinzuziehen. »Ich hatte Streit mit meinem Mann«, sagte ich, was ja auch keineswegs gelogen war.

»Aber ich möchte lieber nicht darüber reden.« Sie bohrte nicht weiter nach, plauderte über dieses und jenes, und langsam wurde ich wieder ruhiger.

Als ich den Kaffee ausgetrunken hatte, nahm sie meine Tasse in die Hand. »Ich habe ein neues Hobby. Ich lese aus dem Kaffeesatz.« Sie sah mich an. »Soll ich mal?« Ich nickte, und sie stülpte die Tasse um, so daß der dunkelbraune Satz langsam auf die Untertasse rann. Konzentriert schaute sie sich das Ergebnis an. »Oh, Himmel. Das sieht gar nicht gut aus: Da sind zwei Menschen auf der Flucht. Und es fließt viel, viel Blut.« Sie hob den Blick wieder zu mir. »Sarah, Mädchen, um alles in der Welt, paß gut auf dich auf! Versprich mir, gut auf Farid und dich aufzupassen, was auch geschieht!«

»Ach«, winkte ich ab, »das ist doch alles Hokuspokus!« Ihre Prophezeiung hatte mir angst gemacht, aber ich wollte mir nichts anmerken lassen. Am Ende hätte ich mich ihr doch noch anvertraut... »Danke für den Kaffee«, sagte ich, »ich glaube, wir müssen jetzt langsam mal gehen.« Es kostete mich wirklich Kraft, die Nerven zu behalten.

Erst im Auto atmete ich erleichtert auf. »Noch fünf Minuten länger«, dachte ich, während ich den Zündschlüssel herumdrehte, »dann hätte ich mich dieser Nachbarin heulend an die Brust geworfen.« Ihre Mahnung ging mir nicht aus dem Kopf. Würde ich in Gefahr geraten? Wovor mußte ich mich in acht nehmen? Und... Blut?

Als wollte mir das Schicksal einen kleinen Vorgeschmack geben, ließ das erste Unglück nicht lange auf sich warten. Ich fuhr schon eine ganze Weile hinter einem roten Audi her, als sein Fahrer plötzlich bremste. So tief war ich in Gedanken versunken, daß ich überhaupt nicht mehr zum Reagieren kam. Mit Karacho bretterte ich auf das Heck des Audi, und erst in diesem Moment wachte ich wieder auf. Ein Donnerschlag, Glas klirrte, Blech barst, die Wucht des Aufpralls warf mich nach vorn. Dann plötzlich Stille. »Farid!« war mein erster Gedanke. Ich fuhr herum und sah erleichtert, daß der Kleine zwar mit vor Schreck geweiteten Augen hinten in seinem Kindersitz saß – gleich würde er losheulen –, daß ihm aber offenbar nichts weiter passiert war.

Alles weitere erlebte ich wie ferngesteuert: Aussteigen, schimpfen, sich entschuldigen, froh sein, daß niemand verletzt ist, um die Autos herumgehen, den Schlamassel langsam begreifen. Der Audi war gar nicht mal schlimm beschädigt, aber mein Golf hatte einen Totalschaden. Er ließ sich nicht mehr von der Stelle bewegen, und die gesamte Vorderfront war ein zerknitterter Klumpen aus Blech und Kunststoff und Gummi. Aus dem Kühler lief Wasser auf die Straße.

Als später der Mann vom Abschleppdienst kam, stand ich mit Farid an der Hand am Straßenrand und sah zu, wie das Wrack auf den Anhänger gezogen wurde. Langsam kamen mir die Tränen. Mit dem Auto verschwanden meine Fluchtpläne. Der Wagen war für mich immer ein Symbol der Freiheit gewesen. Mein Schlüssel zur weiten Welt. Mit dem Golf konnte ich jederzeit wegfahren – vielleicht sogar eines Tages in ein anderes Land, nur mit Farid, Frank und ein paar Koffern. Weit weg von Samir, von meiner Familie, von all meinem täglichen Elend.

Endlich bei Nicole angekommen, war ich am Rande eines Nervenzusammenbruchs. Die Ereignisse der vergangenen vierundzwanzig Stunden hatten mich an die Grenzen meiner Kraft gebracht. Ich fühlte, wie der Boden unter meinen Füßen wankte. Okay, ich war bereit, mich zu fügen und zu meinen Eltern zurückzugehen. Ich wollte kein weiteres Risiko eingehen, keine Forderungen mehr stellen, keine Handbreit von dem Weg abweichen, der für mich vorgesehen war. Daß Farid und ich den Unfall heil überstanden hatten, schien mir wie ein Geschenk des Himmels. Und gleichzeitig wie eine Warnung. Ich war zu weit gegangen. Wenn ich nun nicht anhielt, würde das nächste Unglück nicht lange auf sich warten lassen.

Nicole ermahnte mich, doch jetzt nicht aufzugeben. Aber sie sah auch, wie erschöpft ich war und bezog mir ohne ein weiteres Wort ein Bett. Ich schlief zwei Stunden wie ein Stein.

Ich war nicht erholter, als ich aufwachte, eher fühlte ich mich, als hätte ich einen Marathonlauf absolviert und noch einmal dieselbe Strecke vor mir. Nicole beschwor mich noch einmal, nicht aufzugeben, und als Frank vorbeikam, redeten die beiden gemeinsam auf mich ein. Ich solle mir gründlich überlegen, was ich täte. Doch ich ließ mich nicht von meinem Entschluß abbringen. Zu meinen Eltern zurückzugehen schien mir das kleinere Übel zu sein.

20. Oktober 1986

Am nächsten Tag überredete mich Nicole, in der Mittagspause mit ihr zusammen zur Ausländerbehörde zu gehen und die Formulare für den Antrag auf Einbürgerung zu holen.

Als wir danach noch kurz in einem Café saßen und die

Papiere durchblätterten, stieß ich auf den Paragraphen, den ich so fürchtete: Wird die deutsche Staatsbürgerschaft für ein minderjähriges Kind beantragt, müssen beiden Elternteile unterschreiben, so stand es da, schwarz auf weiß. Ich hatte es gewußt! Über genau diesen Stein würde ich stolpern, diese Vorschrift, die ich so haarsträubend und absurd fand, würde meine Pläne zunichte machen. Da kam Nicole eine Idee: »Leg Samir den Antrag doch einfach vor die Nase und sag, es sei ein Aufnahmeformular für den Kindergarten. Wenn du Glück hast, liest er ihn nicht durch, sondern unterschreibt einfach.« Die Idee schien mir im ersten Moment völlig utopisch.

»Du spinnst. Weißt du, was los ist, wenn er das merkt?«

»Er wird es nicht merken. Und dann bist du am Ziel deiner Wünsche.« Ein wenig zögerte ich noch, aber die Idee leuchtete mir mehr und mehr ein. Nicole sah mich an. »Na?«

»Vielleicht hast du recht. Ja, wieso eigentlich nicht?« Ich mußte es versuchen. Dreistigkeit siegt – jedenfalls manchmal. Und Alternativen hatte ich keine. Wenn Farid allein bei Samir zurückbleiben müßte oder nach Jordanien zu seinen Großeltern geschickt würde – der Kleine würde zugrunde gehen. Schon ihm zuliebe mußte ich es drauf ankommen lassen. Und ganz abwegig war der Vorschlag ja wirklich nicht... Als wir das Café verließen, war ich ausgesprochen zuversichtlich.

Nachmittags fuhr ich in unsere Wohnung. Obwohl ich mich mit Sack und Pack und Farid bei Nicole einquartiert hatte, wollte ich doch regelmäßig zu Hause nach dem Rechten sehen. Ich putzte, kochte, kümmerte mich um die Post und goß alle Blumen. Mir lag daran, Samir einigermaßen bei Laune zu halten; meine Angst, er könnte zu meinen Eltern fahren und sich beschweren, daß ich mich herumtreibe während sein Haushalt verwahrlose, war einfach zu groß.

Als ich jetzt die Tür aufschloß, saß Samir im Wohnzimmer. Ich ging sofort in die Küche und bereitete ihm Essen. »Ich bleibe für ein paar Tage bei Nicole«, sagte ich. Samir nickte nur. »Bloß so lange, bis du mit der Renovierung fertig bist«, fügte ich hinzu, um ihn in Sicherheit zu wiegen. Er sagte nichts.

Ich hatte den Eindruck, er war froh darüber, daß ich seinen Überfall auf meine Schwester nicht mehr erwähnte. Vielleicht bekam er auch ein schlechtes Gewissen, wenn er in mein verunstaltetes Gesicht sah, in dem die Veilchen blühten. Für seine Verhältnisse war er jedenfalls geradezu freundlich. »Jetzt!« schoß es mir durch den Kopf. Ich mußte die Gunst des Augenblicks nutzen. »Samir, hier ist ein Aufnahmeformular für den Kindergarten.« Ich winkte mit dem Einbürgerungsantrag. »Farid wird im nächsten Jahr drei, und ich möchte gern, daß er dann in den Kindergarten geht.« Ich machte eine kurze Pause, aber mein jähzorniger Gatte blieb erstaunlich gelassen. »Weißt du, dann brauche ich ihn auch nicht mehr dauernd zu meiner Mutter zu bringen, wenn ich ins Büro fahre. Und er kann Freunde finden«, schob ich noch nach und legte ihm dabei den Antrag vor die Nase. Die Stelle, an der er unterschreiben mußte, hatte ich markiert. Ich wagte kaum Luft zu holen, so gespannt war ich.

Hätte Samir mich angesehen, er hätte gemerkt, daß hier etwas im Busch war. Aber er griff zu dem Stift, den ich ihm reichte, unterschrieb, gab mir das Formular zurück und murrte, ich solle die Küche aufräumen. »Nur zu gerne«, jubelte ich innerlich, und sauste mit dem kostbaren Papier aus dem Zimmer. Er hatte seine Unterschrift unter Farids Einbürgerungsantrag gesetzt, hier hielt ich sie in der Hand! Und es war überhaupt kein Problem gewesen, ihn mit einer halbwegs intelligenten Ausrede ruhigzustellen.

Ich versteckte den Antrag in meiner Handtasche und räumte mit fliegenden Händen die Küche auf. Dann packte ich meine Jacke und die Tasche, steckte noch kurz den Kopf ins Wohnzimmer – »Bis morgen, ich komme um fünf wieder und koche dir dein Essen« – und schwuppdiwupp, war ich zur Tür hinaus. Ich hörte ihn noch hinter mir her höhnen: »Damit ist auch bald Schluß, jetzt wo du kein Auto mehr hast! Jetzt haben deine Ausflüge kreuz und quer durch die Weltgeschichte bald ein Ende . . .«

»Ich hab's geschafft«, jubelte ich, »ich hab's geschafft!« Als ich Nicole das Papier unter die Nase hielt, schrie sie vor Begeisterung.

»Wir haben's geschafft, wir haben's geschafft«, rief sie, packte mich am Arm und wirbelte mich durch die Wohnung. Wir veranstalteten einen wahren Freudentanz. Lachend plumpsten wir auf die Couch. Wer hätte das gedacht? Ich rief Frank an, um ihm von dem großen Coup zu erzählen. Er war begeistert.

»Wenn ich Feierabend habe, komme ich mit einer Flasche Sekt vorbei!« versprach er. Mein erster Schritt in die Freiheit – das mußte gefeiert werden.

Selig lagen wir uns an diesem Abend in den Armen: Nicole, Frank und ich. Wir waren ein Team – und gemeinsam waren wir stark. Wir kämpften für dieselbe Sache: Ich wollte diese unerträgliche Ehe mit dem sadistischen Samir Aziz beenden und mein eigenes Leben leben – aber nicht ohne meinen Sohn. Nicole wollte mir helfen, so gut sie es als meine Freundin konnte, denn sie haßte meine Familie, weil die mir so wenig eigene Entscheidungsfreiheit ließ. Und Frank wollte unsere Liebe retten, um mit mir und Farid friedlich und glücklich zusammenleben zu können. Heute waren wir diesem Ziel ein Stückchen näher gekommen.

5. November 1986

Mein Mann erinnerte mich ständig daran, daß er in zwei Wochen Geburtstag hätte – weder er noch ich ahnten, daß es sein letzter sein würde.

Bis zum 18. November wollte Samir mit der Renovierung unserer Wohnung fertig werden, das waren noch dreizehn Tage. Momentan pendelte ich mit meinem Sohn hin und her: Die meiste Zeit hielten wir uns immer noch bei Nicole auf; nach wie vor kam ich aber auch täglich bei Samir vorbei, um den Haushalt zu führen und Essen für meinen Göttergatten zu kochen. »Wenn alles fertig ist, werdet ihr wieder hier wohnen«, kündigte er an. »Schließlich werde ich jetzt 32, das ist ein Alter, in dem man anfängt, gesetzt und vernünftig zu werden.« Doch das Leben schreibt seine eigenen Drehbücher . . .

An diesem Abend kochte ich wie gewöhnlich Samirs Abendessen. Ich war gerade fertig, als ich seine Schritte im Treppenhaus hörte. Sie klangen beschwingt. »Guten Abend, mein Schatz«, begrüßte er mich – was für Töne, so kannte ich ihn gar nicht! Mißtrauisch stellte ich ihm sein Essen hin. Plötzlich stand Samir auf, griff nach meinem Arm und zog mich an sich. »Bitte, setz dich zu mir und laß uns gemeinsam essen.« Ich gehorchte, aber ich würgte an jedem Bissen. Was war in ihn gefahren, was hatte er vor? Ich wollte so schnell wie möglich meinen Teller leer essen und verschwinden.

»Wir sollten uns mal wieder in Ruhe unterhalten, Sarah«. Was wollte der Mann von mir? »Wenn ich mit der Renovierung fertig bin, kaufen wir neue Möbel. Ich möchte, daß du sie aussuchst, du hast von uns beiden den sichereren Geschmack.« Was ging denn hier vor sich, um Himmels Willen! Samir redete weiter: »Ich möchte, daß wir noch einmal ganz von vorne anfangen.« Es war nicht zu fassen! Nach allem was geschehen war, kam dieser Kerl mir mit so einem Vorschlag? »Vielleicht gewöhne ich mich sogar an dich und laß' die anderen Frauen links liegen«, kaute er. »Könntest du dir das vorstellen?«

»Nein«, dachte ich, aber mein Mund sagte: »Vielleicht.« Nie im Leben würde ich ihm seine Schandtaten verzeihen, und um nichts in der Welt würde ich auch nur einen Tag freiwillig mit diesem Dreckskerl in einer Wohnung leben. Wenn er dachte, mir würde das Herz überfließen vor lauter Dankbarkeit darüber, daß er sich bereit erklärte, weiterhin mit mir zu leben – dann irrte er sich gewaltig. Ich hatte längst durchschaut, daß er einfach keine andere Frau fand! Er fing sich einen Korb, wann immer er es versuchte. Seine Überheblichkeit, sein Egoismus und seine Brutalität hatten sich längst in der ganzen Stadt herumgesprochen. Aber sollte er sich doch diesem falschen Glauben hingeben! Solange Farids und mein Antrag auf Einbürgerung lief, wollte ich ihn so gut es ging in Sicherheit wiegen.

Nach dem Essen legte sich Samir auf die Matratze und lächelte mich an. Oh, ich wußte, was das bedeutete. Hastig griff ich nach dem Geschirr und eilte in die Küche. »Sarah!« hörte ich ihn rufen. »Sarah, komm doch mal her.« Mir lief ein eisiger Schauer über den Rücken. »Bitte, bitte nicht«, betete ich. Ich hörte Schritte, aber sie kamen nicht in die Küche. Sie steuerten auf die Wohnungstür zu. Ich hörte, wie Samir die Tür von innen abschloß und den Schlüssel abzog. Dann ging er ins Bad.

Mein Herz klopfte wild, ich geriet in Panik. »Ruhig, Sarah, bleib jetzt ganz ruhig«, versuchte ich mich zum Nachdenken zu zwingen. Der Küchenschrank! Da lag doch ein Reserveschlüssel in der untersten Schublade! Ich nahm das kleine Kunstleder-Etui heraus. Auf Zehenspitzen schlich ich über den Flur, steckte mit zitternden Fingern den Schlüssel ins Schloß, drehte ihn vorsichtig um, öffnete langsam die Tür, betete, daß sie jetzt bloß nicht quietschen möge und schlüpfte ins Treppenhaus.

Mit rasendem Herzen floh ich zu Nicole. Jetzt war ich vogelfrei. Wenn Samir merkte, daß ich verschwunden war, würde er sich bei meinen Eltern beschweren. Dieses Mal würde er mich verstoßen. Sollte er doch! Dieser Mistkerl würde mich nie wiedersehen. Und meine Eltern würden bereuen, mir nicht geholfen zu haben. Warum war ihnen ihre Tochter nicht mehr wert als das Gerede der Verwandten und ihre verdammte Ehre! Ich rannte schneller. Manchmal drehte ich mich sogar um, um zu sehen, ob Samir mir vielleicht schon auf den Fersen war. Egal, redete ich mir ein. Bei Nicole war ich in Sicherheit, und irgend etwas würde mir schon einfallen. Frank und ich hatten in den vergangenen Wochen oft über eine mögliche Flucht gesprochen.

Erschöpft stolperte ich die Treppen hoch und läutete Sturm. Nicole riß erschrocken die Tür auf. »Um Himmels Willen, was ist denn passiert?« Keuchend sackte ich auf einen Stuhl. Es dauerte ein paar Minuten, bis ich wieder so ruhig atmete, daß ich ihr alles erzählen konnte. »Du bleibst jetzt erst mal hier«, sagte Nicole entschieden, als ich geendet hatte. »Und von deiner Familie kommt niemand hier herein!« Ich war gleichermaßen erleichtert wie starr vor Angst. Frank war inzwischen gekommen, er und Nicole versuchten, mich zu beruhigen, mich auf andere Gedanken zu bringen. Da klingelte schon das Telefon. Samir. Nicole hob ab. »Nein, Sarah ist nicht hier.« Ich hörte Samir in den Hörer brüllen. »Ich weiß nicht, wo sie ist.« Sie blieb ganz ruhig. »Ja, wenn sie kommt, sage ich ihr, sie soll zurückrufen.« Sie legte auf. »Wenn du nicht innerhalb einer halben Stunde zu Hause bist, fährt er zu deinen Eltern.« Frank hielt mich fest. Beruhigend strich er über mein Haar, immer wieder, wie bei einem aufgeregten Kleinkind.

Es verging keine Stunde, da rief meine Mutter an. »Nein«, sagte Nicole in den Hörer, »Sarah ist immer noch nicht hier.« Wie konnte sie so ruhig bleiben? »Ja, wenn sie kommt, richte ich ihr aus, sie soll zurückrufen.« Ich fühlte, wie meine Nervenkraft mehr und mehr nachließ. Wie lange würde ich dieses Spiel aushalten?

Als eine halbe Stunde später wieder das Telefon klingelte, wurde Nicole sauer. »Noch einen weiteren Anruf, und ich rufe die Polizei!« Wir waren alle ziemlich angeschlagen, als wir in dieser Nacht zu Bett gingen. Frank und ich machten kein Auge zu, wir hielten uns fest und beteten. Ich wußte: Das war erst der Anfang.

Im Morgengrauen hielt ich es nicht mehr aus. Ich knipste das Licht an und sah Frank an. Noch einmal erklärte ich ihm, was meine Flucht für Folgen haben würde. Für mich, für ihn, für uns beide. »Überleg es dir bitte noch mal ganz genau!« warnte ich ihn eindringlich. »Dich werden sie auch suchen! Du bist der ›Ungläubige‹, der ihre Tochter verführt hat. Der mich zur Sünde getrieben hat. Sie werden nie akzeptieren, daß es meine eigene Entscheidung war, nie! Denn sie können sich nicht vorstellen, daß eine Frau einen eigenen Willen hat. Darum werden sie auch dich büßen lassen. Und mich werden sie töten, weil ich auf dich gehört und gegen die Traditionen gehandelt habe.« Ich konnte kaum noch richtig sprechen, so sehr zitterte ich. »Frank, es ist zu gefährlich, wenn du bei mir bleibst. Du mußt auch an deine Familie denken. Wenn du jetzt sagst, es ist aus zwischen uns, wirklich, du hast mein vollstes Verständnis!«

»Hör auf«, unterbrach er mich. »Ich will kein Wort mehr hören. Ich liebe dich, Sarah. Dich und deinen Sohn. Das sollte Grund genug sein, mit euch zu kämpfen.« Er sah mir fest in die Augen. »Und wenn du mir vertraust, werden wir es schaffen.«

6. November 1986

Wir saßen am Frühstückstisch über der Zeitung. Am Ende unseres Gesprächs im Morgengrauen hatten wir beschlossen, uns eine Wohnung in der Nähe seiner Kaserne zu suchen. Nun forsteten wir die Anzeigen durch, als schon wieder das Telefon klingelte. Meine Mutter. Sie wollte wissen, wo ich steckte und redete wie ein Wasserfall auf Nicole ein, es sei äußerst wichtig, daß ich ans Telefon käme – und dann natürlich nach Hause. Nicole nickte nur und sagte. »Ich richte es ihr aus, wenn sie kommt. Auf Wiederhören.«

Wir waren alle drei nervös, denn wir wußten: Es ging gerade erst richtig los. Wir gaben uns alle Mühe, den Kindern gegenüber heiter und gelöst zu wirken. Gestern abend hatten die Jungs in Dannys Zimmer gespielt und von den Telefonaten glücklicherweise nichts mitbekommen. Wir wollten ihnen auch jetzt das Gefühl geben, daß alles in Ordnung sei, obwohl ich inzwischen sehr mit mir kämpfen mußte, um nicht die Fassung zu verlieren.

»Nach Hause«, brach es aus mir heraus, als Frank und ich einen Moment unbeobachtet waren. »Nach Hause soll ich! Wo ist denn das Zuhause, von dem sie dauernd reden? Bei einem Mann, der mich prügelt und vergewaltigt und vor die Tür setzt, wenn es ihm paßt? Oder meinen sie das Zuhause bei Eltern, denen das Gerede der Leute und ihre merkwürdige Ehre wichtiger sind als ihre eigene Tochter?« Frank versuchte mich zu beruhigen. »Du bist bei mir, und das ist das Wichtigste. Ich lasse dich nicht wieder gehen.« Er nahm mich in den Arm und hielt mich fest. »Vielleicht ist dein Zuhause ja bei mir?«

Wie beruhigend seine Worte waren. Ja, vielleicht war mein Zuhause bei ihm. Bei ihm und Farid. Es war gut, seine Wärme und die Kraft seines Körpers zu spüren. Noch nie in meinem Leben hatte ich mich so geborgen gefühlt. So sicher.

Als Frank sich fertigmachte, um in die Kaserne zu fahren, schärfte er Nicole und mir ein, auf keinen Fall die Tür zu öffnen. »Paßt gut auf euch und die Kinder auf.« Er wollte unmittelbar nach seinem Feierabend zurückkommen.

Kaum war er weg, klingelte schon wieder das Telefon. Nicole hob ab. Ich staunte, daß sie es immer noch schaffte, ruhig zu bleiben und meinen Verwandten vorzugaukeln, ich sei gar nicht bei ihr und sie habe auch keine Ahnung, wo ich stecken könnte... Mucksmäuschenstill und mit weichen Beinen stand ich dicht neben ihr. Ich hörte die hysterische Stimme meiner Mutter in den Hörer keifen. Im Hintergrund bellten mein Vater und Samir knappe, rüde Kommentare. Sie hatten sich offensichtlich alle in der Wohnung meiner Eltern versammelt und hielten Kriegsrat.

Als Nicole aufgelegt hatte, sagte sie: »Laß uns die Chance nutzen und schnell ein paar Sachen von dir holen.« Mich schauderte bei dem Gedanken, diese Wohnung zu betreten. Was, wenn Samir zurückfuhr und wir ihm begegneten? Nicole ließ mir keine Zeit für solche Gedanken. Sie schnappte ein paar große blaue Mülltüten und zog mich mit sich. Danny und Farid waren ins Spiel vertieft – wenn wir uns beeilten, würden sie gar nicht merken, daß wir kurz verschwanden.

Nicole fuhr vorsichtshalber erst einmal um den Block, wir wollten sicher sein, daß nicht irgendwo Samirs Wagen stand. Schließlich war der Weg von meinen Eltern zu unserer Wohnung ungefähr genauso weit wie der von Nicole, und ich wurde die Angst nicht los, daß er plötzlich hinter uns stehen könnte, während wir meine Sachen zusammenpackten.

Hastig liefen wir nach oben. Die Wohnung war zugesperrt, sogar das Sicherheitsschloß, das wir fast nie benutzten, war abgeschlossen. Aufgeregt kramte ich nach dem Schlüssel. Drinnen sah es aus wie auf einem Schlachtfeld. Samir schien sich gründlich ausgetobt zu haben. Das Geschirr lag zerschmettert auf den Fliesen in der Küche, die Glasscheibe der Wohnzimmertür fehlte. Nicole zog mich am Arm ins Schlafzimmer. »Laß, Sarah, das ist jetzt wirklich unwichtig!«

Mit fliegenden Händen packte ich meine persönlichen Habseligkeiten zusammen, während Nicole alles aus dem Kleiderschrank zog, was Farid oder mir passen könnte, und es in die blauen Müllsäcke stopfte. Keine Viertelstunde, und wir saßen wieder im Auto. Ich wußte, daß mein Schicksal jetzt nicht mehr abzuwenden war. Wenn Samir entdeckte, daß ich meine Kleider aus unserer Wohnung geholt hatte, würden er und meine Eltern nicht mehr telefonieren. Dann würden sie handeln.

7. November 1986

Ich stand am Fenster und goß Nicoles Blumen. Mein Blick fiel auf die Straße – und das Herz blieb mir stehen. Blitzschnell ließ ich die Gardine los und trat in den Raum zurück, weg vom Fenster. Jetzt war es soweit.

Nicole sah mich erschrocken an. »Was ist, du bist ja ganz weiß im Gesicht!« Ich holte tief Luft.

»Sie stehen unten vorm Haus.« Nicole lugte vorsichtig durch die Vorhänge. Unten auf der Straße, auf der gegenüberliegenden Seite, stand das Auto meines Vaters. Er lehnte am Kühler, meine Mutter saß auf dem Beifahrersitz. Dahinter, in einem zweiten Auto, Samir. Mein Bruder Ali war auch dabei, er lief wie ein aufgescheuchtes Huhn hin und her. Sie warteten. Sie warteten auf mich, und ich wußte, sie würden lange warten. Sie würden sich nicht trauen hochzukommen, denn sie mußten davon ausgehen, daß Nicole die Polizei rufen würde. Davor hatten sie höllische Angst. Aber das war auch mein einziger Trost.

Es war fast fünf, Frank mußte bald hier sein. »Hoffentlich sprechen sie ihn nicht an«, flehte ich. Kannten sie sein Gesicht? Würden sie ihn mit mir in Zusammenhang bringen?

Als Frank zur Tür hereinkam, fiel mir ein Stein vom Herzen. Er trug noch seine Uniform, und das war nicht dumm: So hatten ihn Samir und Ali zwar mit finsterem Blick gemustert, aber sie hatten nicht gewagt, ihn zu fragen, wer er sei, oder wohin er gehe und ob er wisse, ob ich irgendwo im Haus zu Besuch sei. Dazu hatten sie einen zu gewaltigen Respekt vor Uniformen und der Obrigkeit. Frank schien das zu amüsieren, doch sein Lachen klang ein bißchen bemüht. Denn wir hatten wirklich keinen Grund mehr zum Lachen.

»Ich darf nicht vergessen, morgen früh noch zu telefonieren, bevor ich gehe«, versuchte er Nicole und mich abzulenken. Den ganzen Tag, so erzählte er uns, hatte er mit Maklern, Hausverwaltern und sonstigen Vermietern telefoniert. »Eine Frau, die in der Zeitung inseriert hat, konnte ich nicht erreichen. Aber ihr Sohn war da, der hat mich gebeten, es morgen nochmal zu probieren. Wenn ich früh genug anrufe, können wir die Wohnung vielleicht als erste sehen.«

Irgendwie erreichten mich seine Worte nicht richtig. Ich sah nur meinen Mann, meinen Vater und meinen Bruder da unten auf der Straße stehen und auf mich warten. »Da waren aber doch noch mehr Annoncen in der Zeitung«, murmelte ich abwesend.

»Ja, Schatz, aber alle anderen Wohnungen waren

entweder zu teuer oder zu groß oder schon weg.« Er versuchte wirklich sein Bestes.

»Ich leih' euch meinen Wecker!« rief Nicole aus der Küche. Sie bereitete das Abendessen vor. Ohne ein Wort hatte sie sich zurückgezogen. Ich wäre ihr auch keine Hilfe gewesen. Meine Hände zitterten, in meinem Magen saß eine Faust, die sich immer wieder zusammenballte, und mein Kopf glich einem Bienenstock. Ich hatte Mühe einen klaren Gedanken zu formulieren. Wie eine Schablone legte sich über jeden Satz, den ich sagte, dieses Bild: Mein Mann, mein Vater und mein Bruder stehen auf der Straße und lauern darauf, daß ich das Haus verlasse. Da unten. Zwei Stockwerke tiefer. Nur ein paar dünne Wände zwischen uns.

Nicole zauberte eine phantastische Lasagne, sie wußte, daß ich mir in der Regel die Finger danach leckte. Doch ich aß fast nichts. Mühsam fütterte ich Farid, der munter quiekte und mit vollem Mund versuchte, uns ein Lied vorzusingen, das er im Radio gehört hatte. Dabei spuckte er die Hälfte der Lasagne, die ich ihm gerade in den Mund geschoben hatte, wieder über den Eßtisch. Aber sogar das war mir heute egal, ich schimpfte nicht. Gut, daß der Kleine so fidel schien. Das hieß ja wohl, daß er die Angst und Nervosität nicht bemerkt hatte, die seiner Mutter in den Knochen steckte.

Nachdem ich ihn und Danny ins Bett gebracht hatte, saß ich noch lange mit Frank und Nicole zusammen. Wir versuchten uns die Zukunft auszumalen, so detailliert wie möglich. Wir würden regelrecht untertauchen müssen! Frank schrieb auf, worauf es unbedingt zu achten galt, um alle Spuren gründlich zu verwischen. Aber würden wir auch an alles denken können? Wir waren ja keine Profis.

Als wir endlich im Bett lagen, tappte plötzlich Farid ins Zimmer. Er wollte zu Mama und zu »Fank«, kletterte übers Fußende auf das Bett und kuschelte sich zwischen uns zwei in die Mitte. Eine Szene wie aus dem Bilderbuch, dachte ich. Ich drückte meinen kleinen Sohn an mich, Frank legte seinen Arm über uns beide, und so lagen wir zu dritt engumschlungen beieinander. Eine solche Harmonie hatte es im Leben mit Samir nie gegeben.

»Ich habe noch nie für jemanden empfunden, was ich für euch empfinde«, flüsterte Frank. Ich schauderte vor Glück. »Ganz seltsam ist das, ich hab' auch noch niemals in meinem Leben das Bedürfnis gehabt, für jemanden zu kämpfen. Es ist das erste Mal...« Schweigend lagen wir da und hielten uns fest. »Du kannst sagen, was du willst, Sarah, ich glaube, das ist wahre Liebe.« Er tat mir so gut, so wahnsinnig gut. Seine Worte gaben mir Kraft, und Kraft hatte ich bitter nötig. Immer auf der Flucht zu leben – das ist keine rosige Perspektive. Wie lange würden sie wohl brauchen, um uns zu finden?

Ich hatte Angst vor unserer Zukunft.

8. November 1986

Wir hatten kaum schlafen können und waren früh aufgestanden – aber die Vermieterin schien nicht im geringsten überrascht, als wir sie bereits um sechs Uhr morgens wegen ihrer Wohnungsannonce anriefen. Sie beschrieb Größe, Lage, Schnitt und Kosten und schlug vor, die Wohnung gemeinsam zu besichtigen. Um zehn Uhr wollten wir uns treffen. Frank tanzte vor Freude durchs Wohnzimmer, auf dem einen Arm Farid, im anderen mich.

Meine Familie stand jetzt nicht mehr vor dem Haus, sie hatten sich wohl irgendwann im Lauf der Nacht auf den Heimweg gemacht. Für uns eine günstige Gelegenheit, gleich nach dem Frühstück unbeobachtet aus dem Haus zu schlüpfen. Wir luden schnell ein paar von meinen Sachen ins Franks Auto und fuhren in eine abgelegenes Waldstück, zehn Kilometer entfernt, wo mein Polo stand, den ich vor ein paar Tagen günstig von einem Kollegen von Frank erstanden hatte. Niemand aus meiner Familie sollte den neuen Wagen in der Nähe von Nicoles Appartement entdecken. Hintereinander fuhren wir in die Kaserne, wo ich meinen Wagen vorerst unterstellen konnte.

Dann war es endlich zehn. Die Wohnung gefiel uns auf Anhieb, schon im Treppenhaus erschien mir alles wie »Luxus pur«: Die Stufen waren aus wunderbar glänzendem Marmor. Die Vermieterin wartete schon oben vor der Wohnungstür. Zwei Zimmer, ein großes Wohnzimmer, ein kleineres Schlafzimmer, eine Kochnische – mehr brauchten wir auch gar nicht. Die Räume waren hell und freundlich, die Gegend sehr gut; Frank und ich unterschrieben ohne zu zögern den Mietvertrag.

Es gab nur einen Haken, der allerdings war gewaltig: Das Appartement wurde noch renoviert. Vor dem 21. November würden wir nicht einziehen können, da blieb die Vermieterin hart. Obwohl wir auf sie einredeten und ihr erklärten, daß es dringend war. Denn wo sollten Farid und ich die nächsten zwei Wochen wohnen?

Wir gingen zurück zum Auto. Zu Nicole konnten wir jetzt nicht mehr, da standen inzwischen längst wieder meine Verwandten auf ihrem Wachposten. Wohin also?

Wir fuhren den ganzen Tag durch die Gegend. Zwischendurch gingen wir in ein Café, dann rief ich jedesmal Nicole an.

»Ja, sie stehen wieder unten«, bestätigte sie. »Ich packe gerade meine Sachen, ich werde ein paar Tage bei meiner Mutter unterkommen.« Ich spürte, wie der Boden unter mir schwankte – jetzt mußte noch ein Mensch leiden wegen meiner Entscheidung, Samir zu verlassen. Meine beste Freundin konnte nicht mehr ohne Angst in ihren eigenen vier Wänden wohnen, weil meine Familie auch sie verfolgte und bedrohte!

»Beruhige dich, Sarah.« Nicole blieb erstaunlich gelassen. »Du kannst jetzt nichts mehr rückgängig machen. Und wenn ich für ein paar Tage verschwinde, werden die mich schon wieder in Ruhe lassen. Reg dich nicht auf!« Woher nahm sie nur diese Ruhe. Meine eigenen Nerven waren inzwischen so angespannt, daß ich manchmal alles anschreien wollte, was sich bewegte. Und sie, sie verließ ihre Wohnung, ihr Zuhause, ohne mir auch nur den geringsten Vorwurf zu machen.

Am Abend rief Frank bei seinen Eltern an, um zu fragen, ob sie uns für ein paar Tage Unterschlupf gewähren würden. Sein Vater schien derart skeptisch, daß Frank entmutigt schon wieder auflegen wollte. Ich griff nach dem Hörer: »Herr Müller, ich bin es, Sarah. Herr Müller, ich kann Ihnen jetzt am Telefon nicht erklären, was passiert ist, aber mein Sohn und ich stehen auf der Straße und wissen nicht, wo wir übernachten sollen. Bitte helfen Sie uns!« Ich fügte noch hinzu, ich würde mein Auto verkaufen, um ihm alle eventuell entstehenden Kosten zu ersetzen – da unterbrach er mich.

»Kommt her, ihr drei. Für ein paar Tage werden wir euch schon unterbekommen.« Erleichtert machten wir uns auf den Weg.

Die Müllers lebten ungefähr 50 Kilometer entfernt. Als wir nach einer guten Dreiviertelstunde ankamen, hatte Franks Mutter bereits das Abendessen noch einmal aufgewärmt und Tee gekocht. Es tat gut, erst einmal etwas Warmes in den Magen zu bekommen. Auch Farid war müde, er hatte nicht begriffen, warum wir den ganzen Tag im Auto und in Cafés verbringen mußten, warum wir nicht längst nach Hause fuhren. Jetzt schlief er am Tisch fast ein.

Nachdem ich ihn ins Bett gebracht hatte, saßen Frank und ich lange mit seinen Eltern zusammen. Ich erzählte ihnen, was sich bei mir zu Hause zugetragen hatte: Samirs Prügeleien, seine Überfälle auf meine Schwestern, das Verhalten meiner Eltern, die mir jegliche Hilfe verweigert hatten. Ich erzählte von unserer Flucht, von den regelmäßigen Kontrollanrufen, von den Wachposten vor Nicoles Haustür.

Frau Müller und ihr Mann waren besorgt, sie befürchteten, meine Familie könnte uns bei ihnen finden. Ich versuchte sie zu beruhigen. »Schauen Sie, meine Verwandten kennen weder Franks Namen noch seine Adresse. Die ahnen ja noch nicht einmal, daß ich überhaupt einen Freund habe.« Am Ende waren sie einverstanden, Farid, Frank und mich zu beherbergen, bis wir in unsere neue Wohnung einziehen konnten.

Die nächsten zwei Wochen wurden wunderschön. Franks Eltern schlossen vor allem Farid jeden Tag mehr in ihr Herz. Der Kleine fuhr für sein Leben gerne Bus, und Frau Müller nahm ihn überall mit hin, zum Einkaufen, zu Bekannten, einmal fuhr sie sogar mit ihm in den

Zoo. Diese Aufmerksamkeit und die entspannte Stimmung, die in dieser Familie herrschte, taten dem Jungen wohl.

Ich hatte inzwischen mit meinem Chef gesprochen, ihm unsere heikle Lage geschildert und notgedrungen gekündigt. Nun würde ich zwar kein eigenes Einkommen mehr haben, aber ich hatte gegenüber meiner Familie eine entscheidende Spur verwischt. Ich genoß die freien Tage und schlief viel. So wurde ich auch wieder ruhiger. Die Sorgen um unsere Zukunft, die Angst vor unseren Verfolgern, die Schuldgefühle, weil ich Menschen, die mir nahestanden, in den Strudel der Ereignisse mit hineinzog – wenigstens für eine Weile trat all das in den Hintergrund.

Frank schleppte ständig irgendwelche Möbelkataloge an und fuhr mit mir von einem Einrichtungshaus ins nächste. Seine Ersparnisse machten es uns möglich, unser gemeinsames Zuhause schön einzurichten, und seine Eltern standen uns mit Rat und Tat zur Seite: Sein Vater baute uns Regale, seine Mutter nähte mit mir die Gardinen. Sämtlicher Argwohn, den Müllers anfangs gegen unsere Pläne gehegt hatten, war inzwischen verflogen.

In diesen Tagen lernte ich Frank als einen ehrlichen und fleißigen Mann kennen. Und ich entdeckte, daß er auch wütend werden konnte, und zwar richtig. Wenn auf der Straße jemand mit Farid schimpfte oder wenn ich in einem Geschäft unhöflich behandelt wurde, dann wurde mein Freund ausgesprochen böse. »Ich weiß auch nicht, Sarah, für mich sind wir drei eben eine Familie, ihr gehört zu mir«, entschuldigte er sich, als ich über seine aggressiven Reaktionen staunte. »Ich hab' einfach das Gefühl, daß das Schicksal uns zusammengeführt hat. Und wenn jemand versucht, euch weh zu tun, dann tut er auch mir damit weh.«

Ich war jedesmal glücklich und ein bißchen stolz, wenn ich sah, wie viel ich ihm bedeutete. »Wenn jemand versucht, euch anzugreifen«, setzte Frank noch einmal an, »dann kann ich über Leichen gehen, Sarah, ich schwör's dir!« Es war eine Redensart, die er da gebraucht hatte. Wir ahnten beide nicht, wie schnell so ein paar dahergesagte Worte Realität werden konnten.

21. November 1986

Endlich konnten Frank, Farid und ich in unsere neue Wohnung ziehen. Heute war der Tag der Schlüsselübergabe.

Um zehn Uhr trafen wir uns mit der Vermieterin vor der Haustür, gingen noch einmal gemeinsam durch die Räume, um zu prüfen, ob die Handwerker alles plangemäß renoviert hatten, und nahmen am Ende die heißersehnten Schlüssel in Empfang. Dann fuhren wir in die Kaserne, wo Franks Kollegen uns zu einem Frühstück eingeladen hatten.

Kurz vor elf kamen wir an, parkten den Wagen und gingen zu einem großen Eisentor. Der wachhabende Soldat kannte Frank und füllte ohne große Fragerei einen Besucherschein für mich aus. Als ich meine Unterschrift daraufsetzte, ahnte ich nichts von der Bedeutung dieser kleinen Formalität. Der Passierschein – und das gute Gedächtnis des Rekruten, der sich Tage später noch genau an uns erinnerte – sollte Frank und mir den Kopf retten.

Nach dem Frühstück fuhren wir zu Müllers zurück, um unsere Sachen zu holen und in die neue Wohnung zu bringen. Abends hatten wir endlich alle Kisten und Kästen in unser neues Zuhause geschleppt, nur die größeren Möbel würden erst in der kommenden Woche angeliefert werden.

Als Farid schlief, zog Frank eine Flasche Sekt hervor, die er rechtzeitig kalt gestellt hatte. Zwischen Kartons, Bildern und ein paar Grünpflanzen stießen wir auf unsere Zukunft an.

Nachts, wir schliefen höchstens seit einer Stunde auf unserer provisorischen Bettstatt, wachte ich schreiend auf. »Frank, Frank!!« Ich saß kerzengerade, der Schweiß stand mir kalt auf der Stirn. Frank fuhr neben mir hoch und sah mich erschreckt an, nur halb wach.

»Was ist denn, hast du was geträumt?«

»Frank, ich hab' den Tod gesehen!« Frank rieb sich die Augen und versuchte mich zu beruhigen.

»Ach, komm, das sind deine Nerven. Die Angst vor deiner Familie.« Er strich mir über die Haare und versuchte mich wieder an sich zu ziehen. »Schlaf weiter.« Aber ich konnte mich nicht einfach beruhigen, ich war außer mir. Was ich gesehen hatte, konnte ich nicht genau beschreiben, aber ich war sicher: Es war der Tod.

»Du kannst mich für verrückt erklären«, stammelte ich, »aber ich weiß, daß jemand sterben wird. Ich weiß es ganz genau!« Das Gefühl aus dem Traum saß noch immer in meinem Bauch. Es ließ mich nicht los. »Ich weiß bloß nicht, wer.« Ich drehte den Kopf zur Seite und sah, daß Frank schon wieder eingeschlafen war. Ich rutschte auch wieder unter die Decke, aber sobald ich die Augen schloß, kam das Bild wieder. Diffuse Gestalten, ich konnte keine Personen ausmachen, keine Gesichter. Sie bewegten sich durch einen dichten Nebel. Und über ihnen schwebte etwas, etwas riesiges, das ich nicht erkennen konnte. Ich wußte nur, daß es da war. Und ich wußte, *es* war der Tod.

22. November 1986

Als ich aufwachte, saß mir immer noch dieses bedrohliche, unheimliche Gefühl der vergangenen Nacht in den Gliedern. Ich versuchte, Frank den Alptraum noch einmal ganz genau zu beschreiben. »Das ist deine Angst vor unseren Verfolgern, die sich Luft verschafft«, versuchte er wieder, mich zu beruhigen. Ein paar befreundete Soldaten, die uns zum Frühstück besuchten und denen ich von meinen Gruselbildern erzählte, wollten mich genauso beschwichtigen. Aber mich ließ der Traum nicht los. Ich sah darin einen Wink Gottes, eine Warnung vor etwas Schrecklichem, eine Mahnung zur Vorsicht.

Ich verlor dann kein Wort mehr darüber. Frank hatte sich eine Woche Urlaub genommen, und gemeinsam mit seinem Vater machten wir uns ans Einrichten. Ich räumte unsere Sachen in die neuen Schränke, besorgte Blumen für den Balkon und wuselte schon ab dem frühen Morgen geschäftig durch die Gegend – bis ich abends erschöpft ins Bett fiel.

Mir blieb tagsüber kaum Zeit, mich an meinen Alp zu erinnern. Nur in den Nächten, wenn ich keine Ablenkung mehr hatte, dann machten sich meine Ängste selbständig. Oft sah ich meinen Vater. Stumm bewegte er die Lippen und rannte auf riesigen Füßen hinter mir her. Er verfolgte mich mit einer Pistole in der Hand. Wenn er dicht genug hinter mir war, drückte er ab, und ich spürte, wie sich die Kugel in meinen Rücken bohrte. Jedesmal schreckte ich schweißgebadet hoch.

30. November 1986

Frank hatte seinen 24. Geburtstag. Ich überraschte ihn mit einem herrlich gedeckten Frühstückstisch, mit Sekt und Lachs und frischen Brötchen. Farid schenkte ihm ein selbstgemaltes Bild, auf dem zwar nicht mehr als ein paar bunte Striche zu erkennen waren, das Frank aber entgegen nahm, als sei es ein echter van Gogh. Der Kleine kletterte auf Franks Schenkel und krähte fröhlich – so als sei er das Geburtstagskind, dem die Party galt.

Man konnte Frank ansehen, daß er diese harmonische Familienatmosphäre genoß; ich hatte auch keine Mühe gescheut, ihm einen wunderschönen Tag zu bereiten, und die größte Überraschung stand noch bevor...

Wir ließen uns lange Zeit und dehnten das Frühstück bis zum Mittag. »So, mein Lieber«, sagte ich, als wir endlich mit vollen Mägen aufstanden, »und ab jetzt darfst du zwei Stunden lang nicht in die Küche kommen.«

»Zwei Stunden? Was...«

»Das ist ein Befehl!« Ich mußte lachen – mein Versuch, wie eine Autorität aufzutreten, war nicht besonders überzeugend.

»Befehl zur Kenntnis genommen, Frau Generalin«, kasperte Frank zurück und schlug die Hacken zusammen. »Ich werde Stellung vor dem Schlüsselloch beziehen.«

»Von wegen. Du wirst schön die restlichen Umzugskartons auspacken und dich nicht in der Nähe der Küchentür blicken lassen!« Das beste Geschenk, das ich mir ausgedacht hatte, würde nämlich Punkt 16 Uhr vor der Tür stehen: eine nette Truppe Kollegen und Freunde, Überraschungsgäste einer Überraschungsparty für meinen Liebsten. Dafür mußte ich jetzt noch einen Kuchen backen und ein paar Häppchen anrichten. »Wegtreten«, kommandierte ich, und Frank trollte sich mit Farid auf dem Arm aus dem Zimmer.

Ich flitzte in die Küche und legte los: Die Zutaten für den Kuchen hatte ich am Vortag heimlich eingekauft und ganz hinten im Küchenschrank versteckt. Eine Sachertorte, und zwar vom Feinsten, wollte ich zaubern. Mehl, Butter, Eier, Kakao ... Draußen hörte ich Farid wie einen Derwisch den Flur entlangtoben, Frank hinter ihm her. Ich öffnete die Tür einen Spalt breit, gerade soweit, daß keiner von den beiden hineinlinsen konnte. »He, ihr zwei! Geht es auch leiser? Ihr zwei ...« Die Klingel unterbrach mich.

Frank und ich sahen uns erstaunt an. Wer konnte das sein? Seine Freunde hatte ich erst für vier Uhr bestellt, so spät war es längst noch nicht. Ich ging zur Tür und sah durch den Spion. Draußen standen mehrere Männer, ich konnte nicht erkennen, wie viele es waren, und ich kannte keines der Gesichter. Die Sicherheitskette vorgelegt, öffnete ich die Tür. »Zu wem wollen Sie?« Einer der Männer machte einen Schritt auf mich zu und zückte einen Ausweis.

»Kriminalpolizei«, sagte er. »Machen Sie bitte auf, wir müssen mit Ihnen reden.«

Die Polizei? Ich erschrak. Was in aller Welt wollte die von uns? Ich öffnete die Tür, und insgesamt fünf Männer kamen herein. Sie verteilten sich in nullkommanichts überall in den Zimmern, ich hatte das Gefühl, unsere Wohnung würde von einer kleinen Armee besetzt. Es wirkte bedrohlich.

»Könnten Sie uns bitte mal erklären, was Sie wollen?« fragte ich. Ich zog Farid, der die vielen Beamten neugierig beobachtete, zu mir und hielt ihn fest an mich gedrückt. – Oh nein...! »Das ist mein Sohn, und ich werde ihn nicht hergeben.« Meine Stimme wurde schrill, denn plötzlich hatte es mich wie ein Donnerschlag getroffen: Samir wollte mir meinen Sohn nehmen! Darum war die Kripo hier! Samir hatte mich wegen Kindesentführung angezeigt!

»Es geht nicht um Ihren Sohn, Frau Aziz, es geht um Ihren Mann.« Um Samir?

»Was hat er schon wieder angestellt?« fragte ich. Und warum kam die Polizei deswegen zu mir? Ich hatte Samir verlassen! »Hören Sie«, sagte ich zu dem Beamten, einem Typen, der ziemlich kräftig gebaut war und aussah wie dieser »Tatort«-Kommissar aus dem Ruhrpott. Wie Schimanski. »Hören sie, ich lebe nicht mehr mit meinem Mann zusammen, und ich will mit seinen dubiosen Machenschaften nichts mehr zu tun haben. Ich bin nicht für ihn verantwortlich.«

Schimanski sah mich fest an. »Er hat nichts angestellt«, sagte er langsam. »Und er wird auch nichts mehr anstellen. Ihr Mann, Frau Aziz, ist tot.« Ich sah ihn ungläubig an.

»Tot?«

»Ja«, antwortete er. Von seinen Kollegen sagte keiner ein Wort.

»Das glaube ich nicht. Das kann doch gar nicht sein, das ist unmöglich...«

»Doch«, hörte ich diese fremde Stimme sagen, »Ihr Mann ist tot. Darum sind wir da. Sie, Frau Aziz, und Sie, Herr Müller . . .«, er drehte sich in Franks Richtung, ». . . sind vorläufig festgenommen.«

Er machte einen Schritt auf Frank zu. »Sie fahren einen schwarzen Ascona, Kennzeichen, Moment . . .« Er grub in seiner Jackentasche nach einem Zettel.

»Ja«, unterbrach Frank, »das ist mein Wagen. Steht unten in der Tiefgarage.«

»Das Fahrzeug ist beschlagnahmt«, sagte einer der Beamten. Ich begriff nicht, was hier vor sich ging. Die Situation war so absurd, so total irreal. Samir sollte tot sein und wir verhaftet? Ich spürte Panik in mir aufsteigen. Ich schrie. »Neiiiin!«

Frank stürzte auf mich zu und nahm mich in die Arme. »Beruhige dich, Liebes. Ganz ruhig.« Die fünf Kripobeamten machten Anstalten zu gehen.

»Kommen Sie jetzt bitte mit«, forderte der Hüne uns zum zweiten Mal auf.

»Schatz, wir haben nichts Verbotenes getan, die Polizisten tun nur ihre Pflicht«, versuchte Frank mich zum Gehen zu bewegen. Einer der Männer bat ihn, Kleidung für Farid einzupacken.

»Falls der Kleine in ein Heim gebracht werden muß.« In ein Heim?

»Niemals!« Jetzt drehte ich durch. »Niemals kommt mein Sohn in ein Heim! Eher nehme ich ihn mit ins Gefängnis!!« brüllte ich.

»Beruhigen Sie sich, Frau Aziz!« Ich hatte keine Chance. Ich mußte tun, was er sagte. »Müssen wir Ihnen Handschellen anlegen oder kommen sie so mit?«, fragte er, nachdem ich ein paar Sachen in meine Tasche gestopft hatte. Dabei war mir der andere Polizist keine Sekunde von der Seite gewichen. Was war bloß geschehen, daß sie uns behandelten wie Schwerverbrecher?

In einem kleinen Konvoi fuhren wir durch die Stadt zum Revier. Vorne ein Zivilfahrzeug mit zwei Polizisten, dahinter Frank in seinem Ascona, begleitet von einem Kripobeamten, dann ein weiterer Wagen mit Farid, mir, dem Großen, Kräftigen, der aussah wie Schimanski und einem weiteren Polizisten. Die ganze Fahrt über fragte ich, wie Samir ums Leben gekommen sein konnte. Die beiden Männer wichen ständig aus und antworteten nur mit Floskeln, wie »Sie werden zu gegebener Zeit alles erfahren.« Irgendwann gab ich es auf. Schweigend fuhren wir weiter.

Plötzlich durchfuhr mich ein Riesenschreck: Würde ich im Präsidium meiner Familie begegnen? Ich fragte den Großen mit den breiten Schultern. Er sprach leise mit seinem Kollegen. Also war mein Verdacht begründet... Sie wollten genauer wissen, warum ich meinen Eltern nicht über den Weg laufen wollte.

»Es ist lebenswichtig, daß sie meinen Sohn und mich nicht zu Gesicht bekommen, unsere Zukunft hängt davon ab!« redete ich eindringlich auf sie ein. Ich beschwor sie, alles zu tun, um mich vor meinen Verwandten abzuschirmen. Über Funk berieten sich die beiden Polizisten mit ihren Kollegen und versprachen mir dann, äußerst vorsichtig vorzugehen.

Als wir vor dem Revier hielten, empfingen uns drei uniformierte Beamte. Sie begleiteten uns in den dritten Stock – einer von ihnen, ein Älterer, ganz Papi, ging immer ein paar Schritte voraus, um zu sehen, ob wir unbeobachtet über den Gang laufen konnten. In dem Raum angekommen, in dem ich verhört werden sollte, packte ein Polizist Frank am Arm und führte ihn in ein

Nebenzimmer, ein anderer nahm Farid mit sich. Ich verlor die Fassung und sackte heulend auf einem Stuhl zusammen.

Jetzt war alles aus.

»Dann wollen wir mal anfangen«, hörte ich die Stimme von Schimanski, der als letzter zur Tür hereinkam. Er ließ sich hinter einem mächtigen Schreibtisch auf einen Stuhl plumpsen. »Ich brauche Ihnen wohl nicht zu sagen, wie schwierig es war, Sie überhaupt ausfindig zu machen«, begann er. Ich suchte nach einem Taschentuch. »Sie sind immer noch unter der Adresse Ihres Mannes gemeldet. Wissen Sie nicht, daß Sie sich ummelden müssen, wenn Sie umziehen?«

»Doch. Innerhalb von sechs Wochen«, antwortete ich patzig. Ich konnte kein Taschentuch finden und zog die Nase hoch. Der Mann grinste über meine Antwort, er hatte mich wohl für naiv und etwas blöd gehalten. »Aber können Sie mir verraten, wie ich mich, wenn ich offiziell umgemeldet bin, vor meinen Mann und meinen Eltern verstecken kann? Ich habe die Familienehre verletzt und darum droht mir der Tod!« Sein Kollege reichte mir ein Taschentuch und ich putzte mir die Nase. »Mein Leben zu retten war mir wichtiger, als der deutschen Bürokratie zu gehorchen«, setzte ich leiser hinzu. »Wie haben Sie mich denn gefunden?«

»Wir waren zuerst bei Ihren Eltern, aber die wußten nichts über Ihren Aufenthalt. Sie gaben uns nur die Adresse Ihrer Freundin, Nicole Weber. Von der erfuhren wir unter Einsatz unserer geballten Überredungskünste den Namen Ihres Freundes. Dann haben wir bei seiner Ehefrau ermittelt, die verwies uns an die Eltern von Herrn Müller. Und die gaben uns schließlich Ihre neue Adresse.« Er stützte sich mit beiden Armen auf seinen Schreibtisch und sah mich an. »Diese Ermittlungen haben uns eine Woche gekostet! Und jetzt möchte ich von Ihnen alle weiteren Details wissen.«

»Welche Details?« fragte ich ihn. Ich hatte immer noch nicht die leiseste Ahnung, worauf er hinaus wollte.

»Ich will wissen, wo Sie in der Nacht vom 20. auf den 21. November waren. Und was sie am 21. November vormittags zwischen elf und zwölf Uhr gemacht haben. Und das will ich in allen Einzelheiten wissen, Orte, Zeiten, Zeugen, Namen.« Was für eine Frage! Ich war völlig verwirrt. Wo waren wir in der besagten Nacht gewesen? Was hatte ich am Vormittag des 21. November zwischen elf und zwölf Uhr gemacht? Mein Hirn arbeitete auf Hochtouren, aber ich war so nervös, daß mir nichts einfiel.

»Lassen Sie mir einen Augenblick Zeit, ich muß nachdenken«, bat ich.

»Ja, denken Sie nach. Gründlich! Lügen sind zwecklos, wir werden sowieso alles erfahren. Und dann wird es höchst unangenehm für Sie, wenn Sie nicht die Wahrheit gesagt haben.« Also, wo waren wir gewesen. Die Nacht vom 20. zum 21.November. Langsam, langsam... Ich wurde allmählich wieder klarer im Kopf. – Natürlich!

»In der Nacht vom 20. zum 21. November waren wir bei Herrn und Frau Müller. Wir haben dort zu dritt übernachtet. Es war der Tag vor der Schlüsselübergabe, deswegen weiß ich es noch: Am 21. November sind wir in unsere jetzige Wohnung eingezogen. Um zehn Uhr haben wir uns mit der Vermieterin getroffen, gegen elf kamen wir in der Kaserne an, wo wir zum Frühstück eingeladen waren. Dann fuhren wir zu Franks Eltern, um unsere Sachen zu holen.« Es sprudelte aus mir heraus. Das war's – wir hatten ein Alibi! Ein lückenloses Alibi! »Rufen Sie an«, rief ich. »Rufen Sie bei Müllers an, bei unserer Vermieterin, in der Kaserne! Alle werden Ihnen bestätigen, daß Herr Müller, Farid und ich zum besagten Zeitpunkt dort waren.«

Der Ältere, der bislang still an einem zweiten Schreibtisch gesessen hatte, nahm ein Blatt Papier aus der Schublade und spannte es in die Schreibmaschine vor sich. Er nahm, im Zwei-Finger-Such-System, meine Aussagen zu Protokoll. Sein Kollege fuhr mit seinen Fragen fort: Seit wann ich Frank kenne, wann ich Samir verlassen habe, wie ich aufgewachsen sei, wie mein Verhältnis zu meinen Eltern sei und und und. Sie ließen sich alles bis auf die kleinste Kleinigkeit beschreiben.

Draußen war es längst dunkel geworden, und innen verstärkte das kalte Neonlicht die ungemütliche Atmosphäre des Verhörs. Ich wußte immer noch nicht, was sie eigentlich von mir wollten. Weder der Ältere noch Schimanski, der mir eine Frage nach der nächsten stellte, hatten mir erklärt, was man mir vorwarf. Ich traute mich inzwischen auch nicht mehr nachzuhaken. Irgendwer würde es mir schon sagen, irgendwann. Ich antwortete auf die Fragen, ich wiederholte Antworten auf Fragen, die sie schon einmal gestellt hatten, ich schwieg, wenn der Ältere mit dem Tippen nicht mehr hinterherkam. Nach ungefähr vier Stunden war das Verhör beendet. Der Ältere telefonierte kurz, und fünf Minuten später erschien ein Beamter, den ich noch nicht gesehen hatte. Er forderte mich auf mitzukommen.

Wir gingen einen langen, senfgelb getünchten Flur entlang, durch eine Glastür, eine Treppe hinunter. Da sah ich plötzlich Farid, der neben einer Polizistin auf einer abgeschrabbten Holzbank saß. Als er mich sah, kam er wie ein geölter Blitz auf mich zugespurtet.

»Mami!« Ich hob den Kleinen auf meinen Arm und wischte seine Tränen ab, aber gleich kam eine Beamtin und nahm ihn mir wieder weg. »Mami!!« weinte Farid.

»Ich komm' gleich, mein Kleiner. Ich komm' gleich, und dann fahren wir nach Hause«, versuchte ich ihn zu trösten, während ich mir selber krampfhaft die Tränen verbiß. Der Kripo-Mann, der mich begleitete, schob mich in ein Zimmer. Er müsse mich photographieren, erklärte er mir, und meine Fingerabdrücke nehmen. Ich erschrak maßlos über seine Worte – war ich denn eine Kriminelle? Nach ein paar Minuten wich der Schreck einer kalten Wut. Ich wußte immer noch nicht, was sie mir überhaupt vorwarfen!

Als ich zu Schimanski und seinem Kollegen zurückgebracht wurde, nahm ich all meinen Mut zusammen und fragte noch einmal entschieden, wieso sie mich bitteschön hier festhielten.

»Jetzt hören Sie mal«, donnerte er drohend, »Sie werden verdächtigt, Ihren Mann umgebracht zu haben!« Wie bitte? »Und wenn Sie es vielleicht nicht selbst getan haben, besteht immerhin Grund zu der Annahme, daß die Idee zu diesem Mord von Ihnen stammt.« Ich eine Mörderin? »Kapieren Sie jetzt, worum es hier geht?« fragte er und schob sein Gesicht direkt vor meines. Seine blaßblauen Augen waren auf eine unheimliche Art kalt. Er musterte mich von oben bis unten.

»Glauben Sie denn, wir lassen Sie all diese Fragen zum Spaß beantworten?« mischte sich sein Kollege ein.

»Nein«, antwortete ich mutig. »Aber Sie hätten mir ja mal sagen können, was Sie mir überhaupt vorwerfen, bevor Sie mich stundenlang ausquetschen wie eine Zitrone. Sie ahnen ja nicht, wie schwer es ist, ruhig zu bleiben, wenn man gar nicht weiß, worum es geht.« Der Schimanski sah mich durchdringend an.

»Sie behaupten also, Sie wüßten nicht, worum es hier geht«, wiederholte er.

»Natürlich weiß ich das nicht! Bislang haben Sie mir bloß gesagt, daß mein Mann gestorben ist, aber ich weiß weder wieso, noch wann, noch wie.« Der Ältere setzte sich wieder an die Schreibmaschine, sein Kollege plazierte sich mir gegenüber auf der anderen Seite des Schreibtischs. Begann jetzt alles von vorne? Noch so ein stundenlanges Verhör?

»Wie erklären Sie sich dann, daß am 21. November, vormittags zwischen elf und zwölf Uhr, bei Ihnen zu Hause jemand ans Telefon ging, der sich mit *Ihrem* Namen meldete und *Ihre* Stimme hatte?« Ich holte tief Luft. Ruhig bleiben, sagte ich mir, alles nur Taktik. Die wollten mich einfach fertigmachen.

»Das kann ich mir nicht erklären«, antwortete ich so ruhig ich konnte. »Ich kann nur wiederholen, daß ich zu dieser Zeit mit Herrn Müller in dessen Kaserne war, und daß es für diese Aussage Zeugen gibt, die Sie befragen können.«

»Gut«, antwortete Schimanski, fingerte nach seiner Zigarettenschachtel, zog eine heraus – und drückte sie mir ganz unerwartet in die Hand. Dann steckte er sich selbst eine Zigarette an. »Wenn Sie also die Wahrheit sagen, dürfte es Ihnen ja nichts ausmachen, wenn wir Sie jetzt Ihren Eltern gegenüberstellen . . .«

»Haben Sie mich vorhin nicht verstanden?« unterbrach ich ihn. »Ich habe meinen Mann verlassen. Ich bin mit einem Deutschen geflohen. Mit einem Ungläubigen, würde mein Vater sagen. Ich habe gegen sämtliche Traditionen meiner Heimat verstoßen, ich schwebe in Lebensgefahr, wenn ich meinen Verwandten jemals wieder begegne! Oder können Sie mir Polizeischutz für den Rest meines Lebens garantieren?« Meine Verzweiflung war jetzt stärker als jede Konvention. Ich sprang von meinem Stuhl auf und lief um den Schreibtisch herum. Das Entsetzen muß mir im Gesicht gestanden haben. Schimanski schien erstaunt über meinen Ausbruch, aber er brauchte nicht lange, um die Fassung zurückzugewinnen. Er erhob sich, baute sich vor mir auf und schüttelte mich.

»Mädchen, wir überprüfen zur Zeit Ihre Aussage und ich kann nur hoffen, daß Sie die Wahrheit gesagt haben, sonst blüht Ihnen was. Das kann ich garantieren.« Ich war perplex. Ich setzte mich wieder auf meinen Stuhl, starrte abwechselnd von einem zum anderen und sagte kein Wort mehr. Schimanski sah mich minutenlang an, dann hielt er erneut sein Gesicht so dicht vor meine Nase, daß ich seinen Zigarettenatem roch. »Wenn ich Sie so anschau', kann ich mir nur wünschen, daß Sie die Wahrheit gesagt haben. Sie sind viel zu schön, um den Rest Ihres Lebens im Gefängnis zu verbringen.« Dreckskerl. Wie kam er dazu, sich über mein Aussehen auszulassen, noch dazu in einem Moment, in dem meine Zukunft auf dem Spiel stand! Was hatte diese Bemerkung überhaupt mit dem Verhör zu tun? Chauvinistisches Arschloch. Ich kochte vor Wut.

In dem Moment klingelte das Telefon. Der Ältere nahm ab. »Hm... Ja Ja...« Er verzog keine Miene. Auch nicht, als er den Hörer wieder aufgelegt hatte. »Die Überprüfung Ihrer Aussagen hat ergeben, daß Ihr Alibi stimmt.« So ausdruckslos war seine Miene, daß ich einen Moment lang gar nicht begriff, was dieser Satz für mich bedeutete. Ich konnte hier raus! Nach Hause – mit Farid und Frank!

»Bleibt die Frage, ob Sie wissen, wer einen Grund gehabt hat, Ihren Mann zu töten?« Schimanski wieder.

»Ich habe keine Ahnung.« Die Tür zum Nebenzimmer ging auf, und ein Kripobeamter steckte seinen Kopf herein.

»Herr Müller möchte mit seiner Freundin sprechen, darf er?« Schimanski und der Ältere sahen sich an.

»Meinetwegen«, knurrte Schimmi. »Aber nur, wenn jemand mithört. Keine geheimen Absprachen!« Durch den Türspalt konnte ich Frank erkennen, der hinter dem Beamten stand.

»Bitte.« Frank kam ins Zimmer. Er sah blaß aus und nervös. Er griff nach meiner Hand.

»Sarah, du mußt mir weiterhelfen. Ich kann mich partout nicht mehr erinnern, wo wir am 21. November waren.«

»Bei der Schlüsselübergabe, beim Frühstück in der Kaserne und bei deinen Eltern. Es war der Tag, an dem wir endlich in unsere neue Wohnung konnten!« Schimanski guckte von seinem Schreibtisch hoch zu Frank.

»Warum können Sie sich denn nicht mehr daran erinnern?« Es war nicht zu fassen – er wußte doch, daß es stimmte!

»Ihr Kollege behauptet, ich sei an diesem Tag bei Sarahs Mann gewesen und hätte ihn umgebracht«, antwortete Frank fix und fertig. »Er sagt das seit Stunden, und allmählich fange ich an, ihm zu glauben. Ich kann mich auf nichts mehr konzentrieren.« Er wurde wieder abgeführt. Zwei Minuten später klopfte der Beamte, der ihn gebracht hatte, nochmal.

»Ich bin fertig mit ihm. Kann ich ihm den kleinen Jungen bringen?« Schimmi nickte. Ich war froh, Farid bei Frank und nicht mehr bei irgendwelchen wildfremden Menschen zu wissen.

»Ich möchte Sie jedenfalls mit Ihrem Bruder Amin zusammenführen. Er fragt seit Stunden nach Ihnen.« Amin?

»Gut«, willigte ich ein. Der Ältere telefonierte, zehn Minuten später wurde Amin hereingebracht. Weinend umarmte er mich.

»Ich habe dich so vermißt«, schluchzte er. »Ich dachte, Samir hätte dich umgebracht.« Ich spürte, daß mir ebenfalls die Tränen in die Augen stiegen. Amin war immer mein Lieblingsbruder gewesen. Ich war froh, daß er sich jetzt nicht auch gegen mich stellte und mich verstieß, weil ich Samir verlassen hatte. »Ich werde immer auf deiner Seite stehen, Sarah, egal was geschieht. Vergiß das nie...« Als hätte er meine Gedanken gelesen. – Und schon forderten die Beamten Amin auf, ihnen zu folgen. So plötzlich, wie mein Bruder hereingekommen war, verschwand er auch wieder.

»Amin!« Wohin brachten sie ihn? Schimanski fuhr mich an:

»Frau Aziz, ich würde gerne weitermachen.« Das durfte nicht wahr sein, er wußte doch längst alles, was sollte ich ihm noch erzählen?

Vieles. Er fragte und fragte. Er fragte nach Ereignissen und Leuten, über die ich bereits am Nachmittag Auskünfte gegeben hatte, er fragte wieder und wieder nach Samir, und wie der sich mir gegenüber als Ehemann verhalten hatte. Er fragte alles doppelt und dreifach. Gegen 23 Uhr kam sein Vorgesetzter.

»Was ist los, seid ihr bald mit ihr fertig?« Schimanski schüttelte seinen mächtigen Kopf.

»Sie hat ein Alibi«, warf der Ältere ein. »Außerdem scheint sie wirklich nichts zu wissen.« Der Hauptkommissar sah mich prüfend an.

»Was halten Sie denn von der Methode?« fragte er mich.

»Methode?«

»Laß, sie weiß es noch nicht«, sagte Schimmi zu seinem Chef.

»Wie? Sie weiß noch nichts?« Er stützte sich neben Schimanski auf den Schreibtisch. Er holte tief Luft. »Sie wissen also nicht, wie Ihr Mann gestorben ist?« Seine Stimme war leise. Mir gruselte.

»Nein«, sagte ich zaghaft.

»Dann will ich Ihnen mal erklären, wozu Menschen in der Lage sind!« schrie er los. »In den ganzen 25 Jahren, die ich jetzt bei der Polizei bin, habe ich so etwas noch nicht erlebt!«

»Manfred...« Der Ältere versuchte seinen Vorgesetzten zu besänftigen, aber der ließ sich nicht bremsen.

»Man hat Ihren Mann zerstückelt! Man hat ihm den Kopf und die Beine abgehackt, ihn in Kartons verpackt und zu einem Autobahnparkplatz geschafft. Dort hat man das, was von ihm übrig war, mit Benzin übergossen und angezündet!« Ich spürte, wie das Blut aus meinem Kopf schwand.

»Das Schlimmste ist«, fuhr der Kommissar nach einer kurzen Pause fort, »das Schlimmste ist, daß der Kopf Ihres Mannes spurlos verschwunden ist.« Ich würgte. Ich konnte keinen Mucks mehr von mir geben, nicht einmal Tränen. Ich sah diesen hageren, älteren Mann, der jetzt endlich aufhörte zu schreien, fassungslos an.

»Scheint Sie nicht zu erstaunen, Sie weinen ja nicht einmal«, kläffte er wütend und entnervt. Schimanski kam mir zur Hilfe.

»Laß sie in Ruhe, Manfred, siehst du nicht, daß sie einen Schock hat? Sie ist ja ganz weiß.« Der Ältere bugsierte seinen Chef zur Tür hinaus. Ich wußte nicht, was ich sagen sollte. In meinem Kopf war eine Bombe explodiert, mir zersprang der Schädel. Ich hatte Angst, mich übergeben zu müssen oder ohnmächtig zu werden. Zerstückelt. Mit Benzin übergossen. Der Kopf fehlte... Wer war zu so etwas fähig? Ich war mir sicher, daß mein Vater oder mein Mann, wenn sie mich aufgespürt hätten, zu einem Mord in der Lage gewesen wären, aber ein derart skrupelloses Verbrechen traute ich ihnen nicht zu.

Die beiden Polizisten ließen mir einen Moment Zeit, mich zu fangen, bevor sie einen Stapel Photos hervorzogen. »Nein!« entfuhr es mir. Schimanski zog eine Braue hoch.

»Seltsam, Sie sind die einzige in Ihrer Familie, die sich weigert, die Bilder anzusehen. Die anderen haben sie sich ohne Hemmungen alle vorlegen lassen.« Ich wollte diese Aufnahmen nicht sehen, mir reichte das, was ich gehört hatte. »Ich suche jetzt Photos aus, auf denen Gegenstände sind, die Sie identifizieren müssen. Ich muß Sie bitten, sie sich anzusehen.«

Er zeigte mir Teppiche, Gardinen, Tapeten, Bilder aus unserer Wohnung. Die anderen Photographien behielt er verdeckt in seiner Hand. Mir lief ein kalter Schauer über den Rücken, wenn ich die Photos nur von hinten sah. Wieso hatten sich meine Verwandten freiwillig dieses Horrorszenario vor Augen führen lassen? Wie konnten sie diesen Anblick ertragen? Wie konnten sie danach verlangen, wo sie die Bilder vielleicht nie wieder in ihrem Leben würden vergessen können? Ich war immer noch drauf und dran, mich zu übergeben. »Ich möchte jetzt zu meinem Sohn und meinem Freund«, sagte ich mit letzter Kraft. Die Beamten zeigten sich gnädig. Um ein Uhr nachts wurde ich freigelassen.

»Aber«, setzte Schimanski an, als ich gerade die Türklinke runterdrückte, »das war sicher nicht das letzte Mal, daß Sie hier waren. Halten Sie sich zu unserer Verfügung.« Ich sah ihn an und verließ den Raum ohne ein weiteres Wort. Auf dem Flur saß Frank, blaß und übernächtigt. Farid schlief auf seinem Schoß.

»Laß uns so schnell wie möglich von hier verschwinden«, murmelte ich. Ich war am Ende meiner Kraft. Auf der Fahrt nach Hause fiel mir wieder ein, daß der große Beamte, der Kräftige, gesagt hatte, er habe bei Franks Eltern nach meiner Adresse gefragt. Müllers wußten also, daß die Polizei nach uns suchte. »Sollen wir noch bei deinen Eltern vorbeifahren, Frank? Sie sind sicher beunruhigt.« Frank bog ab auf die Autobahn.

Während wir so durch die Nacht fuhren, löste sich allmählich meine innere Anspannung. »Zerstückelt ... mit Benzin übergossen ... der Kopf fehlt ...« Die Worte, die der Hauptkommissar mir in die Ohren gebrüllt hatte, hallten in meinem Kopf wider. Tränen sammelten sich in meinem Augen. Ich schluchzte. »Der Kopf fehlt ...« Mein Körper begann zu zittern, immer heftiger, das Schluchzen wurde immer lauter, Angst und Ekel und Schrecken schüttelten mich, die Tränen liefen in Strömen, ein gemeiner Schmerz bohrte sich durch mein Herz, ich schrie. Ich schrie so hemmungslos und besinnungslos, daß Frank abrupt nach rechts auf die Standspur fuhr und anhielt. Ich schrie so laut, daß Farid aufwachte und zu mir auf den Vordersitz kletterte. »Mama«, sagte er, »nicht weinen, Papa in Dose in Himmel.«

Ich hörte ruckartig auf zu weinen und sah ihn entgeistert an. Der Junge wußte also Bescheid... Mit aller Macht versuchte ich mich zu beherrschen, ich wollte nicht, daß Farid mich weiter so sah.

Als wir vor dem Haus von Franks Eltern hielten, brannte noch Licht. Wie ich vermutet hatte, waren Müllers noch wach. Sie liefen uns schon entgegen, nachdem sie das Auto hatten kommen hören, und schlossen uns erleichtert in die Arme. Ich brachte Farid zu Bett, und Frank erzählte seinen Eltern, was geschehen war. Sie waren schockiert. Und sie machten sich ernsthafte Sorgen. Frau Müller bat ihren Sohn, unsere Freundschaft noch einmal zu überdenken. »Frank, du siehst doch, wozu diese Menschen in der Lage sind.«

»Sarah müßte dafür Verständnis haben«, stimmte ihr Mann ein.

»Davon will ich nichts mehr hören«, Frank wurde wütend. »Mama, ich liebe Sarah! Verstehst du das denn nicht! Ich werde sie niemals im Stich lassen und jetzt schon gar nicht. Unsere Liebe wird stärker sein als der Haß ihrer Familie.« Müllers stand ihre Angst um Frank ins Gesicht geschrieben. Ich wußte, was sie dachten. Sie erwarteten von mir, daß ich mich von ihrem Sohn trennte. Ich hatte diesen Gedanken oft gehabt, ich hatte es Frank angeboten, nein, ich hatte es ihm nahegelegt, ihn regelrecht gedrängt, sich alles genau zu überlegen. Aber jetzt hätte ich es nicht ertragen können. Das wäre endgültig zu viel gewesen. Ich war mir sicher, den Belastungen allein nicht mehr gewachsen zu sein.

»Später«, nahm ich mir vor, als ich erschöpft im Bett

lag, »später werde ich Müllers beweisen, daß ich genauso zu Frank stehe, wie er zu mir.«

1. Dezember 1986

Wir wachten früh auf und fuhren nach Hause. Frank und ich hatten beide das dringende Bedürfnis, allein zu sein. Endlich ungestört – ohne Fragen, ohne andere Menschen, ohne ständige Anspannung. Wir spielten mit Farid, als wäre nichts geschehen, das lenkte uns ab. Aber wir hingen beide, jeder für sich, unseren Gedanken nach, unfähig über die Ereignisse der vergangenen vierundzwanzig Stunden zu sprechen.

Als es am Nachmittag an der Tür klingelte, zuckten wir erschreckt zusammen. Aber es waren Franks Freunde und Kollegen, die vor der Tür standen. Seine Überraschungsgäste, die ich für gestern nachmittag zur Geburtstagsparty eingeladen hatte. Sie waren stinksauer und wollten wissen, warum wir nicht zu Hause gewesen waren.

Frank lotste sie ins Wohnzimmer, ich ging Kaffee kochen. Wir erzählten ihnen, welcher Besuch gestern vor unserer Tür gestanden hatte, und sie hörten sprachlos zu. Stundenlang erzählten Frank und ich, was auf dem Polizeirevier geschehen war; seine Freunde wollten alles sehr genau wissen, und es war für uns eine Gelegenheit, uns den Schrecken von der Seele zu reden.

Die Männer wollten uns helfen und begannen Pläne zu schmieden, wie sie es organisieren konnten, daß ich möglichst selten allein zu Hause sein mußte. Sie beschlossen, mich abwechselnd zu besuchen, wenn Frank arbeiten mußte. »Und wenn wir alle gleichzeitig Dienst haben«, schlug Klaus vor, »dann kommst du mit Farid eben mit in die Kaserne. Ich werde morgen mit dem Kompaniechef reden.« Klaus war Feldwebel, eine Stufe höher in der Hierarchie als die anderen. »Es wäre doch gelacht, wenn diese Leute, die euch unter Druck setzen und verfolgen, mehr Macht hätten, als wir, die wir diesem Staat dienen.«

Mit dieser Hilfsbereitschaft hatte ich nicht gerechnet, und Frank verschlug es genauso die Sprache. Als wir uns bedanken wollten, winkten die Freunde ab. Das einzige, was sie als Dank gelten ließen, war eine Einladung zu einem opulenten arabischen Essen. »Wir wollen ja, auch wenn die Ereignisse sich überschlagen, nicht die menschlichen Grundbedürfnisse vergessen«, versuchte Klaus zu scherzen. Frank und ich fielen uns erleichtert in die Arme, und die Jungs klatschten.

»Hoch sollen sie leben . . .«

»Schließlich sollten wir ja zu einer Party kommen!«

»Genau! Kuchen! Ich will Kuchen!« Das war wieder Klaus. Mir kamen die Tränen, aber diesmal vor Erleichterung, weil die Spannung von mir abfiel und ich zum ersten Mal seit über vierundzwanzig Stunden wieder lachte. – Wie sagt man so schön: Gemeinsam sind wir stark.

4. Dezember 1986

Franks Kollegen hatten ihr Wort gehalten und mit dem Kompaniechef geredet: Wann immer mein Freund zur Arbeit mußte und ich mich allein zu Hause fürchtete, konnte ich nun mit Farid in die Kaserne fahren. Der Vorgesetzte hatte uns jede erdenkliche Hilfe angeboten.

Etwas, wobei mir allerdings weder er noch irgend jemand anders helfen konnte, waren die ständigen Vorladungen bei der Polizei. Fast täglich wurde ich ins Präsidium befohlen, um weitere Fragen zu beantworten. Frank begleitete mich, so oft er konnte; allerdings mußte er jedes Mal draußen, vor der Tür zu Schimanskis Büro, warten.

Heute hatte Frank unglücklicherweise Dienst, so daß ich mich ganz alleine aufmachen mußte. Ich sollte meiner Mutter und meinem Bruder Ali gegenübergestellt werden. Um elf Uhr, hatte es geheißen.

Schon als ich mich zu Hause fertigmachte, schwirrten tausend Gedanken durch meinen Kopf – lauter unzusammenhängende Versatzstücke. Ich hatte Angst, ich würde mich nicht konzentrieren können, wenn Schimanski wieder mit der Vernehmung begann. Ich fuhr sehr zeitig los, war viel zu früh da und mußte noch eine halbe Stunde auf diesem anonymen, gelbgetünchten Flur mit seinem kalten Neonlicht warten – zwischen zum Teil recht dubiosen Gestalten. Ich rutschte auf dem harten Holzstuhl hin und her und wurde immer nervöser. Jeden Moment konnte einer meiner Verwandten den Flur entlang kommen, oder aus einer der vielen Türen heraus, von denen oft schon der Lack abblätterte. Schäbig war das alles hier. Da kam der Ältere.

Er winkte mich in das Zimmer, das ich inzwischen im Schlaf hätte beschreiben können, so viele Stunden hatte ich dort schon gesessen. Ich nahm Platz, Schimanski sah mich an und nickte kurz. Der Ältere öffnete die Tür zum Nebenzimmer. Zwei Beamte führten meine Eltern herein. Meine Mutter kreischte sofort los, als sie mich sah, und wollte sich auf mich stürzen. Die Polizisten hielten sie fest. Mein Vater stierte mich mit kaltem Blick an. Eine ganze Weile sagte er kein Wort, sah mich nur an, und auch ich konnte keinen Mucks von mir geben. Sein Blick lähmte mich. Dann sagte er leise: »Du hast uns ins Verderben getrieben.« Beinahe hätte er auf den Boden gespuckt, wäre ihm nicht noch rechtzeitig eingefallen, daß er sich in einer deutschen Amtsstube befand. Dieser Satz löste meine Starre.

»Was meinst du damit?« fragte ich. Er antwortete nicht. Er starrte mich nur an.

Schimanski fragte meine Mutter, ob sie wüßte, daß Samir regelmäßig versucht hatte, meine Schwestern zu vergewaltigen. Sie bestritt, je etwas derartiges gehört zu haben. Nicht von mir und nicht von meinen Schwestern, nein, ich müsse mir das aus den Fingern gesogen haben, um meinen Ehemann schlecht zu machen. Samir, behauptete sie unter Tränen, wäre zu so etwas nie in der Lage gewesen. Der Ältere tippte mit. Dann ließ Schimanski meine Eltern wieder abführen, er schien vorerst keine weiteren Fragen an sie zu haben.

Als nächstes brachten die Beamten meinen Bruder Ali herein. Diese Begegnung war ein Horror. Ali hatte dunkle Schatten unter den Augen, seine Augäpfel waren rot. In seinem Blick loderte blanker Hass. Die beiden Kripobeamten, die ihn hereinführten, stellten sich zwischen uns; er hatte offenbar gedroht, sich an mir zu rächen, aber das hatte man mir wohlweislich verschwiegen. Eine Dolmetscherin kam auch – man wollte verhindern, daß Ali oder ich arabisch sprachen und den Kripomännern irgend etwas entging. Und der Staatsanwalt war erschienen. Er wollte sehen, wie Ali auf mich reagierte. Die Reaktion, die er zu sehen bekam, war sehr deutlich. Ali zischte mir direkt ins Gesicht: »Wenn ich dich in die Finger bekomme, schneide ich dir als erstes alle Haare ab, ich rasier' dir den Kopf kahl!« Der Staatsanwalt fiel ihm ins Wort.

»Lassen Sie diese albernen Drohungen, wir sind hier, um Licht in das Dunkel eines abscheulichen und grausamen Mordes zu bringen.« Jetzt schleuderte Ali ihm seinen lodernden Blick entgegen, doch der Staatsanwalt ließ sich nicht beeindrucken. »Sollten Sie Hand an Ihre Schwester legen, bekommen Sie es mit der deutschen Justiz zu tun.« Ich war kurz davor, in Ohnmacht zu fallen. Der Ältere sah das und stieß Schimanski an, der mich prüfend musterte, drei Worte mit dem Staatsanwalt wechselte, mich stützend am Arm nahm und hinausbrachte.

Ich war froh, als sich im Nebenzimmer die Tür hinter mir schloß. Ich wußte genau, was Ali mit seiner Drohung hatte sagen wollen. Erst die Haare – dann der Kopf. Und ich wußte, er war stärker als ich. Er hatte die gesamte Familie hinter sich.

Nach einer kurzen Pause klemmte sich Schimanski hinter den Schreibtisch und stützte seine kräftigen, behaarten Arme auf. »Als Ehefrau des Toten müssen Sie mit dem Staatsanwalt zusammenarbeiten«, sagte er eindringlich. Er wollte, daß ich meine Familie aus der Reserve lockte. Sein Ton war inzwischen um Klassen freundlicher als bei den ersten Vernehmungen.

Dann klärte er mich über den aktuellen Stand der Ermittlungen auf: Urlauber hatten auf einem Autobahnparkplatz einen Brand bemerkt, mehrere große Pappkartons standen in Flammen. Sie benachrichtigten die Feuerwehr, die sofort ausrückte. Als der Brand gelöscht war, machten die Männer dann die grausige Entdekkung: Aus einem der halb verbrannten Kartons ragte ein verkohltes Bein. Die Feuerwehrmänner verständigten die Kriminalpolizei, die zunächst nicht wußte, wie man die Leichenteile identifizieren sollte. Erst später entzifferte der Mann von der Spurensicherung auf einem nur zur Hälfte verrußten Pappdeckel eine Nummer und notierte sie.

Nach einigen Recherchen fand er heraus, daß es sich bei diesen Ziffern um die Seriennummer eines teuren und seltenen Hifi-Gerätes handelt. Anrufe beim Hersteller und verschiedenen Händlern ergaben schließlich, daß dieses Gerät nur fünfmal verkauft worden war. Vier Käufer konnte die Polizei telefonisch erreichen – nur meinen Mann nicht. Also fuhr ein Streifenwagen zu unserer Wohnung. Als niemand öffnete, erkundigten sie sich bei den Nachbarn nach Samir und mir. Die berichteten, sie hätten uns schon länger nicht mehr gesehen, und überhaupt hätten sie aus der Wohnung des öfteren seltsame Geräusche gehört. Also wurde unsere Wohnungstür aufgebrochen. Schon auf den ersten Blick war klar, daß hier etwas nicht stimmte: Tapeten und Gardinen waren heruntergerissen worden, an den Wänden klebte Blut. Die Polizisten ließen die Wohnung Quadratzentimeter für Quadratzentimeter untersuchen.

Inzwischen hatte sich der Verdacht, daß es sich bei den Leichenteilen um die Überreste von Samir Aziz handelte, erhärtet: Das Labor hatte die Hände untersucht, die ebenfalls in den verkohlten Kartons gefunden worden waren. Anhand der Fingerabdrücke, die die Polizei während einer von Samirs zahlreichen Verhaftungen genommen hatte, konnte dann eindeutig festgestellt werden, wer der Tote war.

Anschließend versuchten die Polizisten mich ausfindig zu machen.

Als sie bei meinen Eltern wiederholt nach meinem Aufenthaltsort nachfragten, verrieten die ihnen zwar Nicoles Adressse, gleichzeitig verhaspelten sich mein Vater, meine Mutter, Ali und Amin aber auch in derart viele Widersprüche, daß die Beamten beschlossen, die vier genauer unter die Lupe zu nehmen. Im VW-Bus meines Vaters entdeckte die Spurensicherung Blutflecke, die mit denen an den Wänden unserer Wohnung identisch waren. Mein Vater, Amin und Ali wurden verhaftet. Sie erklärten von nun an strikt und unisono, Samir sei nach Jordanien geflogen, aber wo er sich da aufhielte, wüßten sie nicht. Die Kripobeamten glaubten kein Wort mehr. Sie suchten weiter nach Farid, Frank und mir. Daß sie uns zunächst nicht aufspüren konnten, machte uns um so verdächtiger. Man mutmaßte, ich hätte Frank dazu gebracht, meinen Mann umzubringen, damit er unserer Liebe nicht mehr im Weg stünde – ein phantastisches, ein geradezu klassisches Motiv . . .

Schimanski sah mich an.

»Wir haben wirklich gestaunt, wie schwierig es war, Sie zu finden.« Ich schluckte. Natürlich, das war ja meine Absicht gewesen. Aber nicht, weil ich Samir aus dem Weg geräumt hatte, sondern um umgekehrt mein Leben vor ihm zu retten.

Der Ältere stand auf und holte aus dem Nebenzimmer Kaffee.

»Und wie steht es um die Ermittlungen gegen meinen Vater und meine Brüder?« wollte ich wissen. Ich fand, ich hatte ein Recht zu erfahren, was sie wußten, schließlich ging es um meine Familie, meinen Ehemann und meine Zukunft. »Wie lange sitzen die drei noch in Untersuchungshaft?« Schimmi schaufelte Zucker in seine Tasse.

»Das kann noch eine Weile dauern, die Beweislage spricht eindeutig gegen sie.« Er nahm einen Schluck Kaffee, dann rückte er mit weiteren Einzelheiten heraus: Neben den Blutspuren im Auto meines Vaters war da noch ein Tankwart, bei dem meine Brüder getankt hatten, bevor sie auf die Autobahn gefahren waren. Der hatte Ali wiedererkannt.

Als man meine Brüder mit dieser Aussage konfrontierte, gaben sie zu, dabei gewesen zu sein, als mein Mann starb. Allerdings behaupteten beide weiterhin steif und fest, an dem Mord nicht beteiligt gewesen zu sein. Samir habe Besuch von einem türkischen Freund bekommen, als Ali und Amin auch gerade bei ihm waren. Der Türke und Samir hätten sich in die Haare gekriegt und lange gestritten, irgendwann seien meine Brüder darüber eingeschlafen. Als sie aufwachten, habe Samir tot vor dem Fernseher gelegen.

Sogar mir als Laie erschien diese Version äußerst obskur. Eine Räuberpistole. »Nun sagen Sie selbst«, setzte Schimanski wieder an, »können Sie sich vorstellen, daß Ihre Brüder in aller Seelenruhe schlafen gehen, während Ihr Schwager und sein Kumpel sich streiten wie die Kesselflicker? Können Sie sich vorstellen, daß dieser Ali, der ja ein reichlich ungezügeltes Temperament zu haben scheint, es zuläßt, daß der Türke stundenlang das ganze Haus zusammenbrüllt? Ohne selbst einzuschreiten?« Seine Zweifel schienen mir verdammt berechtigt. »Außerdem kann mir niemand weismachen, daß ein Mann einen anderen tötet, während zwei Kerle daneben liegen und seelenruhig vor sich hin schlummern!«

Der Ältere mischte sich ein: »Logischerweise müßte

der Täter dann ja auch die beiden Schnarchnasen umbringen, anderenfalls könnte er sich sicher sein, daß sie ihn anzeigen und identifizieren!«

Mir fiel es schwer, jemanden aus meiner Familie einer solch grausamen Tat zu verdächtigen, besonders meinen geliebten Amin. Aber ich mußte zugeben, daß die Version des Tathergangs, die meine Brüder der Polizei aufgetischt hatten, alles andere als plausibel war.

Schimanski sah mich fragend an. Ich nickte einfach nur und nahm einen Schluck Kaffee. Ich wollte nichts mehr antworten, ich hatte zuviel Angst, etwas Falsches zu sagen. Etwas, was zum Beispiel Amin belasten könnte.

»Aber warum sollten meine Brüder Samir ermordet haben?« fragte ich ihn nach einer Weile. »Warum wurde Samir zerstückelt? Und von wem?«

Ich wußte: Sollten es tatsächlich meine Brüder gewesen sein, die Samir so zugerichtet hatten, sollte meine Familie gar bei diesem Mord die Fäden gezogen haben, dann war zuvor etwas Schreckliches geschehen. Denn schließlich hatte ihre Rache ja stets mir gegolten, nicht Samir. *Ich* war diejenige, die die Familienehre beschmutzt hatte.

»Tja«, sagte Schimanski und lehnte sich zurück. »Diese Fragen haben wir uns auch schon gestellt. Und nicht nur uns – auch Ihrer Familie.« Er blätterte in einem Protokoll. »Ihr ältester Bruder behauptet, er habe am Morgen die Leiche entdeckt, Angst bekommen und überlegt, wie er Ihren toten Mann beseitigen könnte. Da sei ihm die Idee gekommen, den Körper zu zerstückeln und zu verpacken, um ihn an einem unauffälligen Ort zu verbrennen. Genauso die restlichen Sachen, die noch in der Wohnung waren, Fernseher, Videokassetten und so weiter. Wenn das alles weg wäre, hat er sich gedacht, sähe es aus, als sei Samir Aziz unbekannt verzogen. Der Plan scheiterte jedoch, weil der Brand zu früh entdeckt wurde. Die Urlauber, die die Feuerwehr anriefen, machten Ihrem Bruder einen Strich durch die Rechnung.«

In meinem Kopf überschlugen sich die Gedanken: Was war geschehen, daß Amin und Ali Samir zerstükkelt und verbrannt hatten? Und: Hatten *sie* ihn vielleicht auch umgebracht?

»Eine Sache hat uns bei der Vernehmung Ihres Bruders überrascht, Frau Aziz. Er wußte, daß Leichen anhand des Gebisses identifiziert werden können. Haben Sie eine Ahnung, woher er so etwas weiß?«

Himmel, woher sollte ich das wissen. »Vielleicht hat er zuviele Krimis gelesen«, gab ich zurück.

Schimanski beugte sich wieder vor, stützte seine Arme auf die Schreibtischplatte. »Werden Sie nicht kiebig, meine Gute. Es ist mir ernst mit dieser Frage. Der Kopf der Leiche ist weg, verstehen Sie?«

Ich wußte nicht mehr, was ich sagen sollte. Ich hatte das Gefühl, er wollte mich in eine Falle locken. Er glaubte immer noch, daß ich etwas wußte, daß ich etwas verheimlichte und er versuchte, mich dazu bringen, dieses Geheimnis auszuplaudern.

Der Ältere stand von seiner Schreibmaschine auf und postierte sich neben seinem kräftigen Kollegen, der mir immer noch fest in die Augen sah. »Ob Ihre Brüder Samir Aziz getötet haben, das werden wir erst erfahren, wenn Sie und Ihre Familie vernünftig werden und mit diesem Theater aufhören. Ich will endlich die ganze Wahrheit.«

8. Dezember 1986

Drei Tage später klingelte das Telefon wieder: Ich sollte sofort im Polizeipräsidium erscheinen. Diesmal begleitete mich Frank.

Als ich in das Zimmer im dritten Stock trat, saß Schimanski wie gewohnt hinter seinem Schreibtisch. In seinen kräftigen Händen hielt er einen Briefumschlag. Er grüßte kurz, forderte mich auf Platz zu nehmen, blickte lange auf den braunen Umschlag und sah mich dann verschlagen an. »Wissen Sie, was ich hier habe?«

»Einen Briefumschlag.«

»Jawohl, einen Briefumschlag. Einen Briefumschlag, der an Ihre Eltern adressiert ist...« Er machte eine kurze Pause, lehnte sich noch ein Stückchen weiter vor und betonte jedes Wort einzeln, »...und auf dem als Absender der Name Ihres Mannes steht.« Er schob mir den Umschlag über den Tisch. »Können Sie uns erklären, wie Tote Briefe schreiben?« Nein, konnte ich nicht. Ich betrachtete das Kuvert gründlich, dann sah ich den Beamten an.

»Diesen Umschlag hat eine deutsche Person adressiert.«

»Ach.«

»Bestimmt. Niemand in meiner Familie weiß, daß man in Deutschland den Absender unten links notiert, und mein Mann schon gar nicht. Er hätte seinen Namen auf die Rückseite geschrieben, nicht hier unten in die Ecke.«

»Ach«, echote der Ältere hinter seiner Schreibmaschine.

»Außerdem scheint mir das eine Frauenhandschrift zu sein...« Ich ahnte nicht, daß ich mich mit diesem Satz gewaltig in die Nesseln setzte. Die beiden nahmen mich ins Kreuzverhör.

»Wie kommen Sie darauf, daß die Schrift von einer Frau stammt, von einer Deutschen?«

»Woher wissen Sie, daß hierzulande der Absender unten links vermerkt wird?«

»Wieso enthält der Umschlag den Schlüssel zur Wohnung von Ihnen und Samir Aziz, sowie eine Nachricht, Ihr Mann habe das Land verlassen und sei nach Jordanien geflogen?«

Sie schienen mich wieder massiv zu verdächtigen. Der Ältere tippte alle meine Antworten in seine Maschine.

Schimanski war aufgestanden und wanderte mehrmals um den Tisch herum. Immer wenn er hinter meinem Stuhl vorbeikam, wurde sein Schritt noch ein bißchen langsamer und mächtiger. Dann blieb er neben mir stehen, stützte sich mit einem Arm auf die Stuhllehne und beugte sich zu mir herunter. »Wenn Sie sich in die Lage Ihres Bruders versetzen: Wo würden Sie Samir Aziz' Kopf verstecken?« Ich war so schockiert, daß ich kein Wort über die Lippen brachte. Mein Schweigen machte ihn wütend. »Verdammt noch mal, jetzt reißen Sie sich zusammen und helfen Sie uns! Sonst müssen wir annehmen, daß Sie doch mit der Sache zu tun haben, und daß Sie versuchen Ihre Familie zu decken!« Seine Worte dröhnten in meinen Ohren, ich bat ihn, mich nicht so anzuschreien.

»Was soll ich Ihnen denn antworten, ich habe wirklich keine Ahnung!« beteuerte ich. Es war mir keine Sekunde in den Sinn gekommen, darüber nachzudenken, wo der Kopf sein könnte. Beim leisesten Gedanken an die Details dieses Massakers drehte sich mir der Magen.

»Ich bin unschuldig!«

»Ach so.« Er beruhigte sich wieder, freundlicher wurde er nicht. – »Wenn Sie tatsächlich so unschuldig sind, wie Sie immer behaupten«, bemerkte er lakonisch, »dann, junge Dame, könnten Sie uns ja vielleicht helfen, bei Ihrem Bruder ein bißchen weiterzukommen. Reden Sie mit ihm, fragen Sie ihn! Vielleicht haben Sie mehr Einfluß, vielleicht können Sie die Wahrheit besser aus ihm herauslocken als wir.«

Dieser Kerl mußte verrückt sein. Hatte er nicht gesehen, wie Ali sich auf mich stürzen wollte? Hatte er nicht gehört, wie er mir gedroht hatte? Hatte ich ihm nicht tagelang erklärt, wie überlebenswichtig es für mich und meinen Sohn war, meiner Familie möglichst nie wieder zu begegnen? Und jetzt verlangte er eine weitere Gegenüberstellung? Das konnte doch alles nicht wahr sein, hörte denn dieser Irrsinn gar nicht mehr auf?

Ich sah Schimanski an – sein Blick war finster. Ich schaute zu dem Älteren an der Scheibmaschine, er sah auch nicht netter aus. Wenn ich nicht einwilligte, würden sie mich weiter verdächtigen, ich hatte also keine Wahl. Ich willigte ein. Schimanski drückte auf einen Knopf seiner Sprechanlage.

Drei Minuten später wurde Ali zur Tür hereingeführt. Wieder bauten sich sicherheitshalber zwei Polizisten zwischen ihm und mir auf. Mit zitternden Knien stand ich da. »Ali...« Leise begann ich auf ihn einzureden. Er sagte kein Wort. Schließlich schrie ich ihn an: »Sag was!« Ali verzog keine Miene. Länger hielt ich dieses Horrorszenario nicht aus. Ich stürzte zur Tür raus, eine Meute Beamten hinter mir her. Ich kam nicht weit, der Ältere hielt mich am Arm fest. Aber er schien jetzt verstanden zu haben, daß ich wirklich keine Schau abzog, sondern daß ich es wirklich nicht mehr ertrug, meinem

Bruder gegenüberzustehen. In seinem Gesicht lag Mitleid. Er und seine Kollegen hatten sehen wollen, in welchem Ton wir miteinander reden würden, mit dieser Reaktion hatten sie nicht gerechnet. Sie entließen mich, ich konnte gehen. Allerdings auch diesmal nicht ohne Schimanskis obligatorischen Abschiedsgruß.

»Halten Sie sich zu unserer Verfügung.«

Ich war heilfroh, als ich endlich zu Hause ankam und Farid in meine Arme schließen konnte.

10. Dezember 1986

Das Telefon klingelte und Schimanski war dran. Ali hatte gestanden. Er hatte Samir ermordet. Ich mußte vorläufig nicht mehr im Präsidium erscheinen. Amin und mein Vater würden demnächst aus der Haft entlassen.

Ich war erleichtert, froh – und gleichzeitig entsetzt, denn mein Vater würde jetzt alles daran setzen, mich zu finden. Meine Angst, die ein bißchen weniger geworden war, solange ich ihn im Gefängnis wußte, war schlagartig wieder da. Jetzt mußte ich rasch handeln. Ich sprach mit Frank und rief dann ein paar seiner Freunde an. Ich bat sie für den nächsten Tag zu uns, und zwar uniformiert. »Ich kann jetzt am Telefon nicht erklären, warum die Uniform wichtig ist, aber bitte zieht sie an.«

Sie kamen alle. Frank hatte beim Autoverleih einen kleinen Transporter gemietet, und abends gegen sechs fuhren wir los.

Als die Polizisten mir neulich erzählt hatten, daß einige von Samirs Hifi-Geräten bei meinen Eltern sichergestellt worden waren, hatte ich zunächst nicht reagiert. Aber dann klingelte es bei mir: Warum hatten meine Eltern so viele Geräte zu sich genommen? Wollten sie sie verkaufen? Wollten sie etwa aus Samirs brutalem Tod auch noch Profit ziehen?

Frank und ich hatten beschlossen, die Stereoanlagen bei meinen Eltern aus der Wohnung zu holen, schließlich standen sie mir als Samirs Witwe und Erbin zu. Wir wollten sie selbst verkaufen, um die Kosten für die Überführung des Leichnams nach Jordanien finanzieren zu können. Als seine Ehefrau war ich dazu verpflichtet, mich um die Bestattung zu kümmern.

Mit einem nervösen Kribbeln im Bauch kletterte ich vor dem Haus meiner Eltern aus dem Auto. Wie würde meine Mutter reagieren, wenn ich plötzlich vor ihrer Tür stünde? Ich holte tief Luft und klingelte. Frank und seine Freunde standen hinter mir. Ich hatte sie nicht umsonst gebeten, in Uniform zu erscheinen... Ich wußte, wie sehr meine Eltern alles Offizielle respektierten, ich wußte, daß sie angesichts einer Uniform mucksmäuschenstill sein würden – und ich wußte auch, daß meine Mutter zu dumm war, eine Bundeswehruniform von einem Polizistenoutfit zu unterscheiden. Genau darauf setzte ich...

Der Summer ging, die Tür sprang auf und wir stiegen die Treppen hoch zur Wohnung.

Meine Mutter schien überrascht angesichts des Besuchs. »Aber«, höhnte sie, »ihr kommt zu spät. Samirs Onkel war schneller. Er hat die Geräte längst abgeholt.« Also fuhren wir zu diesem Onkel.

Nachdem wir dort alles aufgeladen hatten, machten wir uns auf den Weg nach Hause. Während wir fuhren, schlug Frank plötzlich vor, wir sollten noch in die alte

Wohnung fahren und sehen, ob die Anlagen, die wir noch nicht gefunden hatten, vielleicht noch dort seien. Allein der Gedanke, unsere alte Wohnung zu betreten, ließ mir das Blut in den Adern gefrieren. Als wir in die Straße einbogen, in der ich beinahe vier Jahre gewohnt hatte, bekam ich eine Gänsehaut am ganzen Körper. Ich war so nervös, daß es mich überall zu jucken begann, am Hals bekam ich rote Flecken.

Als der Transporter vor der Haustür hielt und Franks Freunde ausstiegen, wußte ich nicht mehr wohin mit mir. Alles überstürzte sich in meinem Kopf. Hier hatte ich gelebt, mit meinem Mann, mit dem Vater meines Sohnes. Hier hatte ich gelitten, unter dem Tyrannen meines Lebens. Jetzt war er tot. Umgebracht auf die entsetzlichste Art und Weise. Hingerichtet. Er tat mir leid, und gleichzeitig drehte mir der Ekel vor seinem blutigen Ende fast den Magen um. Ich fühlte mich unfähig, diese Wohnung noch einmal zu betreten, jedes Zimmer, jedes Detail, jeder Zentimeter würde mir das Grauen vor Augen halten.

Mit weichen Beinen schlich ich hinter Frank und seinen Freunden die Treppe hoch. Ihnen war auch mulmig, zaghaft öffneten sie die Tür. An der Tür klebte noch ein Rest Siegelwachs, denn unmittelbar nach dem Bekanntwerden des Mordes war die Wohnung versiegelt worden. Ich hielt mich am Treppengeländer fest. Die Tränen liefen mir in Strömen über die Wangen, ohne daß ich es merkte. Wie durch einen dichten Schleier sah ich die Männer vorsichtig und schüchtern von einem Zimmer ins andere gehen. Irgendwann trat ich doch ein. Meine Lippen bebten, ich betete halblaut vor mich hin. »Das ist alles nicht wahr, bitte Allah, das kann alles gar nicht wahr sein . . .«

Im Schlafzimmer hatte jemand ein großes Loch in den Holzfußboden gesägt. Dort hatte er also gelegen ... Im Bad und in der Küche waren die Abflußrohre herausgerissen worden. Die Kripoleute erklärten mir das später: Anhand des Fußbodens hatten sie ausgerechnet, wieviel Blut aus dem toten Körper geflossen war, in den Rohren hatten sie nach Blutspuren und Knochenresten gesucht. Es war ein Bild des Schreckens. Ich mußte mich übergeben. Als wir fuhren, schwor ich mir, diese Räume nie wieder zu betreten.

Während der Heimfahrt redeten sowohl Frank als auch seine Freunde wie aufgezogene Spielzeugmännchen durcheinander. Was sie gesehen hatten, was sie empfunden hatten. Der Abstecher in diese Wohnung hatte sie stärker berührt, als sie vermutet hätten. Jetzt versuchten sie, diese Bilder des Grauens wieder aus ihrem Gedächtnis zu verscheuchen.

Ich saß still und zusammengekauert auf dem Beifahrersitz. Den Inhalt ihrer Reden bekam ich kaum mit; ich hörte keine Worte, keine Sätze, ich nahm nur wirr durcheinanderwabernde Geräusche wahr. Geräusche, die wuchsen. Die immer mehr, immer größer, immer allmächtiger wurden. Sie waren um mich und in mir, sie schienen durch meine Ohren direkt in mein Gehirn einzudringen, es zu durchbohren, wie Pfeile. Diese bedrohlichen, unheimlichen Klanggebilde füllten meinen Kopf, ich schien in einem Meer von Lärm unterzugehen, in einem reißenden Strudel von Worten, die kratzten und kreischten und krachten. »Bitte ... ich halte das nicht mehr aus. Ich kann nichts mehr davon hören. Seid still. Bitte ...! Ich bin mit meinen Nerven am Ende.«

Den Rest der Fahrt über herrschte bedrücktes Schweigen.

15. Dezember 1986

Fortan hatte ich jede Nacht wildeste Alpträume. Sobald ich eingeschlafen war, erschien Samir und fragte mich, ob ich ihm helfen könnte. Manchmal rollte auch nur sein Kopf auf mich zu und bat mich um Verzeihung. Ich sprach mit niemandem darüber, auch mit Frank nicht. Ich hatte Angst, er würde mich für verrückt halten.

Tagsüber versuchte ich mit aller Kraft die Bilder der Nacht zu verdrängen; doch nach einer Weile wurde auch das fast unmöglich.

Jeden Abend, bei Einbruch der Dunkelheit, wurde ich panisch. Ich hatte Angst davor, ins Bett zu gehen, ich hatte Angst vor dem Einschlafen. Die Ränder unter meinen Augen wurden immer dunkler, mein Gesicht wurde blasser und schmaler. Frank und anderen fiel das auf, aber alle vermieden es, mich darauf anzusprechen. Sie dachten, ich hätte Schwierigkeiten, den Tod meines Mannes zu verkraften – und auf gewisse Weise hatten sie damit auch recht.

Eines Nachts schreckte ich wieder jäh aus dem Schlaf. Ich war schweißgebadet und konnte kaum noch atmen vor Herzklopfen und rasender Angst. Ich hatte gesehen, wie Ali Samirs Kopf in einer Mülltonne versenkte. An Schlaf war nicht mehr zu denken. Ich stand leise auf und schlich ins Wohnzimmer. Frank hatte nichts mitbekommen, er schlief tief und erschöpft, die nervlichen Belastungen der vergangenen Wochen strengten auch ihn an, mehr als er zugeben wollte.

In meinen Bademantel gehüllt verkroch ich mich in eine Ecke des Sofas und starrte aus dem Fenster. Nervös rauchte ich eine Zigarette nach der anderen. Ich war froh, wenn sich auf der Straße etwas tat, wenn ich jemand den Bürgersteig entlanggehen sah, wenn irgend etwas meine Pupillen beschäftigte, so daß Samirs Kopf nicht wieder vor meinen Augen erschien. Ich war froh, als ich in der Morgendämmerung endlich Frank aufwachen hörte. Diesen Traum erzählte ich ihm. »Du solltest die Polizei anrufen«, sagte er nachdenklich.

»Die Polizei?«

»Ja«.

»Aber warum?«

»Überleg doch mal: Die Nacht, in der du hochgeschreckt bist, weil du den Tod gesehen hast – das war die Nacht, in der Samir starb. Ich hab' das anfangs gar nicht begriffen, erst als die Kripo damit rausrückte, wann der Mord passiert sein muß, da hat es bei mir ›klick‹ gemacht. Ich dachte vorher einfach, du seist übersensibel, weil dich die Dinge so mitnehmen. Aber vielleicht hast du einen siebten Sinn.« Ich zögerte, das zu glauben, aber der Gedanke ging mir nicht aus den Kopf.

Als Frank sich für die Kaserne fertigmachte, beschloß ich, heute nicht mit ihm zu fahren. Ich wollte die Kripo anrufen.

Ich hatte auch sofort Schimanski am Apparat. Ich erzählte ihm von meinem Traum in der vergangenen Nacht, und weil er keine dummen Bemerkungen machte, erzählte ich ihm auch von dem Traum aus der Mordnacht. Erstaunlicherweise blieb er sehr ernst und bat mich, nachdem ich geendet hatte, die Bilder noch einmal ganz detailliert zu beschreiben. Dann versprach er, sofort zurückzurufen, wenn sich Neuigkeiten ergeben würden. Ihm sei da etwas eingefallen...

Gegen Mittag klingelte auch tatsächlich das Telefon. Schimanski war zu Ali in die Zelle gegangen und hatte geblufft. Er hatte meinem Bruder auf den Kopf zugesagt, Ali habe Samirs Schädel in einer Mülltonne versteckt. Und Ali war blaß wie ein Leichentuch geworden. Er fragte, woher die Polizei das wisse. Damit hatte der Kommissar die Runde gewonnen. Anschließend preßte er Ali so lange aus, bis er wußte, in welcher Mülltonne der Kopf war. »Der Suchtrupp ist schon unterwegs. – Na, Mädchen, das ist doch ein prima Erfolg für Sie, oder?«

Erfolg? Ich fand das alles viel zu makaber, um mich über irgendwelche »Erfolge« zu freuen. – Frank, den ich sofort anrief, reagierte ähnlich wie Schimanski.

Die nächsten Tage war mir sehr seltsam zumute. Niemand konnte sich wirklich in meine Lage versetzen. Trotz allem, was Samir mir angetan hatte: Er war mein Ehemann gewesen. Farids Vater. – Der Kopf, um den es hier ging, war *sein* Kopf. Und Samirs Mörder war *mein Bruder*.

Außerdem war es mir unheimlich zu sehen, wie meine Träume Wirklichkeit wurden. Ich hatte Angst vor meinen Träumen bekommen, Angst vor weiteren Vorhersehungen.

18. Dezember 1986

Ich mußte zu dem Bestattungsinstitut fahren, das die Überführung von Samirs Leichnam übernommen hatte. Die Kripo hatte mich angerufen, alle Papiere seien soweit fertig. Entsprechend unserer dringenden Bitte hielten die Beamten also tatsächlich meine Adresse und Telefonnummer geheim, alle Kontakte liefen über das Revier.

Ich brachte Farid zu Franks Mutter, denn neben dem Termin im Bestattungsinstitut hatte ich heute noch einiges andere zu erledigen. Dann fuhr ich in die Schlosserei, in der Samir zuletzt gearbeitet hatte.

Der Meister kam sofort auf mich zu, nahm mich am Arm und sprach mir sein Beileid aus. Er war taktvoll genug, nicht nach Details zu fragen, wofür ich ihm dankbar war. Nach allem, was über den grauenvollen und mysteriösen Mord in den Zeitungen gestanden hatte, lagen ihm sicher eine Menge Fragen auf der Zunge.

Ich merkte, wie es mir wieder schwer fiel, an einen Ort zu kommen, der zum Leben meines Mannes gehört hatte. Ich wurde die ganze Zeit über das Gefühl nicht los, Samir käme gleich von irgendwoher um Ecke. Ich hatte seinen Tod immer noch nicht richtig realisiert, dazu waren die Umstände einfach zu absurd, zu unfaßbar.

Wir gingen ins Personalbüro, und der Meister übergab mir Samirs Unterlagen, Zeugnis, Lohnsteuerkarte und so weiter. Während er noch in seinem Schrank wühlte, erzählte er, daß mehrmals jemand aus meiner Familie aufgetaucht sei, um sich diese Papiere aushändigen zu lassen. »Wissen die denn nicht, daß solche Unterlagen nur der Ehefrau übergeben werden dürfen?«

»Ach«, sagte ich schnell, »kümmern Sie sich gar nicht drum. Das sind alles Erbschleicher, immer nur scharf drauf, vom Tod meines Mannes auch noch zu profitieren.«

Im Auto blätterte ich die dünne Mappe durch. Ich entdeckte, daß die Firma ein weiteres Monatsgehalt und ein Sterbegeld an das Bestattungsinstitut überwiesen hatte. Über diese Geste freute ich mich sehr, denn ich rechnete schon länger hin und her, wie ich die Überführungskosten bloß bezahlen könnte.

Der nächste Termin war beim Bestattungsinstitut. Die Inhaberin übergab mir die Sterbeurkunde und eine Rechnung über insgesamt 4100 Mark; bis auf einen Rest von 100 Mark waren die Kosten bereits von der Krankenkasse und Samirs ehemaligem Arbeitgeber beglichen worden. Und den ausstehenden Betrag wollte Samirs Onkel überweisen. Erleichtert fuhr ich weiter, zur Bank.

Auch dort sagte man mir, daß meine Verwandten schon mehrmals erschienen seien, um Samirs Konto aufzulösen. Allmählich wurde ich stutzig. Warum taten sie das? Spekulierten sie auf heimliche Reichtümer, die mein Mann hinter meinem Rücken gescheffelt hatte?

Gemeinsam mit dem Zweigstellenleiter erledigte ich alle nötigen Formalitäten. Aber statt auf verborgene Barschaften stieß ich dabei auf ein sattes Minus. Nach der angenehmen Überraschung, was die Kosten für die Beerdigung anging, kam jetzt die negative Neuigkeit des Tages: Samir hatte vor seinem Tod noch einen Kredit aufgenommen, über 25 000 Mark. Und die Bürgin war ich! War das denn zu fassen? Ich nahm dem Bankangestellten die Papiere aus der Hand und blätterte hektisch durch den Kreditvertrag. Da stand wirklich meine Unterschrift! Samir mußte mich also mit genau dem Trick hereingelegt haben, den ich angewandt hatte, als es um Farids Einbürgerungsantrag ging. Ich war am Boden zerstört. Wie, bitteschön, sollte ich 25 000 Mark zurückzahlen? Als Sicherheit lag nur eine Lebensversicherung vor, für die Samir sogar noch die letzten Raten schuldig war.

Dem Filialleiter war meine Situation sichtlich unangenehm. »Aber ich kann Ihnen wirklich nicht helfen. Alles, was ich tun kann ist, die Raten ein wenig zu senken.« Ich gab ihm den Scheck über das Weihnachtsgeld, den Samirs Chef mir zusätzlich zu seiner generösen Überweisung noch ausgestellt hatte. 3000 Mark – das deckte die ersten drei Monatsraten.

Deprimiert machte ich mich auf den Heimweg. Einer guten Nachricht folgt im Leben immer eine schlechte, daran würde ich mich gewöhnen müssen. Als ich Frank von dem Kredit erzählte, war er auch überrascht. Aber anders als ich, die ich jetzt immer wütender wurde und vor Zorn über Samirs Heimlichkeiten schrie und fluchte wie ein Hafenarbeiter, blieb er ganz ruhig. »Einen Teil des Darlehens können wir mit dem abbezahlen, was die Hifi-Geräte einbringen. Die wollten wir ja ohnehin verkaufen. Und den Rest bekommen wir irgendwie auch zusammen, nach und nach.«

»Oh, Frank, wie kannst du noch von ›wir‹ sprechen. Du hast doch mit Samirs Geschäften wirklich nichts zu tun, ich will nicht, daß du für alle meine Probleme den Kopf hinhalten mußt. Dies ist allein meine Sorge!«

»Paß mal auf, Baby«. Frank wurde ungehalten. »Wir beide, du und ich, wir gehören zusammen! Und darum lösen wir auch alle Probleme gemeinsam. Und jetzt will ich kein Wort mehr darüber hören!« Eigentlich hätte ich ihm dankbar sein können für sein Angebot, aber irgendwie war es mir äußerst unangenehm, schon wieder seine Hilfe anzunehmen. Ich wollte nicht, daß mein Freund noch mehr in den Strudel der Schwierigkeiten geriet, die mein Mann verursacht hatte.

Im Laufe der nächsten Tage – die Vorladungen bei der Kripo waren inzwischen seltener geworden – fand ich endlich Zeit, für Farid und mich eine Rente zu beantragen. Ich wollte nicht, daß wir noch länger auf Franks Kosten lebten. Außerdem kam ich nun auch dazu, mich um all die anderen Dinge zu kümmern, die wochenlang liegengeblieben waren, beispielsweise Kopien der Sterbeurkunde an diverse Behörden zu schicken. Man ahnt ja gar nicht, wieviel bürokratischen Ballast Menschen ausgerechnet in den Situationen bewältigen müssen, in denen sie am wenigsten dazu in der Lage sind.

20. Dezember 1986

Farid freute sich wie ein Schneekönig auf Weihnachten. Solange wir mit Samir zusammengelebt hatten, war alles tabu, was sich um das christliche Weihnachtsfest drehte. »Wir sind Moslems«, hatte er immer gewettert. Verhaltet euch dementsprechend!

Jetzt durfte Farid zum ersten Mal in seinem Leben einen Tannenbaum schmücken. Wir kauften bunte Kugeln und Lametta, das er verzückt in der ganzen Wohnung verteilte. Ich bemühte mich, dem Kleinen jeden Wunsch zu erfüllen. Er hatte schwere Zeiten hinter sich und in seiner kurzen Kindheit schon Dinge erlebt, die selbst für Erwachsene schwer zu verkraften waren. Außerdem lenkte mich der ganze Trubel ebenfalls von meinem Kummer ab.

Ich backte also Plätzchen und bereitete einen großen Truthahn vor, ich bastelte Sterne und verpackte Überraschungen für die ganze Familie.

Am Heiligen Abend besuchten uns Franks Eltern und Großeltern, was mir zeigte, daß sie trotz aller Zweifel und Ängste zu uns standen. Es waren beschauliche und gemütliche Feiertage, entspannte Stunden in behaglicher Atmosphäre. Und im Nu ging das Jahr, das die einschneidendsten Veränderungen in meinem Leben gebracht hatte, zu Ende.

15. März 1987

Zwischen Frank und mir herrschte immer häufiger dicke Luft. Wir stritten uns über Nichtigkeiten oder vermieden es ganz, miteinander zu reden. Unsere finanzielle Situation wurde immer schwieriger. Obwohl ich ständig von einer Behörde zur nächsten lief, war Farids und mein Rentenantrag immer noch nicht bewilligt. Ergo bekamen wir auch keinen Pfennig. Frank auf der Tasche zu liegen, belastete mich von Tag zu Tag mehr. Außerdem wollte ich nicht länger in diesem Schwebezustand leben. Daß der Einbürgerungsantrag schon so lange unterwegs war und noch immer keine Entscheidung anstand, damit hatte ich mich inzwischen abgefunden. Behördenmühlen mahlen langsam. Aber ich wollte wenigstens endlich wissen, welches Einkommen mir künftig zur Verfügung stünde, welche Raten ich davon für den Kredit abzweigen konnte und so weiter und so fort.

Heute wollte ich der Sachbearbeiterin noch einmal ins Gewissen reden, ihr die Dringlichkeit der Sache klarmachen. Frank hatte sich einen Tag Urlaub genommen, um mich begleiten zu können. Wir wollten gerade aufbrechen, da klingelte das Telefon. »Ja bitte?« meldete ich mich wie immer. Im nächsten Moment war ich unfähig noch ein Wort zu sagen.

»Sarah?« kam es aus dem Hörer.

Es war die Stimme meiner Mutter.

Lautlos ließ ich den Hörer auf die Gabel gleiten. Ich

war kreideweiß. »Frank!« Er kam ins Zimmer gerannt. »Frank, das war... das war meine Mutter! Und sie klang unheimlich nah! Frank, was machen wir jetzt? Was... Sie können jeden Moment vor der Tür stehen!« Ich war kurz davor durchzudrehen. Jetzt hatten sie mich also doch gefunden. Das war das Ende.

Frank reagierte wie ein Profi. Er lief zur Tür und verriegelte alle Schlösser. Anschließend rief er in der Kaserne an und bat seine Kollegen, so bald wie möglich herzukommen. Dann suchte er seine Gaspistole.

Mit der Pistole und dem Telefon verbarrikadierten wir uns zu dritt im Schlafzimmer, dem einzigen Raum, der kein Fenster zur Straße hatte, und der außerdem am weitesten von der Wohnungstür entfernt lag. Ich war schweißgebadet. Wenn mein Vater seine Freunde aus dem Kampfsportclub mobilisiert hatte, waren wir geliefert, die würden in Sekundenbruchteilen die Tür einrennen. Zitternd wie Espenlaub saß ich auf dem Bett.

Irgendwann begann Frank mit Farid zu spielen, um den Jungen abzulenken, ich war dazu nicht mehr fähig. Ich brauchte alle meine Kräfte, um mich zu beherrschen, um nicht wie von Sinnen loszukreischen und zu heulen, um nicht völlig hysterisch zu werden. Ich wollte nicht sterben. Ich wollte leben! Leben! Als es klingelte, war ich kurz vor dem Kollaps. Frank nahm all seinen Mut zusammen und ging zur Tür.

»Wer ist da?« fragte er durch die Sprechanlage – und atmete im nächsten Moment erleichtert auf. Seine Freunde standen unten. Bis an die Zähne bewaffnet kamen sie hoch, ein paar mit dem Aufzug, die anderen über die Treppe. Frank erzählte ihnen vom Anruf meiner Mutter und von der Gefahr, die jetzt drohte.

»Laß sie ruhig kommen«, versuchte Klaus mich zu beruhigen. Er hatte diese Worte kaum ausgesprochen, da klingelte es wieder. Frank ging begleitet von zwei der Soldaten leise zur Tür, sah durch den Spion und kam zurück.

»Dein Vater steht vor der Tür«, flüsterte er, »dein Vater, deine Mutter und ein kleiner Junge. Mehr kann ich nicht erkennen.« Ich atmete tief durch. Ich mußte etwas tun, sie würden nicht von alleine verschwinden. Und sie würden nie aufhören mich zu verfolgen. Ich nahm meine letzte Kraft zusammen, stand auf und nickte Frank zu.

Sekunden später sah ich das Bild, daß mich schon seit zahllosen Nächten im Traum verfolgte, und das ich auch in Zukunft nicht loswerden sollte. Mein Vater kam zur Tür herein. Gefolgt von meiner Mutter. Meine Traumbilder wurden Wirklichkeit, die Traumfiguren kamen in Fleisch und Blut auf mich zu. Herein in meine Wohnung, in dieses Refugium, das mir bislang Sicherheit gegeben hatte. Eine Sicherheit, die in diesem Moment auf ewig zerstört wurde. Jetzt gab es keinen Flecken Erde mehr, an dem ich mich vor meinen Verfolgern sicher fühlen konnte.

Sie setzten sich im Wohnzimmer auf die Couch. Frank und seine Freunde postierten sich gegenüber, um den Eßtisch herum. Weder mein Vater noch meine Mutter sagten ein Wort. Sie sahen mich nur an. Die Spannung, die in der Luft lag, hätte ein Blinder merken können. Als ich das quälende Schweigen nicht mehr aushielt, bot ich ihnen etwas zu trinken an. Beinahe dankbar über ihren Wunsch nach Tee, floh ich in die Küche. Die Tassen klapperten, als ich sie auf den Tisch stellte, so sehr zitterten meine Finger.

»Sag mal, Kind, warum hast du denn den Hörer aufgelegt, als ich dich eben angerufen habe?« begann meine Mutter scheinheilig.

»Ich bin zu Tode erschrocken, als ich deine Stimme hörte«, antwortete ich mit brüchiger Stimme. Dann übernahm mein Vater das Wort. Er begann mich mit Fragen und Vorwürfen zu überschütten. Warum ich meinen Mann verlassen hätte und einfach verschwunden sei, ohne vorher mit ihm zu reden, warum ich alles hatte so weit kommen lassen!

Ich merkte, wie meine Angst langsam aber sicher einer unbändigen Wut wich. Dieser Heuchler! Ich hatte doch beide um Hilfe gebeten, aber sie hatten mir jegliche Unterstützung verweigert! Sie hatten mich aufgefordert, bei Samir zu bleiben und den Mund zu halten. Sie hatten ihre Tochter im Stich gelassen!

Ich spürte, daß meine Eltern ihr Versagen *nie* zugeben würden. Sie saßen hier vor mir und zogen eine Schau ab, daß einem die Tränen kommen konnten, aber sie würden nicht zugeben, daß sie mich abgewiesen hatten, als ich sie um ihre Hilfe bat. Es war einfacher, mir alle Schuld zuzuschieben. Besonders meine Mutter versuchte sich reinzuwaschen. Sie behauptete steif und fest, nie auch nur ein Wort der Klage von mir gehört zu haben. Von einem Scheidungswunsch ganz zu schweigen. Es war grotesk. Sie wurde nicht müde, mir zu versichern, daß ich immer gewirkt hätte, als führe ich eine mustergültige Ehe.

Mir wurde schlecht angesichts dieser unglaublichen Verlogenheit. Ich begann meinem Vater zu erzählen, wie ich versucht hatte, meine Mutter über Samirs Übergriffe auf Mona und Samira aufzuklären. Sie bestritt das natürlich in Bausch und Bogen, nannte mich eine Lügnerin, eine Unruhestifterin. Da platzte meinem Vater der Kragen. »Ich kann diese Lügen nicht mehr hören«, donnerte er. »Du warst mit deinem Mann so glücklich. Nur weil du es mit einem Deutschen, einem Ungläubigen, versuchen wolltest, hast du deine Familie ins Unglück gestürzt. Durch deine gottlose Neugier! Aber jetzt hast du deine Erfahrungen gemacht, also zieh dich an und pack deine Sachen, wir gehen.«

Oh nein. Diese Rechnung hatte er ohne mich gemacht.

»Neugier, sagst du!? Du glaubst, aus Neugier habe ich das alles auf mich aufgenommen? Diese Flucht, die ganzen Umstände, die damit zusammenhängen, euren Terror? Aus Vergnügungssucht? Hast du vergessen, wie ich mit blauen Flecken vor dir gesessen und um deine Hilfe gebettelt habe? Hast du vergessen, wie entstellt mein Gesicht war von den Schlägen meines ›Ehemannes‹? Hast du vergessen, wie oft ich kaum sehen konnte, wo ich langging, weil ich zwei blaue Augen auf einmal hatte? Und du, Mutter«, wandte ich mich um, »du hast vergessen, daß ich dir von Samirs Vergewaltigungsversuchen erzählt habe? Und du kannst dich wirklich nicht erinnern, wie verstört Mona und Samira waren? Welche Angst sie vor Samir hatten? Hast du wirklich vergessen, wie du mich aufgefordert hast, diese Hölle weiter zu ertragen, weil es nun mal das Schicksal einer Frau sei, ihrem Manne zu dienen? Hast du wirklich vergessen, *wie* eindringlich du auf mich eingeredet hast?« Ich mußte Luft holen. Die Worte kamen wie von selbst aus meinem Mund. »Habt ihr das wirklich alles vergessen?« fragte ich leise.

Ich sah sie an, wie sie da beide vor mir auf der Couch saßen. »Meint ihr wirklich, ich könnte so tun, als sei nichts geschehen? Meint ihr wirklich, ich gehe mit euch und zähle die Tage, die ihr mich noch leben laßt?« Ich sah die Adern am Hals meines Vaters schwellen. Trotzdem blieb ich hart.

»Ich bleibe hier.«

Mein Vater schoß hoch – und im gleichen Moment erhoben sich Frank und seine Freunde. Ohne Hektik taten sie das, wortlos, aber die Geste signalisierte meinem Vater deutlich, daß er sich besser wieder setzte.

»Du hast hier deine eigene Armee aufmarschieren lassen, was? Welcher von den Kerlen ist denn dein toller Freund? Oder hast du es mit allen getrieben?«

»Werd nicht unverschämt«, gab ich zurück. Der Schutz von Frank und seinen Freunden, aber auch die Klarheit, daß meine Eltern nie aufhören würden, mir die Schuld für alles zu geben, machten mich auf eine seltsame Weise völlig ruhig. »Die Männer sitzen hier, um mein Leben zu schützen. Und meinen Freund stelle ich euch erst vor, wenn ihr den Plan, mich zu töten, aufgebt. Er spricht nicht mit potentiellen Mördern. Außerdem ist es besser, ihr geht jetzt, es ist ja offenbar nicht möglich, mit euch zu reden. Wenn ihr euch irgendwann mal darüber Gedanken macht, warum ich wirklich geflohen sein könnte – dann könnt ihr ja wiederkommen.« Ich wußte, es war in ihren Augen der Gipfel der Ungehörigkeit, den eigenen Eltern nicht nur zu widersprechen, sondern ihnen auch noch die Tür zu weisen. Ich wußte, das verstieß gegen jede Sitte, gegen jede Tradition. Ich wußte aber auch, daß ich nicht mehr in ihrer Welt leben wollte. Ich konnte es gar nicht mehr.

Meine Mutter heulte auf. Nie im Leben habe sie den Plan gehabt mich zu töten, beteuerte sie, und mein Vater auch nicht. Eher hätten sie Angst gehabt, Samir würde Rache nehmen und mich umbringen. Als ich Samirs Namen hörte, zuckte ich zusammen. Ich wollte es wissen.

»Warum mußte er sterben?«

»Weil er es verdient hat«, antwortete mein Vater heftig, so heftig, daß mir schlagartig klar wurde: Er hatte mit dem Mord mehr zu tun, als wir alle ahnten. »Aber ich weiß nicht, ob ich dir trauen kann und ich weiß nicht, ob nicht einer der Kerle arabisch versteht. Kein Wort mehr über Samir.« Ich gab mich vorerst zufrieden, denn ich wollte nicht durchblicken lassen, welche böse Ahnung ich hatte. Dieser Mann war nicht so unschuldig, wie er der Polizei hatte weismachen können...

Ich bat sie erneut, jetzt zu gehen. Mein Vater entrüstete sich, aber ein Blick auf Frank und seine Kollegen reichte, um ihn verstummen zu lassen.

»Das war nicht das letzte Mal, daß wir uns gesprochen haben«, drohte er, als er ins Treppenhaus trat. »Wir sehen uns wieder!« Die Tür fiel ins Schloß.

3. April 1987

Fortan traktierten sie uns per Telefon. Zu jeder Tages- und Nachtzeit riefen meine Eltern an, wohl um zu kontrollieren, ob wir eventuell schon wieder geflüchtet waren. Aber es hatte momentan keinen Sinn, nach einem anderen Zuhause zu suchen, denn auch die Kripo ließ noch nicht locker. Zwar vernahmen mich die Beamten nicht mehr so regelmäßig wie noch vor ein paar Wochen, in Ruhe ließen sie mich aber auch nicht.

Als das Telefon jetzt wieder klingelte, war es gerade acht Uhr. Wer war diesmal dran? Ich nahm den Hörer ab – es war mein Vater, der ein weiteres Treffen verlangte, es gebe noch viele wichtige Dinge zu besprechen, sagte er. Ich willigte ein.

Diesmal kam er allein, und wir hatten auch keine Verstärkung aus der Kaserne angefordert. Zunächst wollte mein Vater mit mir unter vier Augen reden. Ich bestand darauf, daß die Wohnzimmertür geöffnet blieb und Frank auf dem Flur in Hab-acht-Stellung wartete. »Er versteht ohnehin nichts von unserer Unterredung, du redest ja ständig arabisch.« – Und selbst wenn mein Vater deutsch gesprochen hätte, Frank hätte nichts gehört, was er nicht sowieso schon wußte.

Erneut forderte mein Vater mich also auf, mit Farid zu ihm und meiner Mutter zu ziehen, um die Familienehre wieder herzustellen. Aber das war aussichtslos. Ich weigerte mich. Dann bat er Frank, sich zu uns zu setzen.

»Ich habe ja eingesehen, daß ihr drei zusammengehört«, schwenkte er plötzlich um. Wir machten große Augen. »Ich will euch auch nicht trennen. Ich habe einen Plan, wie wir alle gut aus diesem Drama herauskommen können.« Ich traute meinen Ohren nicht. Was war das nun wieder für eine Tour?

Zuerst, fuhr mein Vater fort, sollte ich wieder zu ihm und meiner Mutter ziehen. Dann wollte er sich erkundigen, was zu tun sei, wenn eine Muslima einen Christen heiraten wolle. Auf jeden Fall würde Frank sich beschneiden lassen und zum Islam konvertieren müssen. Wäre er zu diesen gravierenden Schritten bereit, könnte niemand mehr irgendwelche Einwände gegen unsere Ehe erheben. Ich staunte nicht schlecht über diesen Sinneswandel. Frank schien von der Idee geradezu fasziniert. Ich bat meinen Vater um ein paar Tage Bedenkzeit. Ich wurde das Gefühl nicht los, daß mein – wenn auch vorübergehender – Umzug in seine Wohnung für ihn das Entscheidende an diesem Plan war. Er blieb zuerst stur sitzen und drang noch einmal in uns; erst nachdem wir ihm versprochen hatten, ihm am nächsten Tag unsere Entscheidung mitzuteilen, ging er endlich.

Frank und ich saßen da und sahen uns an. Das war kein unbedeutender Schritt, den meine Eltern da von ihm verlangten. Wir berieten lange, redeten hin, überlegten her. Die Beschneidung, der Übertritt zu einer fremden Religion, der Zwang, nach jordanischer Sitte um meine Hand anzuhalten, für mich zu bezahlen – was deutsche Männer in der Regel nur aus gewissen Etablissements gewohnt sind –, all diese Forderungen, die mein Vater an meinen Freund stellte, erschienen mir groß wie ein Berg.

»Hast du etwas dagegen, wenn ich Klaus anrufe und mit ihm darüber rede?«

»Aber nein, absolut nicht.« Eher war ich froh. Ich wollte nicht, daß es eines Tages hieß, alles wäre nur nach meinem Willen entschieden worden. Eine halbe Stunde später stand Franks Freund vor der Tür. Ich zog mich mit Farid zurück und ließ die beiden allein miteinander sprechen. Ich konnte mir vorstellen, daß sie über ein Thema wie Beschneidung zu zweit auch anders reden als in Gegenwart einer Frau.

Je länger ich selbst über die Worte meines Vaters nachdachte, desto mißtrauischer wurde ich. Ich hatte tiefe Zweifel an der Ehrlichkeit und Aufrichtigkeit seines Planes, dieses Familiendrama unblutig und versöhnlich zu beenden. Allerdings wußte ich nicht, wie ich diese etwas diffusen Gefühle handfest begründen sollte.

Zwei Stunden später, Farid lag schon in seinem Bettchen und schlief, kam Frank ins Kinderzimmer. »Ich möchte dich etwas fragen.« Ich begleitete ihn ins Wohnzimmer. »Nehmen wir einmal an, ich würde mich auf den Vorschlag deines Vaters einlassen. Was käme dann noch auf mich zu?« Ich sah ihn an. Da war ein unsicherer Ton in seiner Stimme, den ich nicht kannte. Sein Mund zuckte von Zeit zu Zeit und seine Hände waren nervös ineinander verschlungen. Sein Körper signalisierte die Angst deutlicher als seine Worte.

Mit ruhiger Stimme und sehr darauf bedacht, ihn nicht zu erschrecken, begann ich: »Zuerst müssen wir in die Moschee gehen. Dort mußt du deine Konversion beantragen. Der Imam wird dich fragen, warum du zum Islam übertreten willst und sich mit dir unterhalten.« Frank hing an meinen Lippen und sog jedes Wort in sich auf.

»Wenn er den Eindruck hat, du konvertierst, weil der Islam für dich der einzig wahre Glaube ist, wird er dir einen Auszug aus dem Koran vorlesen. Den mußt du ihm nachsprechen. Dieser Satz hört sich ungefähr so an: Aschadu anna la illaha il Allah, ua aschadu anna muchamadan rasul Allah.« Ich mußte lachen, weil Klaus bei diesen Worten völlig verdutzt aus der Wäsche guckte. »Das heißt soviel wie: Ich schwöre, daß es keinen anderen Gott gibt als Allah, und Mohammed ist sein Prophet.« Frank schlang immer noch nervös seine Hände ineinander. »Dann bist du ein Moslem. Vielleicht bekommst du sogar noch ein Papier, das jedem deine neue Religion bescheinigt. Als nächstes mußt du bei meinem Vater um meine Hand anhalten, das bedeutet, daß ihr euch in großer Runde zusammensetzt und verhandelt. Wenn meine Eltern, meine Brüder und meine Onkel mit der Heirat einverstanden sind, könnt ihr euch über den Brautpreis einigen.« Ich zögerte weiterzureden. Wie eine Katze war ich um den heißen Brei geschlichen.

»Und die Beschneidung?«

»Mein Vater wird mit dir zu einem Arzt gehen. Du bekommst eine örtliche Betäubung. Dann kappt der Arzt die Vorhaut mit einem Skalpell, näht sie um und fertig.« Frank schüttelte sich. »Es dauert nur zwei Minuten und tut auch nicht sehr weh. Das Unangenehme ist wohl, sich hinterher daran zu gewöhnen.« Diese Details waren mir peinlich. Doch während ich redete, spürte ich die leise Hoffnung in mir wachsen, daß – wenn wir uns auf den Plan meines Vaters einließen – wir endlich in Ruhe und Frieden würden leben können.

Als ich verstummte, war es totenstill in unserer Wohnung. Niemand traute sich, ein Wort zu sagen. Klaus guckte erst Frank, dann mich an, als wollte er an unseren Gesichtern ablesen, wie wir uns entscheiden würden. In Frank arbeitete es wie wild, ich spürte es genau. Er sagte lange nichts. Dann holte er tief Luft und sagte leise:

»Okay, ich werde es tun. Aber, und das werde ich deinem Vater auch sagen: Nur, wenn sie uns anschließend in Ruhe lassen. Ich will nie wieder jemanden aus dieser Sippe sehen oder hören. Sollten sie versuchen, uns zu linken, dreh' ich ihnen einzeln den Hals um.« Ich rief meinen Vater an. Ich hörte, wie sehr er sich freute. Doch irgendwie hatte ich wieder den Eindruck, der Jubel gelte weniger Franks Einverständnis, als der Tatsache, daß ich ins Haus meiner Eltern zurückkehren würde. »Morgen werdet ihr abgeholt, Farid und du. Ich regle das alles.« Dann legte er auf, nicht ohne mir Grüße an Frank aufzutragen.

Wir schliefen nicht in dieser Nacht. Engumschlungen lagen wir in der Dunkelheit, keiner sagte ein Wort. Wir waren beide aufgewühlt, mißtrauisch und ängstlich.

Gleichzeitig war unser Wunsch nach einem Leben in Frieden so stark, daß sowohl er als auch ich versuchten, den Schmerz und die Angst vor der Trennung herunterzuspielen.

Trotzdem konnte ich meine Tränen nicht zurückhalten. Und ich glaube, in dieser Nacht weinte auch Frank. Leise – er versuchte eben immer, sich zu beherrschen, um es mir nicht noch schwerer zu machen.

5. April 1987

Am nächsten Morgen sprang Farid putzmunter zu uns ins Bett. Ich schlug gerade die Augen auf, meine Lider waren schwer wie Blei. Die Frische dieses ahnungslosen Knirpses war reichlich anstrengend, ich fühlte mich wie gerädert. Frank drückte den Kleinen gerührt an sich und hielt ihn fest. Farid guckte erstaunt und strampelte sich frei, er wollte toben. Doch dazu war an diesem Morgen keine Zeit. Wir wollten wenigstens noch ein letztes Mal zusammen frühstücken.

Der Kaffee war noch nicht ganz durchgelaufen, da klingelte es bereits. Amin stand vor der Tür, mit seiner Freundin Anke. Als ich die beiden so vor mir stehen sah, fragte ich mich auf einmal, warum niemand etwas dagegen hatte, daß mein Bruder mit einer deutschen Frau zusammen lebte. Wenn Männer etwas taten, war das immer etwas anderes ...

Amin und Anke setzten sich mit an den Frühstückstisch. Meinem Bruder war sein Auftrag sichtlich unangenehm, und darum drängte er nicht zum Aufbruch. Erst als mein Vater gegen Mittag anrief, sah er keine

Möglichkeit mehr, den Abschied hinauszuzögern. Unter Tränen stopfte ich die letzten Pullis in meine Reisetasche. Ich nahm auf unbestimmte Zeit Abschied: von meinem Zuhause, von dieser Wohnung, in der ich mich bis vor kurzem noch geborgen gefühlt hatte. Ich verabschiedete mich heulend von jedem einzelnen Möbelstück. Dann gingen wir hinunter zum Auto. Frank trug Farid auf dem Arm und der Kleine krähte: »Papa, wohin fahren wir?« Frank hatte Tränen in den Augen.

»Deine Mami und du, ihr fahrt für ein paar Tage zu Oma und Opa.« Die Spannung war kaum zu ertragen, und als Frank mich ein letztes Mal umarmte, schluchzten wir beide los. Selbst Amin und Anke standen die Tränen in den Augen. – Ich glaube, wir haben in diesem Moment alle das gleiche gefühlt. Eine unendlich tiefe Traurigkeit, die unsere Kehlen zuschnürte.

Ich hatte inzwischen auch maßlose Panik, Frank nie wiederzusehen; das Abkommen mit meinen Eltern war einfach zu schön um wahr zu sein. »Wir kommen wieder zusammen«, flüsterte Frank in mein Ohr. »Vergiß nicht, gemeinsam sind wir stark. Und denk daran: Ich bin immer für dich da. Zu jeder Tages- und Nachtzeit. Ich warte auf ein Zeichen von dir.« Er küßte mich. Dann küßte er Farid. »Hast du den Papa lieb?«

»Ja«, quiekte das Kind. »Kommst du auch bald zu Oma und Opa?« Der Junge war so ahnungslos, für ihn schien es noch keine Sorgen zu geben, sondern nur eine große, bunte Welt. Und alles Neue war eine spannende Abwechslung. Mit großen, staunenden Augen sah er uns Erwachsene an, die wir heulend um ihn herum standen. Dann stiegen wir ins Auto.

Als Amin aus der Tiefgarage fuhr, hörte ich Frank schreien: »Sarah, ich liebe dich! Vergiß das nie!« Heute frage ich mich, wie ich es geschafft habe, diesen Schrei und diese Schmerzen auszuhalten. Weder Amin noch Anke gelang es, mich während der Fahrt zu beruhigen. Irgendwann begann auch Farid zu schluchzen.

»Mama, warum kommt Papa nicht mit?« Wie sollte ich ihm das je erklären? Ich zog die Nase hoch und versuchte, meine Tränen zu unterdrücken.

»Guck mal, Schatz, das große rote Auto«, versuchte ich Farid mit gespielter Begeisterung abzulenken. Kurz bevor wir in die Straße meiner Eltern einbogen, schaute Amin mich im Rückspiegel an.

»Sarah, ich muß dir noch etwas sagen, aber es darf niemand davon erfahren.« Ich sah in seine Augen. »Wenn Papas Plan eine Falle sein sollte, helfe ich dir noch einmal zu fliehen. Das verspreche ich dir. Frank ist der einzige Mann, der dich verdient. – Ich stehe auf deiner Seite, mit meinem ganzen Herzen.« Ich sah von ihm zu Anke, die wortlos nickte. Ein stummes »Ich auch«...

Als wir die Treppen hochkamen, standen meine Eltern schon in der Tür. Sie empfingen uns mit freundlichen Worten, doch ohne jede Herzlichkeit. Von beiden ging eher eine eisige Kälte aus. Sofort nahmen sie mir meine Sachen ab, und meine Mutter durchstöberte die Tasche. Warum tat sie das? Suchte sie nach Dingen, die mich an Frank erinnerten?

Kaum hatte sie von meinem Gepäck abgelassen, begann sie mich mit Fragen zu bombardieren. »Warum bist du abgehauen? ... Seit wann kennst du diesen Deutschen? ... Wie konntest du mit einem nicht beschnittenen Mann ins Bett gehen?« Ich hatte keine Lust, schon wieder diese Litanei über mich ergehen zu lassen und griff nach Farids Ärmchen.

»Der Kleine ist müde, er muß ins Bett.« Als mein

Sohn in seinem Bettchen lag, legte ich mich einfach zu ihm. Ich wußte, daß meine Eltern im Wohnzimmer auf mich warteten. Als meine Mutter nach einer Weile ins Kinderzimmer kam, stellte ich mich schlafend. Sie stand eine Weile vor dem Bett, dann ging sie wieder. Auf dem Flur erzählte sie meinem Vater, daß ich schon schliefe. »Dann machen wir morgen weiter.« Später hörte ich, wie sie zu Bett gingen. Trotzdem machte ich die ganze Nacht kein Auge zu. Irgendwie war ich mir sicher, daß es nicht lange dauern konnte, bis einer von ihnen mit einem Messer oder einer Pistole hereinkommen würde. Ich hätte auf alles geschworen, daß sie mich nach wie vor töten wollten. Es war in ihren Augen schließlich die einzige Möglichkeit, ihre befleckte Ehre wieder herzustellen.

In dieser Nacht vergaß ich in meiner Angst allerdings, daß meine Familie immer noch unter polizeilicher Beobachtung stand, und daß sich keiner einen falschen Schritt erlauben konnte, ohne daß Schimanski ihm auf die Spur gekommen wäre. So gesehen, war ich damals – vorübergehend – außer Lebensgefahr . . .

13. April 1987

Schon vor dem Frühstück ging die Fragerei wieder los. Meine Mutter und mein Vater verhörten mich abwechselnd. Ich wurde wütend. »Jetzt hört doch auf, mich zu löchern!« Woraufhin meine Eltern noch zorniger wurden.

»Wenn das so ist, müssen wir unsere Pläne bezüglich der Hochzeit wohl ändern.« Mich traf der Schlag, das konnte nicht wahr sein. Ich hatte beinahe jede Minute seit seinem Besuch Mißtrauen gehegt. Ich hatte gewittert, daß die Geschichte mit dem plötzlichen Sinneswandel nicht astrein war, ich hatte es im Gespür, daß mein Vater log. Und trotzdem ließ ich mich auf seinen Plan ein, einfach weil er der letzte Strohhalm war. In meiner Ausweglosigkeit hatte ich auf das Unmögliche gehofft. Was für ein mieser Trick es war, jetzt so zu tun, als hätten sie ihre Meinung just in diesem Moment geändert, gezwungenermaßen sozusagen, weil die böse Tochter sich so aufsässig und ungehörig verhielt!

Sie fuhren fort mich zu schikanieren. Meine Mutter erzählte, mit welchen Geschichten Samir vor seinem Tod bei ihnen aufgelaufen war. »Er hat uns erzählt, daß du dich nie wäschst, daß du stinkst, daß überhaupt die ganze Wohnung stinkt, weil du nicht saubermachst, und daß seine Wäsche vergammelt.« Ich ließ mich nicht provozieren. Es war mir wirklich egal, wie Samir nach meiner Flucht mit dem Haushalt und seiner Dreckwäsche zu Rande gekommen war. Glaubten sie allen Ernstes, es würde mich interessieren, ob seine Teller gespült waren oder nicht?

Was mich dagegen brennend interessierte, war, was sie mit dem Mord an Samir zu tun hatten. Also begann ich ihnen ebenfalls Fragen zu stellen. Und ich erfuhr, daß mein Mann, nachdem ich ihn verlassen hatte, schlicht durchgedreht war. Immer wieder hatte er behauptet, ich sei nur verschwunden, weil »der Deutsche« einen größeren Penis hätte. Wie immer wenn Samir nicht mehr weiter wußte, war er unter die Gürtellinie gegangen. Einmal, in Gegenwart meiner Eltern und mehrerer Gäste, zog er sogar seine Hose herunter, hielt allen Versammelten sein Glied entgegen und brüllte:

»Damit ist meine Frau nicht mehr ausgelastet, sie braucht einen größeren, damit sie befriedigt ist!«

Eine bodenlose Ungehörigkeit. Dieser Ausfall trat alles mit Füßen, was einem gläubigen Moslem recht und heilig ist, er verletzte jegliches sittliche Empfinden. Da aber Gäste da waren, herrschte mein Vater Samir nur an, seine Hose wieder hochzuziehen. Ihn vor die Tür zu setzen traute er sich nicht – die Gäste hätten ja denken können, Samir sage die Wahrheit und mein Vater sei nicht Manns genug, sich ihr zu stellen. Wäre man unter sich gewesen, der Abend hätte anders geendet...

Je länger ich fragte, desto mehr redeten sich meine Eltern heiß. Bis ich irgendwann mißtrauisch wurde. Sagten sie noch die Wahrheit? Oder dachten sie sich bereits himmelschreiende Lügen aus, um mich zu provozieren? Ich versuchte, alle Tiraden an mir abgleiten zu lassen, biß die Zähne zusammen und schwieg. Das reizte sie noch mehr, sie hatten gehofft, ich würde die Fassung verlieren. Plötzlich begann mein Vater mich für den Mord verantwortlich zu machen. Er behauptete, Ali habe Samir nur getötet, um nach seiner peinlichen Entblößung *meine* Ehre zu retten. Er verlangte sogar, daß ich der Kripo diesen Ehrenkodex erklärte und darlegte, warum ein Mann, der derart gegen Sitte und Anstand verstößt, einfach sterben muß.

»Ich werde dieses grausame Verbrechen in keiner Weise rechtfertigen oder decken«, weigerte ich mich. Wir gerieten in einen fürchterlichen Streit, an dessen Ende sie mich anschrien. »Du wirst diesen Ungläubigen nie wiedersehen!« Meine Mutter wurde beinahe hysterisch. »Nie wird er hierher kommen! Nie wirst du je wieder mit ihm telefonieren! Wenn du tatsächlich geglaubt hast, wir würden dieser Verbindung jemals zustimmen, hast du dich getäuscht!«

Obwohl sie fast keine Luft mehr bekam, weil sie es so ungeheuerlich fand, daß ich ihr widersprach, blitzte eine seltsame Genugtuung aus ihren Augen. Jetzt war sie letzlich doch die Stärkere, die, die mit schlauen Mitteln ihren Willen durchgesetzt hatte. Meine Eltern verließen aufgebracht das Zimmer und schlossen die Tür hinter sich ab.

Ich wurde beinahe ohnmächtig vor Wut. Wie hatte ich nur so blöde sein können, ihnen zu vertrauen? Wie hatten Frank und ich uns auf den Plan meines Vaters einlassen können? Solange ich denken konnte, hatten meine Eltern mich nur enttäuscht, verletzt und immer wieder ihrem Willen unterworfen. Solange ich denken konnte, ist meine Mutter ein hinterhältiges, intrigantes Biest gewesen. Warum sollte das plötzlich anders sein? Wie hatte ich nur so blauäugig sein können? Vor Wut hämmerte ich immer wieder auf das Bett, auf dem ich saß. Was hatte mich nur so blind gemacht?

Und Frank! Wie sollte ich ihm jemals wieder unter die Augen treten? Ich hätte ihn warnen müssen! Er ist in die Falle getappt, die meine Eltern ausgelegt hatten und die ich hätte sehen müssen, schließlich kannte ich sie seit mehr als zwanzig Jahren!

Ich versuchte meine Tränen zu unterdrücken, denn ich wußte nicht, wie mein Vater reagieren würde, wenn er mich heulen sah. Er war ähnlich jähzornig und aggressiv wie Samir, und den hatten meine Tränen jedesmal zur Weißglut getrieben. Außerdem saß Farid mit verängstigtem Gesicht auf dem Fußboden. Das Geschrei und der laute Streit hatten ihn bereits total verängstigt. Ich streichelte sein Köpfchen. »Komm mein Kleiner, wir spielen mit deinen neuen Autos ...« Lange würden wir das ohnehin nicht mehr können, schoß es mir bedrohlich durch den Kopf. Mein Vater hatte bereits kurz durchblicken lassen, daß er mit Samirs Eltern in Jordanien telefoniert hatte. Sie würden mir den Kleinen wegnehmen. Ich mußte unbedingt einen Ausweg finden. Aber erstmal mußte ich mich beruhigen, sonst bekam ich keinen klaren Gedanken zustande.

Nachmittags bat ich meine Mutter, einkaufen gehen zu dürfen. »Farid muß an die frische Luft.« Sie musterte mich von oben bis unten und erwiderte boshaft: »Du wirst die Wohnung vorerst nicht verlassen. Essen und Getränke besorge ich, und wenn der Junge an die frische Luft muß, können deine Schwestern mit ihm rausgehen. Wir werden jeden deiner Versuche, den Deutschen zu treffen, vereiteln.« Dann wandte sie sich wieder ihren Kochtöpfen zu. »Du kannst dich unterdessen nützlich machen und die Wohnung putzen«, hängte sie noch an.

Was nun? Sie wachten über mich wie Wölfe über ihre Beute. Nicht einmal die Wohnung durfte ich verlassen. Das Telefon war ohnehin durch ein Schloß gesperrt. Irgendwie mußte ich einen Weg finden, Frank zu erreichen. Er wartete schließlich auf ein Zeichen von mir. Inzwischen bereute ich bitter, daß ich ihn gebeten hatte auf keinen Fall bei meinen Eltern anzurufen. Ich betete, daß ihm die Zeit zu lang würde und er entgegen allen Absprachen doch versuchte, mit mir Kontakt aufzunehmen. Das war momentan die einzige Hoffnung, die mir blieb. Ich wußte keinen anderen Ausweg.

Immer wenn das Telefon klingelte, stürzte ich hin. Meine Eltern bemerkten das natürlich und ich glaube heute, daß sie einen perversen Plan ausgetüftelt hatten, um mich von dem Apparat fernzuhalten. Oft, wenn ich den Hörer abnahm, fragte mich eine unbekannte Stimme: »Na, wo hast du den Kopf deines Mannes versteckt? Im Gefrierschrank? Lädst du uns zu dem Festmahl ein?« Oder: »Wie hast du dich gefühlt, als du vor den verkohlten, zerstückelten Überresten deines Mannes gestanden hast? War das nicht ein schönes Bild?« Mir wurde jedesmal übel.

Wenn es Abend wurde, und ich an die bevorstehende Nacht und die drohenden Alpträume dachte, wurden die Ekelgefühle noch stärker. Immer häufiger mußte ich mich tatsächlich übergeben. Und ich bekam regelmäßig stechende Magenschmerzen, die immer unerträglicher wurden. Eines Tages sagte die Telefonstimme ganz süffisant: »Wie hat dir der Kopf deines Mannes geschmeckt? War er lecker? Habt ihr die Augen drin gelassen? Wie hast du das Hirn zubereitet?« Ich rannte aufs Klo und kotzte. Okay, ich würde das verdammte Telefon nie wieder anfassen. Wenn es das war, was meine Eltern wollten, dann hatten sie gewonnen. Ich würde es nicht mehr anfassen. *Das* ertrug ich nicht länger. Wenn ich nur an diese Anrufe dachte, zitterten meine Hände so sehr, daß ich keine Kaffeetasse gerade halten konnte.

Erstaunlich war nur, daß meine Eltern nie solche Anrufe bekamen. Als ich sie fragte, woran das liegen könnte, antworteten sie, ich würde wohl allmählich verrückt, diese Anrufe seien doch Hirngespinste. Damit war für mich klar, daß sie es darauf abgesehen hatten, mich fertigzumachen. Sie wollten mich psychisch kaltstellen, und dann, wenn die Polizei sie nicht mehr beobachtete – dann auch körperlich.

Aber eine allerletzte Chance ergab sich doch noch: Mona und Samira hielten nach wie vor zu mir und versprachen, einen Brief an Frank aus der Wohnung zu schmuggeln.

In einem günstigen Moment schmierte ich hastig ein paar Zeilen auf ein Blatt in Monas Schulheft: *Mein Liebster, ich schreibe Dir, während meine Eltern mit Farid zum Einkaufen fahren. Sie haben mich eingesperrt, ich kann nicht hinaus. Und das Telefon ist gesperrt. Frank, Du kannst Dir gar nicht vorstellen, was in den vergangenen Tagen geschehen ist! Meine Eltern verbieten mir nicht nur jeden Kontakt zu Dir, sie haben mir auch jegliche Illusion auf eine Heirat und ein friedliches Leben mit Dir genommen. Sie werden alles tun, damit wir nicht wieder zueinander kommen. Frank, wir sind ihnen auf den Leim gegangen! Der Plan meines Vaters war eine Falle, um wieder die Kontrolle über mich zu bekommen! Und über Farid, denn sie wissen, daß sie mit ihm das größte Druckmittel in der Hand haben. Unsere einzige Chance ist eine weitere Flucht. Aber im Moment weiß ich nicht, wie die aussehen könnte ... Ich kann nur hoffen, daß sie irgendwann unachtsam werden bei ihren Sicherheitsvorkehrungen. Bis dahin müssen wir Geduld haben.*

Mein Geliebter, ich sehne mich so nach Dir, mit jeder Faser meines Herzens. Noch nie habe ich einen Menschen so vermißt wie Dich. In Gedanken bin ich stets bei Dir und zähle die Sekunden bis wir uns wiedersehen. Vergiß mich nicht und bete für uns.

Deine Dich liebende Sarah.

In ständiger Angst, gleich die Schlüssel in der Wohnungstür zu hören, versteckten wir den Brief in Monas Schultasche und beteten: »Allah, hilf uns!« Ich fieberte dem Moment entgegen, in dem Mona das Haus verlassen würde, um zur Schule zu gehen, und ich atmete auf, als es endlich soweit war. Spätestens übermorgen würde Frank die Post bekommen.

Am sechsten Tag dieses unfreiwilligen Aufenthaltes wurden meine Magenschmerzen so stark, daß ich nichts mehr essen konnte. Sobald ich nur einen Schluck Wasser trank, bekam ich Krämpfe und mußte mich übergeben. Meine Wangen waren eingefallen, mein Teint blaß, und oft zitterte ich am ganzen Körper so stark, daß ich nichts mehr heben und tragen konnte.

Aus Angst, ich könnte sterben, und die Kripo würde sie für meinen Tod verantwortlich machen, erlaubten mir meine Eltern endlich, zu einem Arzt zu gehen. Noch als er mir die Tür aufschloß, warnte mich mein Vater: »Überlege dir jeden Schritt dreimal! Wir haben Farid, und wenn du den Ungläubigen anrufst, wirst du deinen Sohn nie wiedersehen.« Er öffnete die Tür. »Vergiß nicht, wir behalten dich immer und überall im Auge. Und nun geh zum Arzt.«

Die Schmerzen und meine Angst um Farid ließen mich blind an jeder Telefonzelle vorbeigehen.

In der Praxis brauchte mich der Arzt nicht lange zu untersuchen, die Diagnose war eindeutig: ein Magengeschwür. »Haben Sie Schwierigkeiten, Streß, seelische Probleme?« fragte er mich behutsam, nachdem ich mich wieder angezogen und vor seinem Schreibtisch Platz genommen hatte. Ich schüttelte den Kopf. Gleichzeitig kamen mir die Tränen.

»Ich muß Sie ins Krankenhaus einweisen. Es ist wirklich ernst. Nehmen Sie doch noch kurz im Wartezimmer Platz, ich rufe einen Krankenwagen.« Ich ließ alles geschehen, ich hatte solche Schmerzen, daß ich mich nicht mehr wehrte. »Ich werde Ihre Familie benachrichtigen«, sagte der Arzt zuletzt.

Leider hielt er Wort. Zwei Stunden nach meiner Aufnahme standen sie im Krankenzimmer, und sofort begann die alte Litanei. »Überleg dir genau, was du tust. Wir haben Farid, und wenn du nur den kleinsten Fehler machst, sitzt er sofort im nächsten Flugzeug nach Jordanien. Dann hast du ihn das letzte Mal gesehen. Wir beobachten dich Tag und Nacht.«

Meine Mutter ergänzte die Drohungen ihres Mannes: »Länger als eine Woche werden wir uns nicht um den Jungen kümmern, dann solltest du spätestens wieder zu Hause sein.« Sie ließen ein paar Kleidungsstücke zurück und verschwanden.

Ich lag reglos in meinem Bett. Der Arzt hatte mir ein Schmerzmittel verabreicht und meine Krämpfe ließen langsam nach. Ich dachte an Farid, an die Drohungen meiner Eltern und starrte lange aus dem Fenster. Am Ende war meine Sehnsucht stärker. Ich schilderte meiner Bettnachbarin kurz die Lage und bat sie, Frank anzurufen. Eine Stunde später stand Frank vor meinem Bett. Er erdrückte mich beinahe. »Ich hab' dich so vermißt! Warum hast du dich nicht gemeldet? Ich werde nie wieder von deiner Seite weichen.«

»Hast du meinen Brief nicht bekommen?« Nein, hatte er nicht.

Es gab vieles, sehr vieles zu bereden. Wir wollten gerade ins Raucherzimmer gehen, um in Ruhe miteinander zu sprechen, da klopfte es an der Tür. Mein Hals wurde eng vor Angst. War vielleicht mein Vater umgekehrt? Aber es waren Amin und Anke. »Hallo Schwesterherz! Mama hat gesagt, du bist im Krankenhaus, da hab ich gedacht, daß ich dich schnellstens besuchen sollte.« Er drückte mir einen geschwisterlichen Begrüßungskuß auf die Wange. »Es ist außerdem eine günstige Gelegenheit, mal wieder zu reden, ohne daß fremde Ohren mithören...« Ich sagte meiner Nachbarin kurz Bescheid, wo ich zu finden sei und bedankte mich noch einmal bei ihr.

»Das wäre doch gelacht, wenn wir das nicht hingekriegt hätten«, antwortete sie lächelnd. Mir wurde warm ums Herz. Nach den Tagen bei meinen Eltern hatte ich fast jeglichen Glauben an die Menschheit verloren.

Zu viert berieten wir im Raucherzimmer die Lage, wobei ich mir, obwohl ich ziemlich aufgeregt war, jede Zigarette verkniff. Die einzige Chance, meinte Amin, die Frank und ich hatten, wieder zusammenzukommen, bestand in einer erneuten Flucht. Die müßte aber diesmal so raffiniert ausgeklügelt und so gut vorbereitet sein, daß wir nicht die geringste Spur hinterließen, daß es meiner Familie nicht mehr möglich war, mich irgendwo auf dieser Welt wieder aufzuspüren. Amin versprach, zu Hause die Ohren offenzuhalten, um herauszufinden, wer mich beschattete.

Ich sah meinen Bruder, während er redete, immer wieder skeptisch aus dem Augenwinkel an. An die Vorstellung, daß er mir wirklich helfen wollte, konnte ich mich nicht recht gewöhnen. Da blieb irgendwie eine Spur Mißtrauen in mir – trotz all seiner Versprechungen.

Immerhin hatte auch Amin unter meiner ersten Flucht und allen damit verbundenen Schwierigkeiten gelitten – die beschmutzte Familienehre und das Gerede der Leute hatten auch ihn betroffen. Warum sollte er mir also noch einmal zur Seite stehen und noch einmal Ärger mit der gesamten Familie riskieren? Zumal dieser Ärger bei einem zweiten Fluchtversuch ungleich heftiger ausfallen würde. Hätte mein Vater erfahren, daß Amin mir geholfen hat unterzutauchen – er hätte ihn verprügelt bis zur Bewußtlosigkeit. Egal, wie alt ein Sohn ist, egal, seit wievielen Jahren er bereits sein eigenes Leben lebt, strikter Gehorsam gegenüber den Eltern ist für ihn immer oberste Pflicht. Amin hatte – wie jeder andere Sohn einer moslemischen Familie – die Hierarchie und das Alter ohne Einschränkung zu achten und zu respektieren.

Vorsichtig fragte ich ihn: »Amin, warum willst du das tun? Du bist auch ein Moslem. Ein Mann, dessen Schwester mit einem ›Ungläubigen‹ lebt. Das sollte doch auch in deinen Augen eine Sünde sein. Es berechtigt dich nach unseren Sitten immerhin, mich zu töten.«

»Sarah«, sagte mein Bruder mit eindringlicher Stimme. »Sarah, ich lebe auch mit einer ›Ungläubigen‹ zusammen. Also bitte, vertrau mir ...« Er sah mich mit so treuem Blick an, daß ich ihn umarmte. Wir drückten uns innig. Und trotzdem verschwand mein Mißtrauen nicht. Ich brauchte einfach mehr Beweise, um sicherzugehen zu können. Immerhin war da noch der brutale Mord an Samir, mit dem Amin in undurchschaubarer Weise zu tun hatte. Ich beschloß abzuwarten und sehr vorsichtig zu sein.

14. April 1987

Meine Schmerzen ließen nach. Inzwischen lautete die Diagnose nicht mehr auf Magengeschwür, sondern lediglich auf Magenschleimhautentzündung. Auch meine Nerven kamen ein wenig zur Ruhe. Dieses ständige Gefühl, etwas würde mir die Luft abschnüren, diese permanenten Beklemmungen – all das ließ peu à peu nach.

Ich hatte oft Besuch: Nicole kam fast jeden Tag vorbei, manchmal mit Danny, manchmal allein. Frank kam sehr häufig und unsere gemeinsamen Freunde gaben sich beinahe die Klinke in die Hand. Wir hatten vereinbart, daß immer erst eine Freundin der Soldaten vorausging, um zu sehen, ob die Luft rein war. Saß meine Familie gerade im Zimmer, blieben sie nur kurz und verabschiedeten sich wieder. So sah es aus wie die kurze Stippvisite einer flüchtigen Bekannten.

Durch die vielen Gäste waren meine Tage in der Klinik geradezu kurzweilig. Die Nächte allerdings blieben grausig. Im Schlaf verfolgten mich die wildesten Alpträume. Sie schienen sogar immer schlimmer zu werden, obwohl ich Steigerungen schon seit einiger Zeit nicht mehr für möglich hielt. Wieder und wieder rollten Köpfe auf mich zu. Es waren alles die gleichen, es war Samir in unzähliger Vielfalt. Und immer ohne Körper. Die Köpfe baten mich um Hilfe.

Ich konnte mir die Botschaft dieser Bilder einfach nicht erklären. Wenn ich Frank davon erzählte, bat er mich, mit dem Arzt darüber zu reden, doch dazu fehlte mir der Mut. Ich war sicher, daß man mich für geistesgestört halten würde. Doch während ich zögerte, kam der Arzt von sich aus auf mich zu. Er bat mich in sein Behandlungszimmer. Ich nahm in einem weichen Sessel Platz und sah ihn mit gemischten Gefühlen an. Was würde jetzt geschehen?

»Eine Ihrer Zimmernachbarinnen hat mich gestern aufgesucht«, begann er mit ruhiger Stimme. »Sie erzählte, daß Sie oft nachts aufschreien. Und immer wieder von rollenden Köpfen reden.« Oh nein. Das war mir äußerst peinlich. Ich hatte also im Traum gesprochen. »Ich war schon am Tag Ihrer Einweisung der Meinung,

Ihre Magenbeschwerden könnten psychische Ursachen haben. Es ist für mich als Arzt nicht leicht, meine Patienten immer richtig einzuschätzen, ich möchte auch nicht zu weit in Ihre Intimsphäre eindringen. Aber ich bin mir fast sicher, daß wir mit einer medikamentösen Therapie bei Ihnen auf dem falschen Dampfer sind. Möchten Sie mir vielleicht erzählen, was Ihnen so sehr auf dem Magen liegt?«

Es war mir immer noch peinlich, laut geträumt zu haben. Aber ich war auch froh, vor einem kompetenten Menschen meine Probleme auspacken zu können. Irgendwie war das etwas anderes, als mit Freunden darüber zu reden, das spürte ich, wenn ich es auch nicht hätte begründen können. Vielleicht konnte dieser Mann mich von diesen grauenvollen Träumen befreien. Als ich gerade loslegen wollte, unterbrach er mich noch einmal. »Sind Sie einverstanden, wenn ich einen Kollegen aus der Neurologie dazubitte?« Wenn es mir helfen würde, war ich mit beinah allem einverstanden. Dann redete ich wie ein Wasserfall. Über die erzwungene Heirat mit meinem Cousin, unsere brutale Ehe, über meine Liebe zu Frank, die Flucht, den Mord an Samir. Ich endete bei den vergangenen Tagen im Haus meiner Eltern.

Es tat verdammt gut, das alles einmal loszuwerden. Die beiden Ärzte schienen schockiert, besonders über das Verhalten meiner Eltern und Samirs grauenvolles Ende. »Was wissen Sie über den Mord?« fragte mich der Neurologe, als ich geendet hatte.

»Nur, wer ihn umgebracht haben soll, und wie er gefunden wurde. Das mit dem Kopf habe ich Ihnen ja schon erzählt.« Sie berieten, wie sie mir helfen konnten. Zunächst einmal schien ihnen am wichtigsten, daß ich Abstand von meinen Eltern bekam und vorerst nicht wieder zu ihnen mußte.

»Ich werde Ihrem Vater sagen, Sie hätten doch ein Magengeschwür und eine Entlassung käme vorläufig nicht in Frage. So gewinnen wir erst einmal Zeit«, meinte der Stationsarzt. »Wenn Sie sich stark genug fühlen, ein paar Stunden mit Ihrem Freund zu verbringen, haben Sie meine Erlaubnis, das Krankenhaus zu verlassen. Sie brauchen nur kurz der Schwester Bescheid zu sagen. Und jetzt gehen Sie am besten erst mal wieder ins Bett, mein Kollege und ich haben noch etwas zu besprechen.« Er gab mir die Hand. »Wir sehen uns morgen.«

Wieder auf der Station, fiel mir die Drohung meiner Mutter ein, Farid nach einer Woche zu Samirs Eltern nach Jordanien zu verfrachten. So schnell ich konnte lief ich zurück zu dem Arzt und schilderte ihm das Problem. »Ich werde Ihren Eltern sagen, daß es für Ihre Besserung außerordentlich wichtig ist, Ihren Kleinen regelmäßig zu sehen«, versprach er. Sein Kollege nutzte die Gelegenheit, um mich noch zu fragen, ob es jemanden gebe, der mir den wahren Verlauf der grausigen Tat schildern könnte. »Dieses Wissen würde Ihnen helfen . . .« Ich wollte darüber nachdenken.

Im Krankenzimmer wartete bereits mein Vater. »Wo treibst du dich rum?« herrschte er mich an. »Hast du schon wieder irgendeinen Kerl entdeckt, an den du dich ranmachst?« Er wollte mich beleidigen, mich einschüchtern. Das befreiende Gespräch mit den beiden Ärzten hatte mich aber aufgebaut, und so ignorierte ich ihn und kroch ohne etwas zu sagen unter die Bettdecke. Natürlich zitterte ich innerlich, es fiel mir nicht leicht, Haltung zu bewahren. Aber ich zitterte eben doch nur innerlich, nach außen schien man mir die Anspannung nicht anzumerken.

Mein Vater warf einen Stapel Papier auf das Bett, Auszüge aus dem Koran. »Die solltest du lesen, vielleicht verstehst du dann besser.« Er verließ den Raum, um mit dem Doktor zu sprechen. Ich griff nach den Zetteln und las: *Alle Menschen, egal welche Hautfarbe sie haben, welchen Glauben, welche Nationalität, sind vor Allah gleich*, stand da.

Natürlich beschreibt der Koran den Islam als die vollendetste Religion, die Stufe über dem Christentum und über dem Judentum. Diesem Glauben zu folgen sollte jedoch aus freiwilligen Stücken geschehen. Ich strich die Stellen dick an. Mein Vater müßte diese Suren selbst einmal aufmerksam lesen, um zu erkennen, wie verbohrt er war. Um zu merken, daß es gar nicht »der Islam« war, den er immer predigte, sondern seine engstirnige Auslegung. Gespannt wartete ich auf seine Rückkehr.

Als er wieder zur Tür hereinkam, sah ich sofort, daß der Arzt ihn sich vorgeknöpft haben mußte. »Du kannst noch nicht entlassen werden«, entrüstete er sich. »Deine Krankheit ist angeblich schlimmer als es zunächst schien.« Er nahm seinen Schal. Dann drehte er sich noch einmal um. »Deine Mutter bringt Farid morgen früh kurz vorbei. Aber ich betone: kurz. Der Junge muß lernen, ohne dich auszukommen.« Jetzt hatte ich Mühe, mich noch länger zu beherrschen; er merkte das sofort und grinste hämisch.

Kaum war er gegangen, kam Frank. »Hallo Schatz«, strahlte er übers ganze Gesicht. Dann stutzte er: »Was ist denn mir dir los? Du siehst reichlich abgespannt aus.«

»Mein Vater war gerade hier«, antwortete ich matt.

»Er erwartet, daß ich so schnell wie möglich nach Hause komme. Verabschiedet hat er sich mit der Bemerkung, Farid müsse lernen, ohne mich auszukommen. Meine Mutter bringt ihn morgen früh vorbei, aber nur kurz. Eben deshalb. Du weißt, was er damit sagen will.« Dann erzählte ich ihm vom Gespräch mit den Ärzten. Auch vom Ratschlag des Neurologen, den genauen Hergang der Tat herauszufinden, um meine überbordende Phantasie in ihre Grenzen zu verweisen. Meine Eltern zu fragen, traute ich mich allerdings nicht, und Amin – nun, ich wußte immer noch nicht, wie weit ich ihn ins Vertrauen ziehen konnte.

»Laß uns alles langsam angehen«, riet mir Frank. »Du darfst nichts überstürzen, das macht deine Eltern nur mißtrauisch und vorsichtig.« Er nahm mich in den Arm, das tat gut. Dieser Tag war wie eine Achterbahnfahrt für meine Nerven gewesen. Ich brauchte dringend einen ruhenden Pol. In dem Moment ging die Tür auf. Mein Vater kam noch einmal zurück. Mir stockte der Atem. Frank drehte sich um, grüßte kurz und wandte sich wieder mir zu.

»Ich habe es geahnt«, zischte mein Vater gefährlich leise auf arabisch. »Eine Hure bleibt immer eine Hure!« Er forderte Frank auf, augenblicklich das Zimmer zu verlassen. Der sah ihn voller Haß an.

»Oh, nein. Diesen Gefallen werde ich Ihnen nicht tun. Sie haben mich einmal über den Tisch gezogen, ein zweites Mal wird Ihnen das nicht gelingen. Ich bleibe hier. Bei Ihrer Tochter! Ich liebe Sarah, und Sie werden es nicht schaffen, uns noch einmal auseinanderzureißen!« Mein Vater stand regungslos vor uns.

»Ich hab immer geglaubt, wenn ein Mensch so strenggläubig ist wie Sie, dann kann er nicht lügen. Ich habe mich getäuscht... Aber das heißt nicht, daß Sie deswegen gewonnen hätten.« Mein Vater sah Frank an, sah mich an und wieder Frank. Dann spuckte er vor mir auf den Boden und verließ ohne ein Wort das Zimmer.

Ich quälte mir ein Lächeln ab. Diese Runde ging an uns, aber was würde jetzt geschehen? Ein Streit mit meinem Vater konnte verhängnisvolle Folgen haben. Und daß es *so* kommen würde – das hatte ich immer versucht zu vermeiden. Was würde jetzt mit meinem Sohn geschehen? Würde ich ihn jemals wiedersehen?

Als Frank an diesem Abend die Klinik verließ, hatte ich das Gefühl, es würde etwas Außergewöhnliches passieren. Und mein Gefühl sollte mich auch diesmal nicht trügen.

Wie in jeder Nacht hatte ich auch in dieser wieder grausige Alpträume. Von meinem eigenen Schrei wachte ich mitten in der Nacht schweißgebadet auf. Meine Bettnachbarinnen hatten glücklicherweise nichts gehört, sie schliefen sehr fest. Es herrschte eine bedrükkende Ruhe im Zimmer, ja, auf der ganzen Station, im gesamten Krankenhaus. Nirgendwo war ein Geräusch zu hören, das diese Stille durchbrach. Ich hielt es in meinem Bett nicht mehr aus. Ich zog mir meinen Bademantel über und schlich auf Zehenspitzen zur Tür.

Der diensthabende Pfleger saß allein im Schwesternzimmer. »Kann ich ein bißchen mit Ihnen reden?« Er goß mir einen Becher Tee ein. Nach einer Weile merkte ich, wie mein Atem mit jedem Satz ruhiger wurde, mein Herz schlug langsamer, mein Kopf wurde klarer. Ich wurde wieder stärker als meine Angst. Dieses Gefühl der Befreiung – ich hatte es noch nie so deutlich gespürt. Ich fühlte mich so leicht – und im nächsten Moment seltsam schwer. Meine Beine waren aus Blei, jemand goß

Beton in meinen Kopf, ganz langsam. Eine ungeheuere Schwere machte sich in mir breit, meine Glieder wurden steif, alles wurde mit einem Mal dunkel. Ich öffnete den Mund, aber es kamen keine Worte. Ich streckte meine Hand nach dem Pfleger aus, aber er wurde unscharf vor meinen Augen, alles um mich herum verschwand. Ich versank in einer übermächtigen Dunkelheit.

Als ich die Augen aufschlug, sah ich um mich herum lauter weiße Kittel: Sie hatten verschwommene Konturen, Nebel lag wie ein dünner Schleier über ihnen. Ich blinzelte. Und überall standen Apparate, hingen Schläuche. Wo war ich? Und wie kam ich hierher? Ich wußte, daß ich mich vor langer Zeit auf einen Stuhl gesetzt hatte, einen dunklen Holzstuhl mit niedrigen Armlehnen...

»Hören sie mich?« fragte eine Stimme. Woher kam sie? Allmählich löste sich der Nebel vor meinen Augen. Da war ein Gesicht, das sich bewegte, der Mund ging auf und zu. »Hören Sie mich?« Ich nickte schwach. »Sie braucht noch eine Weile«, sagte die Stimme. »Schwester Maria, behalten Sie sie im Auge, der Kreislauf ist jetzt soweit stabil, sie wird schlafen.« Schlafen, ja schlafen. Ich wollte schlafen, für immer. Meine Augen fielen wieder zu.

16. April 1987

Am nächsten Morgen kam der Stationsarzt und setzte sich neben mein Bett. »Was war denn gestern nacht mit Ihnen los?« Ich erzählte ihm was ich wußte, die schrecklichen Träume und daß ich aufgewacht und zu dem Pfleger gegangen war. »Dann sind Sie bewußtlos geworden«, sagte er. »Der Pfleger hat mich mitten in der Nacht rausgeklingelt.« Er betrachtete mich ernst. »Sie waren für 45 Sekunden klinisch tot.« Er nahm meine Hand in seine und strich mir die Haare aus dem Gesicht. Klinisch tot? Ich? Das klang total absurd. Ich war mir nicht sicher, ob dieser Mann mich nicht verwechselte. Aber er wiederholte nur seine Worte: »Sie waren fast eine Minute lang klinisch tot, Frau Aziz.«

Wir redeten sehr lange miteinander. Darüber, daß meine Angst und meine unterschwellige Todessehnsucht allmählich die Gewalt über mich bekamen. Daß meine Magenprobleme nichts als eine körperliche Folge meiner psychischen Probleme seien. Daß ich mich wehren müßte, daß ich nicht resignieren und nicht zusammenbrechen dürfte. »Damit machen Sie Ihre Eltern zu Siegern, Ihren Sohn zum Vollwaisen und sich zum ewigen Opfer. Ihre Eltern und diese Angst werden Sie nicht mehr loslassen, wenn Sie sich nicht dagegen auflehnen.«

Noch lange nachdem er gegangen war, klangen seine Worte in meine Ohren. Ich grübelte. Was der Arzt mir gesagt hatte, schien mir wie ein Wegweiser in diesem Wirrwarr. Doch der Weg war steinig und verschlungen ...

Gegen Abend war ich nicht mehr in der Lage, noch einen klaren Gedanken zu fassen. Ich hatte den ganzen Tag über nachgedacht, gleichzeitig war meine Sehnsucht nach Farid inzwischen übermächtig geworden. Meine Mutter hatte den Jungen entgegen der Zusage meines Vaters nicht vorbeigebracht, aber das hatte ich nach allem, was geschehen war, auch gar nicht mehr erwartet.

Frank schlug vor spazierenzufahren, damit ich auf andere Gedanken käme. Der Doktor gab sein Okay –

mein Kreislauf war wieder stabil und die Nähe zu Frank schien ihm die beste Medizin für mich zu sein. Allerdings hatte er Frank gründlich instruiert und ihm eingeschärft, darauf zu achten, daß ich alle zwei Stunden meine 20 bitteren Kreislauf-Tropfen artig einnahm.

Wir fuhren durchs Umland, aßen in einem kleinen Restaurant zu Abend und beschlossen dann, Amin und Anke zu besuchen. Ich erzählte ihnen vom gestrigen Besuch meines Vaters und von der vergangenen Nacht. Beide waren schockiert. Wir begannen zu überlegen, wie diese unerträgliche Situation schnell zu ändern war.

Es war schon weit nach Mitternacht, als wir einen regelrechten Schlachtplan ausgearbeitet hatten: Am Tag meiner Entlassung sollte ich mit einem Taxi vom Krankenhaus zu Anke fahren. Gleichzeitig würde Amin meine Eltern besuchen, unter einem Vorwand mit Farid spazieren gehen und den Jungen heimlich zu Anke bringen. Wenn es klappte, wenn ich meinen Sohn tatsächlich wiederbekäme, wollten wir anschließend zu viert flüchten. Denn wenn meine Eltern entdeckten, daß Amin sie hintergangen und mir geholfen hatte, drohte auch ihm Böses. Wir dachten alle Details durch, alle Wenns und Abers, alle Unwägbarkeiten.

Es war vier Uhr morgens, als ich auf die Uhr sah. Höchste Zeit, wieder ins Krankenhaus zurückzukehren. Als ich durch die Pforte ging, empfing mich der Pfleger von der Nachtschicht. Ich hatte ihn noch nie gesehen, aber er kannte mich. »Hören Sie zu...« Er wirkte ein bißchen nervös. »Ich kenne grob Ihre Lage, darum ist es mir aufgefallen, also... vorhin lief ein Mann mit schwarzen Haaren und einem schwarzen Schnurrbart die ganze Zeit vor dem Eingang auf und ab. Ich hab ihn gefragt, wer er sei und was er hier wolle, aber er sagte warte auf seine Tochter. Sein Blick... ich weiß nicht, der verhieß nichts Gutes.« Ich sah ihn erschrocken an.

»Welcher Arzt hat Nachtdienst?« Glücklicherweise war es mein Stationsarzt, und er schaltete schnell. Er eilte ins Büro, um meine Entlassungspapiere fertigzumachen, während ich auf die Station rannte, so schnell mich meine weichen Beine trugen, und mit fliegenden Händen meine Sachen zusammenwarf.

»Alles Gute, und vergessen Sie nicht, was ich Ihnen gesagt habe!« Der Doktor hielt mich einen Moment am Arm, sah mich an und drückte fest meine Hand. Ich konnte nichts antworten, ich wollte nur weg. Nichts und niemand konnte mich jetzt noch hier halten, es war allerhöchste Zeit zu verschwinden.

Der Pfleger hatte mitgedacht und ein Taxi gerufen. Ich bat den Fahrer, darauf zu achten, ob wir verfolgt würden. Er fragte nicht weiter nach. Er wollte nur wissen, wohin die Fahrt ging, und ich nannte ihm Ankes Adresse.

Sie war überrascht, mich so schnell wiederzusehen. »Setz dich hin, ich rufe sofort Frank an!«

Eine halbe Stunde später war er da. Jetzt galt es, so rasch wie möglich Amin zu erreichen. Wir mußten ihn benachrichtigen, bevor jemand meine Flucht bemerkte, aber wie? Amin übernachtete bei unseren Eltern...

Um acht Uhr rief Anke in Amins Firma an. Er kam an den Apparat und versprach, sich sofort freizunehmen und zu uns zu kommen. Vorher wollte er bei unseren Eltern anrufen und unter dem Vorwand, er habe sein Frühstücksbrot liegenlassen, auskundschaften, ob sie es bereits wußten.

Als er eine Stunde später kam, sah ich sofort, daß alle schon Bescheid wußten. Oh Himmel, wie konnten wir jetzt noch Farid aus der Wohnung bekommen? Ich rief meine Eltern an. Mein Vater war am Apparat. »Ich wußte, daß du früher oder später wieder flüchten würdest.« Darum war er auch jeden Morgen um sieben zur Klinik gefahren und hatte überprüft, ob ich noch da war. Nur heute war er zu spät gekommen.

»Denk nicht, daß du deinen Sohn jemals wiedersehen wirst!« lachte er höhnisch und legte auf. Frank, Amin und Anke, die das Gespräch mitgehört hatten, sahen mich ratlos an. »Was soll ich jetzt tun?« schrie ich. »Was um alles in der Welt kann ich jetzt noch tun, um mein Kind wiederzubekommen?!« Ich hatte das Gefühl, in einen Abgrund zu schauen. Das war das Ende. Jetzt gab es keinen Ausweg mehr. Ich mußte mich übergeben, auch die Magenschmerzen kamen prompt wieder.

Als ich mir das Gesicht wusch, kam mir der rettende Gedanke. Na klar!

Ich rief Schimanski an. Der überlegte nicht lange und notierte Ankes Telefonnummer. »Ich rufe Sie an«, versprach er. Die nächsten Stunden waren eine qualvolle Warterei. Wie ein hypnotisiertes Kaninchen starrte ich auf das Telefon, aber das elende Ding rührte sich nicht.

Mittags klingelte es endlich. Alle vier griffen wir in derselben Sekunde zum Hörer. Es war die Kripo. »Ich habe das Jugendamt eingeschaltet«, hörte ich Schimmi sagen. »Eine Sozialarbeiterin wird gleich gemeinsam mit zwei meiner Kollegen zur Wohnung Ihrer Eltern fahren und den Jungen holen. Also beruhigen Sie sich erst mal. Sie hören von mir, sobald ich etwas Neues weiß.« Er legte auf.

Ich schätze, im ganzen Haus hat man die vier riesigen Steine plumpsen hören, die mir und Frank und Amin und Anke in diesem Moment vom Herzen fielen. Trotzdem blieb noch eine gewisse Spannung bestehen, denn wir konnten uns denken, daß mein Vater Farid nicht so einfach herausgeben würde. Wir mußten auf alle erdenklichen Schwierigkeiten gefaßt sein, und so blieben wir alle vier um das Telefon herum sitzen und warteten weiter.

Bis zum Abend kam kein Anruf, weder von der Kripo noch vom Jugendamt. Allmählich überschlugen sich in meiner Phantasie die schrecklichsten Bilder und Vorstellungen. Wo war Farid? Hatte mein Vater ihm möglicherweise etwas angetan? Ich wußte, daß er dazu fähig war, denn sein Haß auf mich war groß genug, um vor nichts mehr Halt zu machen. »Ich habe solche Angst«, wimmerte ich, »was ist bloß mit Farid?«

»Sei still!« fuhren mich Frank und Amin wie aus einem Munde an. Ich biß mir auf die Lippen. Auch ihre Nerven waren inzwischen zum Zerreißen gespannt. Die einzige, die ruhig zu bleiben schien, war Anke. Später erzählte sie mir, daß sie sich damals sehr angestrengt hat, einen klaren Kopf zu behalten, wo wir drei nur noch Nervenbündel waren.

Gegen halb sieben klingelte endlich das Telefon. Wieder schossen vier Hände gleichzeitig in Richtung Hörer. Doch wir besannen uns und ließen Anke abheben. Es hätte ja sonstwer sein können. Doch es war ein Mitarbeiter des Jugendamtes. Er verlangte nach mir und beschrieb kurz die Adresse eines Jugendzentrums. »Können Sie in einer halben Stunde dort sein?« Ich war schon unterwegs.

Das Jugendzentrum lag in der Innenstadt, aber sein Eingang ging über einen Hinterhof, der kaum zu finden war. Als wir endlich ankamen, mußten wir noch eine geschlagene Viertelstunde warten. Diese lächerlichen fünfzehn Minuten erschienen uns, die wir bereits den ganzen Tag mit Warten zugebracht hatten, quälender als all die Stunden zuvor. Unsere Nerven lagen blank. Niemand wagte den Mund aufzumachen, die Stimmung war explosiv.

Da kam ein Auto auf den Hof gefahren. Eine Frau stieg aus, und zwei Männer. Einer trug meinen Sohn auf dem Arm. »Farid!« Schreiend stürzte ich die Stufen vor dem Eingang runter und rannte über den Hof. Frank hinterher.

»Er ist eingeschlafen«, sagte der Polizist. Ich preßte diesen kleinen Körper an mich und bedeckte das friedlich schlummernde Gesichtchen mit tausend Küssen. Frank küßte und drückte abwechselnd Farid und mich. Als ich ihn ansah, und auch Amin und Anke, die hinter ihm standen, entdeckte ich bei allen Tränen in den Augenwinkeln. Wir hatten es geschafft, mein Sohn war wieder bei mir.

Die Sozialarbeiterin bat mich, noch einige Papiere zu unterschreiben. Während ich das tat, erzählte sie, warum alles so lange gedauert hatte. »Ihr Vater ist ein zäher Brocken! Erst hat er steif und fest behauptet, der Junge sei nicht bei ihm. Als der eine Beamte irgendwann mit einer Anzeige wegen Kindesentführung drohte, ließ er uns dann immerhin in die Wohnung... Dort unten müssen Sie noch unterschreiben... Naja, und dann redete er wie ein Besessener auf uns ein: Seine Tochter habe kein Recht, den Kleinen zu behalten, und er sei derjenige, der Farid dorthin bringen würde, wo er nach islamischem Recht hingehöre.« Die Frau nahm die Papiere und den Stift wieder an sich.

»Er drohte sogar damit, die jordanische Botschaft einzuschalten – womit er uns allerdings nicht imponieren konnte, und das sagten wir ihm auch. Wir halten uns an die bundesdeutschen Gesetze, die sind in diesem Fall bindend. Und danach, Frau Aziz, sind Sie als Witwe und Farids Mutter die Alleinerziehungsberechtigte.« Frank und ich warfen uns einen erleichterten Blick zu.

»Dann schaltete sich Ihre Mutter noch ein und versuchte es auf die Tränendrüsen-Tour. Als ich gerade dachte, sie hätten die Ausweglosigkeit ihrer Situation begriffen, fing Farid an zu weinen.« Umständlich steckte sie ihren Stift in ein kleines Lederetui. »Ich glaube das Gebrüll Ihres Vaters und das Geschrei Ihrer Mutter haben dem Kleinen angst gemacht, er weigerte sich jedenfalls, mit fremden Leuten mitzugehen. Aber ich konnte ihn beruhigen – wir würden mit ihm zu seiner Mami fahren, und die würde schon ganz doll auf ihn warten, lauter solche Sachen halt, die man sagt, um kleine Kinder zu trösten. Er war dann auch bereit, mitzukommen. Aber als wir gerade zur Tür raus wollten, gab es noch einmal Ärger mit ihrem Vater.« Ich konnte mir sehr bildlich vorstellen, wie es dabei zugegangen sein mußte.

»Aber Sie sehen es ja, zuletzt sind wir heil aus der Wohnung gekommen.« Sie hob den Zeigefinger und lächelte: »Mit dem kleinen Farid an der Hand.«

Ich war ihr unglaublich dankbar. »Passen Sie in Zukunft gut auf Ihren Sohn auf«, warnte sie mich noch. »Lassen sie ihn am besten nicht mehr aus den Augen. Ihre Eltern werden nicht aufgeben und beim nächsten Mal – das weiß ich aus Erfahrung – lassen sie so leicht niemanden mehr an sich ran. Nach den islamischen Traditionen und Werten hat Ihr Vater ja recht mit seinem Anspruch auf Farid.« Das wußte ich nur zu gut. Das war das erste gewesen, was ich erfahren hatte, als ich begann über eine Trennung von Samir nachzudenken!

In dieser Nacht schliefen Frank und Farid und ich in Ankes Bett. Engumschlungen und erleichtert wie lange nicht. Wir waren unzertrennlich.

18. April 1987

Das Wichtigste war jetzt, schnell eine neue Wohnung zu finden. Bei Anke konnten wir nicht lange bleiben, sie bewohnte zwei winzige Zimmerchen, in denen fünf Personen nur vorübergehend unterkamen. In unsere eigene Wohnung konnten Frank und ich nicht zurück, dort würden uns meine Eltern keine ruhige Minute mehr lassen. Aber wo und wie findet man auf die Schnelle eine neue Wohnung?

Wir zerbrachen uns den Kopf. Bis Frank plötzlich eine Idee hatte. Sein Freund Stefan, der Ex-Freund von Nicole, hatte inzwischen eine neue Frau kennengelernt, Kathrin. Die bewohnte eine geräumige Dreizimmerwohnung – allein! Wir hatten Stefan durch den Streß der vergangenen Wochen etwas aus den Augen verloren, trotzdem rief Frank ihn an und beschrieb unsere Lage.

Gegen Abend kamen Stefan und Kathrin vorbei. Kathrin überlegte nicht lange. Sie fand ihre Wohnung ohnehin zu groß, wollte auch in eine kleinere umziehen, hatte bislang aber keine Zeit gehabt, sich intensiv auf die Suche zu machen. »Ich brauche nur ein Zimmer, wenn ihr wollt, könnt ihr in den beiden anderen wohnen.« Ein Lichtblick! Mit Sack und Pack zogen wir noch am selben Tag ein: Frank, Farid und ich in den einen Raum, Amin und Anke in den anderen. Ihnen war es jetzt auch zu gefährlich, weiter in Ankes Wohnung zu bleiben, deren Adresse meine Eltern ja kannten.

13. Juni 1987

Wir hatten eine neue Wohnung gefunden, zum 1. August konnten wir einziehen. Endlich! Es war dringend nötig.

Das Leben in Kathrins Wohnung war im Laufe der zwei Monate, die wir jetzt schon bei ihr waren, sehr anstrengend geworden. In den ersten Tagen, nachdem Farid wieder bei mir war, lebten wir zunächst alle auf. Unsere Nerven kamen wieder zur Ruhe, die extreme Anspannung, die uns gequält hatte, war vorüber. Frank, Amin und Anke waren tagsüber wieder bei der Arbeit, ich verbrachte viel Zeit mit dem Jungen. Wir gingen spazieren, fuhren zum Spielplatz, bummelten durch die Stadt und aßen Eis.

Aber ich kam nicht richtig zur Ruhe. Diese schleichende Angst vor einer ungewissen Zukunft wurde mein ständiger Begleiter. Die Gerichtsverhandlung gegen Ali stand an, bei der ich Angeklagte und Klägerin in einer Person sein würde. Klägerin ganz automatisch, weil ich Samirs Witwe war, und Angeklagte, da ich durch diesen ominösen Briefumschlag mit angeblich meiner Handschrift darauf in den Verdacht geraten war, doch in diese undurchsichtigen Ereignisse verstrickt zu sein. Etwas, was mir sehr auf der Seele lag. Würde ich diese Verdächtigungen erfolgreich widerlegen können?

Außerdem hatte ich Angst, daß, wenn der Prozeß erst

einmal begonnen hatte, unsere neue Adresse bekannt würde – wie auch immer. Zufälle, besonders unglückliche Zufälle, sind immer möglich! Und was würde überhaupt geschehen, wenn Ali eines Tages aus dem Gefängnis entlassen würde? Würde er sich rächen? An mir? An Frank? An Farid?

Wenn ich an den bevorstehenden Prozeß dachte, an all meine damit verbundenen Befürchtungen, Fragen, Verhöre und Kreuzverhöre, dann hatte ich oft das Gefühl in einen fiesen, unheimlichen Sog zu geraten. Ich hatte gar keinen festen Boden mehr unter den Füßen, alles wankte. Da gab es soviele Unwägbarkeiten, das Ganze war eine Rechnung mit unendlich vielen Unbekannten. Ich wußte ja bis heute nicht einmal, *warum* mein Mann eigentlich hatte sterben müssen.

Meine Phantasie ging auch nach wie vor nachts mit mir durch, im Traum sah ich bestialische Szenen. Nicht mehr ganz so häufig, aber oft genug, um zu spüren, daß diese grausigen Erinnerungen und quälenden Rätsel einfach kein Ende nahmen.

Amin zu fragen, ob er etwas wußte, was mich von diesen Ersatz-Erklärungen für das Unfaßbare hätte befreien können, war ich immer noch zu mißtrauisch. Außerdem waren wir nie allein, irgend jemand war immer in der Wohnung. Darüber hinaus schien mein Bruder auch gar nicht mehr über diese Geschichte reden zu wollen, ich hatte den Eindruck, als käme ihm der Trubel gelegen, weil er die Chance bot zu vergessen. Heute bin ich mir sicher, daß Amin damals Abstand suchte, von der Tragödie und von meinen Eltern.

Doch ich tat mich schwer, Abstand zu gewinnen. Immer wenn der kleine Farid mich ansah, tauchte Samirs Gesicht vor mir auf. Der Junge sah seinem Vater so ähnlich. Ich liebte ihn heiß und innig, den Kleinen, aber er machte es mir verdammt schwer, die Vergangenheit zu vergessen.

Mit der Zeit wurde ich depressiv. Immer öfter, wenn ich tagsüber alleine war, hatte ich regelrecht das Gefühl in einem schwarzen Loch zu versinken. Der Boden unter meinen Füßen wurde weich, bei jedem Schritt sackte ich tiefer. Dieser Strudel von Problemen zog mich einfach mit sich, ich kam nicht mehr dagegen an. Den anderen gegenüber war ich nervös und gereizt. Bei jeder Kleinigkeit fühlte ich mich angegriffen und brach einen Streit vom Zaun.

Obwohl alle sehr viel Geduld mit mir hatten, weil sie wußten, wie anstrengend die vergangenen Monate gewesen waren, gab es eines Tages den großen Knall. Danach zogen Amin und Anke wieder in ihre Wohnung. »Klar werde ich Ärger bekommen, wenn Papa auftaucht«, sagte er, als ich ihn, während er packte, fragte, ob er keine Angst habe. Aber immerhin war er ein Mann und darum mußte er mit keinen allzu großen Schwierigkeiten rechnen. Meine Eltern würden ihm die Hölle heiß machen – aber irgendwann wäre aller Ärger verraucht. »Ich werde sagen, ich wüßte nicht, wo du dich aufhältst«, versicherte er mir. »Früher oder später wird Vater mich schon wieder in Ruhe lassen«.

Verständlicherweise sahen wir uns anschließend erst einmal nicht mehr. Jeder von uns begann sein eigenes Leben zu leben.

Was unser erzwungenes Zusammenleben auch schwierig machte, war, daß sich Stefans Freundin, die uns anfangs so nett aufgenommen hatte, mehr und mehr als miese Egoistin entpuppte. Sie rührte keinen Finger im Haushalt, sie kaufte auch nie ein, sie schien zu denken: »Nun hab ich denen eine Bleibe gegeben, sollen sie sich mal revanchieren.« Ich kam mir ziemlich ausgenutzt vor, gleichzeitig mochte ich mich nicht mit ihr darüber streiten. Ich fühle mich zu Dank verpflichtet, weil Kathrin uns aufgenommen hatte, als wir nicht wußten, wohin.

Kaum daß wir dann die neue Wohnung gefunden und den Mietvertrag unterschrieben hatten, ging es mir schlagartig besser. Ich entwickelte plötzlich unglaubliche Energien, ich hatte wieder Kraft für zwei. Meine Laune war glänzend. Endlich eine Perspektive! Die Querelen mit Kathrin steckte ich wesentlich lockerer weg, mich ärgerte nur noch, daß sie Frank schöne Augen machte. Sie ging sogar so weit, sich nackt neben ihn zu legen und ihn aufzufordern mit ihr zu schlafen – bis ich mit Farid vom Spielplatz zurückkäme, das sei doch eine prima Gelegenheit.

Als eines Tages auch noch Nicole anrief und mir sagte, sie würde umziehen, und zwar in die Nähe unserer neuen Adresse, da war ich kaum noch zu halten. Wir hatten in den vergangenen Wochen, als sich die Ereignisse überschlugen, keinen Kontakt mehr gehabt; aber als Stefan ihr erzählte, daß wir vorübergehend bei seiner neuen Freundin wohnten, rief sie mich sofort an.

Nicole selbst hatte mehr Glück gehabt, sie konnte schon eher in ihre neue Wohnung als wir, und am selben Abend, als sie dort einzog, packte ich meine Klamotten und fuhr zu ihr. Bei meiner Freundin fühlte ich mich wohler als in unserer Not-WG. Wir saßen nächtelang zusammen und redeten über alte Zeiten. Nicole kannte mich schon so lange und gut, sie wußte über meine Ehe genau Bescheid, sie hatte Samir oft genug persönlich erlebt. Sie war das ideale Gegenüber, um alles zu bereden, was mich bedrückte: die Schuldgefühle und auch dieses seltsame Mitleid, das ich mit Samir seit seinem Tod hatte und das mich so verwirrte, schließlich hatte er mich lange genug gequält. Und die vielen Geheimnisse um sein brutales Ende, die Zweifel gegenüber Amin, einfach alles.

Nicole führte mir vor Augen, wie die Vergangenheit wirklich gewesen war, wenn ich mich in Schuldgefühlen verrannte, und sie war mein Korrektiv, wenn ich die Gegenwart zu düster sah. Sie war einfach meine beste Freundin, und ich war froh, daß es sie gab. Ich wurde wieder ausgeglichener.

1. August 1987

Nichts ist mit dem Gefühl zu vergleichen, nach Hause, in seine eigene Wohnung zu kommen und die Tür hinter sich zuzumachen! Wir waren endlich umgezogen, in eine schnuckelige Dreizimmerwohnung in einer Wohnsiedlung, ganz oben, unterm Dach – für mich der Himmel auf Erden. De facto war dieses Paradies zwar noch verdammt renovierungsbedürftig, aber das war uns so egal …

Wir tapezierten, strichen, legten Teppich, wir schufteten wie professionelle Handwerker – ohne mit der Wimper zu zucken. Hauptsache, wir hatten wieder ein eigenes Dach über dem Kopf. Wohnzimmer, Schlafzimmer, Kinderzimmer, Küche, es war wunderschön, das alles zu renovieren und einzurichten. Wir machten es uns richtig gemütlich.

Als endlich alle Möbel da standen, wo sie hingehörten, ließ ich mich überglücklich auf die Couch plumpsen – das war es also: *unser* Zuhause. Und diesmal würden wir schlauer sein. Ich hatte bei allen Behörden eine Informationssperre beantragt, diesmal sollten meine Eltern nicht erfahren können, wo wir lebten. Nicht mal über einen Anwalt. Trotzdem sahen wir uns schneller wieder, als ich geahnt hätte: Eines Morgens war eine Vorladung in der Post, zum Prozeß in Sachen Ali Aziz.

Schlagartig waren meine Magenschmerzen wieder da. Wie konnten wir verhindern, daß sie uns im Anschluß an die Verhandlungstermine verfolgten, um unsere neue Adresse ausfindig zu machen? Was sollten wir sagen, was lieber nicht? Und wie konnten wir verhindern, daß mein Vater mich offen angriff? Denn damit mußte ich rechnen.

Wir beschlossen, eine Art privaten Sicherheitsdienst zu organisieren. Die Kripo hatte es abgelehnt, mich zu schützen: Die Beamten seien erst zuständig, nachdem etwas passiert wäre, hieß es. Ich zog es vor, nicht so lange zu warten...

Am Morgen meiner Vorladung machte ich mich also zeitig auf den Weg, begleitet von Nicole und Klaus, Franks Freund. Um neun Uhr sollte der Prozeß beginnen, um acht Uhr waren wir bereits dort. Wir inspizierten die Umgebung mit Adleraugen. Lauerte uns irgendwo jemand auf? Mein Vater, einer seiner Freunde, ein Onkel von mir? Es war angebracht, auf alles gefaßt und äußerst vorsichtig zu sein.

Als wir gerade in den Gerichtssaal gingen, zog mich jemand von hinten am Arm. Meine Mutter. »Hallo Sarah, wie geht es dir?« Als ob sie das wirklich interessierte. »Ich habe so gehofft, dich noch einmal sehen zu dürfen.« Himmel, diese Verlogenheit, mir wurde schlecht. »Wir haben schon mehrere Verhandlungstage hinter uns, dein Vater ist mit den Nerven am Ende. Aber es sieht ganz gut für deinen Bruder aus! Alle Geschwister haben ihre Aussage verweigert, das hat uns der Anwalt empfohlen. Das hilft deinem Bruder! Sarah, ich möchte dich bitten, auch die Aussage zu verweigern.« Ich traute meinen Ohren nicht. Diese Frau war wirklich zu allem fähig.

»Erstens«, zischte ich wütend, »weiß ich sowieso nicht, *was* wirklich geschehen ist. Und zweitens werde ich mich hüten, die Unwahrheit zu sagen.« Ich drehte mich abrupt um. Sie brach in Tränen aus und zerrte an meiner Jacke. Ich blieb stehen und sah ihr direkt in die Augen. Sie glänzten schwarz und feucht – und hinter den Tränen brannte Haß. Diese Frau war immer noch beseelt von dem Gedanken, mich umzubringen. Mich, die Sünderin. Um endlich Rache für ihre vermeintliche Schmach nehmen zu können; und ich wußte, daß ich ihr einen weiteren Grund gab mich zu töten, wenn ich meine Aussage nicht verweigerte. Wenn ich mich gegen die Familie wandte, wenn ich die unbedingte Autorität unserer Zusammengehörigkeit in Frage stellte.

»Sarah!« Ich riß mich los. Bloß weg hier. Nicole, die zwar kein Wort verstanden hatte, aber durchaus in der Lage war, meinen Gesichtsausdruck zu deuten, zog mich in den Saal.

Mit flatterndem Herzen und weichen Knien trat ich ein. Meine Augen sausten durch den großen Raum – und blieben an ihm hängen, kaum daß ich ihn sah. Ich konnte meinen Blick nicht von ihm lösen. Da saß er, Ali – und er sah mir quer durch den Saal direkt in die Augen. So teuflisch war sein Blick, daß mir heiß und kalt wurde und alle Kraft auf einen Schlag aus meinem Körper wich. Ich starrte ihn an. Dann – Sekunden später? Minuten? Stunden? – riß ich mich endlich los von diesem Blick, drehte mich um und rannte zur Tür. Nicole hinterher. Draußen holte sie mich ein. »Ich kann da nicht rein!« flehte ich sie an. »Nicole, hast du gesehen, wie er mich anstarrt? Hast du gesehen, wie Ali mich anstarrt? Wenn Blicke töten könnten, hätte er längst sein Ziel erreicht...« Sie nahm mich in den Arm, und wir setzten uns im Gang auf eine Bank. Wir würden warten, bis man mich aufrief.

»Sarah!« Amin kam den Gang entlang. »Wie lange bist du schon hier?«

»Eine gute Stunde.«

»Ich habe von Mama erfahren, daß du heute vorgeladen wirst, und da ich dich sonst nirgendwo erreichen konnte, habe ich mich kurzerhand entschlossen herzufahren. Sarah, ich kann mir gut vorstellen, daß du verdammte Angst hast und daß du Unterstützung gebrauchen kannst.« Ich kam nicht dazu, etwas zu erwidern, mein Name tönte aus dem Lautsprecher.

Ich hatte einen Schleier vor Augen, als ich die mächtige Türklinke herunterdrückte. Der Gerichtsdiener führte mich zu einem Tisch ganz vorn, genau vor dem Richter. Der fragte mich nach meinem Namen, meinem Alter und meiner Adresse. Ich nannte nur meinen Namen und mein Alter. »Meine Adresse werde ich nicht öffentlich bekanntgeben, ich lebe noch immer auf der Flucht«, sagte ich leise ins Mikrophon. Der Richter nickte verständnisvoll.

»Wollen Sie ebenfalls Ihre Aussage verweigern?« Ich senkte den Kopf. »Ich verstehe Sie nicht, bitte antworten Sie laut und deutlich.«

»Ja, ich möchte die Aussage verweigern, da ich

ohnehin nichts über die Geschehnisse weiß.« Der Richter ließ das zu Protokoll nehmen. Dann fragte er den Staatsanwalt und den Verteidiger, ob sie Fragen hätten. Der Staatsanwalt erhob sich. »Was haben Sie mit dem Brief zu tun, der Ihnen damals von der Polizei vorgelegt wurde? Warum wußten Sie sofort, daß der Umschlag von einer Frau adressiert worden war, und daß der Absender gewöhnlich unten links hingeschrieben wird?«

»Ich weiß absolut nichts über diesen Briefumschlag. Er ist mir gezeigt worden, und das war das erste Mal in meinem Leben, daß ich ihn zu Gesicht bekommen habe. Daß man den Absender unten links notiert, weiß ich, weil ich kaufmännische Angestellte bin. Da kennt man sich mit solchen Gepflogenheiten aus.« Die Antwort schien ihm nicht zu genügen, er murmelte unverständlich etwas vor sich hin. Der Richter unterbrach ihn.

»Wären Sie bereit, eine Schriftprobe abzugeben?« Ich nickte, was hatte ich schon zu verbergen? Nichts. Wie konnte ich denn ahnen, daß mich dieses Einverständnis beinahe hinter Gitter bringen würde?

Aber zunächst wurde ich entlassen, mit dem Hinweis, daß ich mit einer weiteren Vorladung rechnen müßte. Erleichtert verließ ich den Saal. Draußen warteten Nicole und Klaus. Ich bat sie, mir jetzt keine Fragen zu stellen. Schweigend fuhren wir nach Hause.

Frank wartete schon auf uns und hatte Kaffee gekocht. Erst jetzt war ich in der Lage zu erzählen, was sich in dem Saal abgespielt hatte. »Du brauchst keine Angst vor der Schriftprobe zu haben«, versuchte Frank mich aufzubauen. »Du hast doch nichts zu verbergen.« Nein, hatte ich nicht, doch es traf mich tief, daß ich mit diesem bestialischen Verbrechen auch nur im geringsten in Verbindung gebracht wurde.

»Komm, trink erst mal einen Kaffee«, bemühte sich Nicole. »Nein, danke, mein Magen rebelliert schon wieder. Lieber nicht.« Dieser Termin hatte alles wieder hochgeholt. Ich kam einfach nicht zur Ruhe. Selbst wenn einmal ein paar Tage oder Wochen weniger aufwühlend verliefen, es war immer nur eine vorübergehende, eine trügerische Ruhe.

Ein paar Tage später mußte Frank vor Gericht erscheinen. Ich begleitete ihn nicht, denn wir wollten die ohnehin angespannte Stimmung nicht noch weiter aufheizen, indem wir zu zweit erschienen. Erst danach erzählte er mir alles haarklein:

Auch ihn fragte man zunächst nach Namen, Alter und Adresse, auch er weigerte sich, unsere Anschrift öffentlich zu nennen. Dann log er, was das Zeug hielt. »Ich kenne Sarah Aziz nur flüchtig«, sagte er, »ich habe sie vorübergehend bei mir aufgenommen, weil sie von ihrer Familie verfolgt wurde. Ich wollte sie schützen.« Er leugnete, um mich vor meinen Verwandten nicht bloßzustellen, die zahlreich versammelt in den Zuschauerreihen saßen. Alis Verteidiger durchschaute diese Absicht. Er bat um eine kurze Unterbrechung, der Richter gab ihr statt.

Draußen auf dem Flur sprach der Anwalt Frank an. »Herr Müller, Sie bringen sich mit Ihren Lügen um Kopf und Kragen! Es wissen doch alle, daß Sie mit Frau Aziz befreundet sind. Sagen Sie die Wahrheit, Sie riskieren sonst eine Strafe wegen Meineids.« Frank war unsicher. »Sie können den Ausschluß der Öffentlichkeit beantragen. Sprechen Sie den Richter darauf an. Wenn die Familie draußen ist, können Sie offen aussagen.« Es war seltsam, diesen Tip ausgerechnet vom Verteidiger des Angeklagten zu bekommen. Frank zögerte.

»Was ist mit Ali Aziz?«

»Der gehört nicht zur Öffentlichkeit, der bleibt. Aber der kann Ihnen nichts anhaben, vor dem brauchen Sie keine Angst zu haben.« Im Augenblick nicht, das stimmte. Aber was würde sein, wenn mein Bruder eines Tages aus dem Gefängnis entlassen würde? Da plärrte es aus dem Lautsprecher: »Die Verhandlung wird fortgesetzt!« Frank betrat den Saal, ging nach vorne zum Richter und beantragte den Ausschluß der Öffentlichkeit. Der Richter gab ohne Zögern statt. Schimpfend erhoben sich meine Verwandten von den Plätzen.

Frank begann noch einmal, diesmal schilderte er die Dinge, wie sie wirklich waren. Er sah, daß der Richter die Brauen hochzog, aber in diesem Prozeß hatte es wohl schon einige erstaunliche Wendungen, Ungereimtheiten und Widersprüche gegeben – er unterbrach Franks Aussage nicht.

Ich war heilfroh, als ich meinen Liebsten zu Hause wieder in die Arme schließen konnte. Ich hatte unglaubliche Angst um ihn gehabt, wie immer, wenn ich meine Verwandten in seiner Nähe wußte. Wir hofften beide, so bald nicht mehr vor Gericht erscheinen zu müssen und vorerst unsere Ruhe zu haben.

4. August 1987

Mein Wunsch, erst einmal nicht mehr meiner Familie gegenübertreten zu müssen, erfüllte sich nicht. Schon drei Tage nach Franks Zeugenaussage rief man mich wieder vor Gericht. Diesmal begleiteten mich Nicole und Amin.

Der Gerichtsdiener führte mich in einen kleineren Raum am Ende des Flures, auf dem auch der Verhandlungssaal lag. Hier hatten verschiedene Gutachter ihr Büro. Ich mußte Formulare ausfüllen, Briefe schreiben und Umschläge beschriften. Dann diktierte mir dieser Schriftexperte noch verschiedene Texte, und zum Schluß ließ er mich einen Aufsatz verfassen. Ich mußte mal schnell, mal langsam schreiben, mal in Druckbuchstaben, mal in Schreibschrift. Über eine Stunde saß ich in seinem Zimmer am Schreibtisch. Dann sammelte er sämtliche Blätter ein und verabschiedete sich. Ich könne gehen, die Ergebnisse seiner Untersuchung würde ich im Rahmen meiner nächsten Vorladung erfahren.

Sie ließ nicht lange auf sich warten, zwei Tage später wurde ich erneut bestellt. Bei diesem Termin dachte ich, ich würde sterben.

Der Schriftsachverständige trug sein Gutachten vor. Danach ließ es sich nicht hundertprozentig ausschließen, daß ich besagten Briefumschlag adressiert hatte. Ich glaube, mein Herz hörte für ein paar Sekunden auf zu schlagen. Verdächtigten sie jetzt wirklich *mich*? Allerdings, fuhr der Gutachter fort, sei es genauso schwer zu beweisen, daß es meine Schrift sei auf dem Umschlag. Konnte er also gar nichts Genaues sagen? Nun, dann waren wir allesamt so schlau, wie vor der Analyse meiner Schriftprobe.

Glücklicherweise konnte ich aber beweisen, daß ich zur fraglichen Zeit, als der Brief zugestellt wurde, weder zu meinem Mann noch zu meinen Eltern Kontakt hatte. Damit wurde das Gutachten vorläufig zu den Akten gelegt, der Umschlag ebenfalls. Allerdings nicht ohne die Bemerkung des Richters, daß das Gericht den offengebliebenen Fragen weiter nachgehen würde. »Sollten wir

Ihnen dann etwas nachweisen können, sehen wir uns wieder«, sagte er und sah mich über den Rand seiner schmalen Brille hinweg streng an.

Ich grübelte noch lange darüber nach, wie es sein konnte, daß die Schrift auf diesem Umschlag meiner so ähnlich war. Sollte das wirklich ein Zufall sein? Oder hatten meine Eltern jemanden angeheuert, der meine Handschrift imitieren konnte? Irgendwann verbannte ich diese Fragen aber aus meinem Kopf – meine Aussagen vor Gericht waren vorläufig abgeschlossen.

Der Prozeß allerdings lief weiter. Amin brachte mich regelmäßig auf den neuesten Stand. Ali schien dem Urteil gelassen entgegenzusehen, kein Wunder, er hatte einen namhaften Verteidiger engagiert, der mit allen Wassern gewaschen war.

Als das Gericht nach wochenlangen Verhandlungen und Vernehmungen zum Abschluß des Verfahrens kam, ging der Verteidiger noch einmal in die Vollen. Er schmetterte das Plädoyer des Staatsanwaltes auf Mord und lebenslängliche Freiheitsstrafe ab. Immerhin fehle bis heute der Kopf des Toten – die Kripo hatte ihn trotz meines Hinweises, knallharter Einschüchterungstaktik und einer intensiven Suchaktion nie finden können. Solange der Kopf des Toten nicht vorliege, argumentierte Alis Anwalt schlau – er galt wohl zu Recht als Star in der deutschen Justizszene –, solange der Kopf des Toten nicht vorliege, lasse sich nicht eindeutig feststellen, durch welche Art von Gewalteinwirkung Samir gestorben sei. Deswegen plädiere er auf Totschlag.

Und so lautete letztlich das Urteil: Totschlag und elf Jahre Haft, davon war die erste Hälfte in Deutschland, die zweite in Jordanien abzusitzen. Die Zeit in Untersuchungshaft würde auf die Strafe angerechnet.

Als Amin nach der Urteilsverkündung zu uns kam und uns informierte, wollte ich es nicht fassen. War Mord etwa nicht gleich Mord? Schließlich war Samir tot, egal, ob man seinen Kopf nun fand oder nicht!

Während ich mich über den Richterspruch und die deutsche Justiz aufregte, rechnete Frank. »Sarah, wir haben jetzt noch genau 4 1/2 Jahre Zeit, um erneut unterzutauchen. Das klingt lange, aber bei dem, was wir alles beachten und erledigen müssen, werden sie im Nu vorbei sein.« Er hatte recht.

13. April 1988

Ich war wieder schwanger. Im Dezember würde ich mein zweites Kind zur Welt bringen – Franks und mein Baby.

Als ich die Praxis des Gynäkologen verließ, wußte ich nicht, ob ich lachen oder weinen sollte. Vor zwei Monaten hatte ich wieder begonnen zu arbeiten, als kaufmännische Angestellte in einer Computerfirma. Der Job machte mir unglaublich viel Spaß, ich war so froh, wieder zu arbeiten, Geld zu verdienen, Anerkennung zu spüren. Ich fühlte mich wie neugeboren. Was würde mein Chef jetzt sagen? Ich war noch in der Probezeit.

Und – was würde Frank sagen? Gut, meine Verwandten stellten uns momentan nicht nach, wir lebten in einer relativen Ruhe. Aber die würde spätestens am Tag von Alis Entlassung vorbei sein. Er würde sich nach seiner Haft in Deutschland völlig frei bewegen können, hatte ich inzwischen erfahren.

Von seiner Strafe in Jordanien hatte mein Vater ihn

freigekauft. Amin hatte berichtet, daß unser Vater bereits kurze Zeit nach der Urteilsverkündung nach Jordanien geflogen war. Dort hatte es einen Prozeß gegeben, mit ihm und Samirs Familie. Wobei Samirs Verwandte einwilligten, auf jegliche Rache zu verzichten; sie akzeptierten, daß es sich bei dem Mord um eine Ehrensache gehandelt habe. Um eine Pflicht, der Ali gehorcht habe, ganz im Sinne der islamischen Regeln. Sie unterschrieben ein Papier, das ein Blutgeld als Ausgleich festsetzte und meinem Bruder nach seiner Entlassung absolute Ruhe garantierte. Wie hoch dieses Blutgeld angesetzt worden war, habe ich bis heute nicht exakt erfahren; meine Geschwister munkeln von einer Summe zwischen 30000 und 40000 Mark.

Für mich bedeutete das zügige Vorgehen meines Vaters höchste Lebensgefahr; ich wußte, daß er ein Mann klarer Planung war, und wenn er die Angelegenheit um Ali erst einmal geregelt hätte, wäre ich als nächste dran gewesen...

Wir mußten also noch einmal untertauchen, diesmal ohne eine noch so winzige Spur zu hinterlassen. Wir würden die Stadt wechseln, alle Freunde zurücklassen und ganz neu anfangen. War das der richtige Zeitpunkt, ein Kind zu bekommen? Alle diese Fragen sausten mir wie Bumerangs durch den Kopf.

Als ich wieder zu Hause war, rief ich Frank an, und seine Reaktion zerschlug jeden meiner Zweifel. Voller Freude jubelte er in den Hörer: »Ooooh, super! Wir bekommen ein Kind! Sarah, Liebste, das hab' ich mir so gewünscht!« Eigentlich hätte ich auch keine andere Reaktion erwarten dürfen...

Nach Feierabend kam er mit einem riesigen Strauß roter Rosen zur Tür hereingesegelt. Er nahm mich in den Arm, hob mich hoch und wirbelte mich herum. Er freute sich wie ein Schneekönig auf unser Baby und mir schlug vor lauter Freude über seine Freude das Herz bis zum Hals.

18. Mai 1988

Es war ein sonniger Nachmittag. Der Himmel war strahlend blau, das Thermometer kletterte auf angenehme 20 Grad, der erste Frühlingstag nach einem langen grauen Winter. Farid spielte draußen vor der Tür und ich nutzte einen freien Tag für einen gründlichen Frühjahrsputz. Ich war gerade dabei, die Gardinen in die Waschmaschine zu stopfen, da klingelte es. Vor der Tür stand unser Nachbar. »Unten fährt ein Auto immer wieder die Straße rauf und runter, ein Mann und eine Frau sitzen drin. Sehen ziemlich arabisch aus und beobachten Ihren Sohn, da dachte ich, ich sag' mal gleich Bescheid!«

Er kannte unsere Geschichte in groben Zügen, nur darum war ihm der Wagen überhaupt aufgefallen. Ich schoß auf den Balkon.

»Farid, komm mal schnell hoch zu Mama«, rief ich, betont ruhig, denn ich wollte ihn weder erschrecken noch neugierig machen. Ich wußte genau, wer in diesem Auto saß. Und dieses Wissen machte mich schwach vor Angst. Sie würden mir meinen Sohn nicht noch einmal wegnehmen. Atemlos kam Farid die Treppen hochgestapft.

»Warum darf ich nicht mehr spielen?« plärrte er. Ich mußte ihn anlügen. Daß ich mich einsam fühlte ohne ihn, sagte ich, und daß es schöner wäre, wenn wir einander ein bißchen Gesellschaft leisten würden. Ich nahm ihn an der Hand, zog ihn ins Schlafzimmer, schloß die Tür ab und rief Frank an.

»Schatz, bitte komm schnell! Hilf mir! Draußen stehen meine Eltern! Ich weiß, sie sind gekommen, um mich zu töten, bitte komm!« flehte ich verzweifelt. Inzwischen wurde draußen Sturm geklingelt. Ich hatte rasende Angst, gleichzeitig wollte ich mir nichts anmerken lassen, um Farid nicht nervös zu machen. Ich bat ihn, im Schlafzimmer auf mich zu warten und schlich auf Zehenspitzen durch den Flur ins Wohnzimmer. Vorsichtig pirschte ich mich an das Wohnzimmerfenster heran. Ein Glück, daß ich zuerst die Küchengardinen abgenommen hatte ...!

Geschützt durch den dichten Vorhang spähte ich auf die Straße hinunter. Da stand der alte Mercedes meiner Eltern, direkt vor unserem Haus. Aber mein Vater und meine Mutter saßen beide im Auto, wer also hatte geläutet? Hatten sie jemanden vorgeschickt? Oder hing da jemand anders am Klingelknopf? Sollte ich öffnen? Oder lieber nicht? Ich bemühte mich, ruhig zu bleiben. Nein, ich würde nicht öffnen, ich würde auf Frank warten. Ich schlich zurück ins Schlafzimmer, wo Farid mit großen Augen auf dem Bett saß. Ich nahm ihn in die Arme und betete: »Bitte, Allah, laß' sie nicht die Tür aufbrechen!«

»Mama, warum müssen wir hier sitzen?« fragte mich Farid mit piepsiger Stimme.

»Weil draußen Menschen sind, die Mama und dich nicht lieb haben«, versuchte ich ihm vorsichtig beizubringen. »Und darum müssen wir hier sitzen bleiben, leise sein und auf Papa warten. Wenn er kommt, beschützt er uns.« Glücklicherweise begriff der Kleine den Ernst der Lage nicht.

»Bis Papa kommt beschütze ich Dich, Mama,« plapperte er. Aller Anspannung zum Trotz mußte ich lächeln. Mittenhinein schrillte wieder die Klingel. Oh, Himmel! Woher hatten sie bloß schon wieder unsere Adresse? Hatte die Kripo geredet? Oder hatte uns irgend jemand verraten? Und wenn ja – wer? Ich konnte mir nicht vorstellen, daß unsere Freunde... oder Amin... ausgeschlossen. Andererseits: Was war schon unmöglich? Das Klingeln riß nicht ab. Ich schlich noch einmal auf Zehenspitzen den Flur entlang. Mucksmäuschenstill und absolut regungslos verharrte ich an der Wohnungstür. Draußen hörte ich die Stimme meiner Mutter.

»Sarah, bitte laß' mich rein, ich möchte sehen, wie es dir geht«, flehte sie. Diese falsche Schlange. Ich würde nicht noch einmal auf ihr verlogenes Gerede hereinfallen. Da hörte ich Schritte, Schritte eines Mannes, der die Treppe hochkam.

»Verschwinden Sie!« Frank! Endlich, endlich kam er. »Lassen Sie uns in Ruhe!« hörte ich ihn wütend meine Mutter anherrschen. Er schloß die Tür auf und trat ein. Aber nicht allein, bei ihm war Anke.

»Wo kommst du denn her? Hast du etwa draußen bei meinen Eltern gestanden?«

»Nein«, versicherte Anke, während Frank die Tür wieder zusperrte. Ein Schloß und ein Sicherheitsschloß hatten wir, und eine weitere, zusätzliche Sicherheitsverriegelung. Wie ein Hochsicherheitstrakt, schoß es mir durch den Kopf, während ich seinen Handbewegungen zusah – nur daß ich hier trotzdem nicht sicher war.

»Amin und ich wollten euch besuchen«, erzählte Anke aufgeregt. »Als wir in die Straße einbogen, sahen wir den Wagen deiner Eltern, und Amin versuchte sofort zu wenden, aber dein Vater hatte uns schon gesehen. Wir mußten aussteigen. Amin flüsterte mir zu, ich solle schnell hochlaufen, um dich zu warnen, aber es hat niemand geöffnet, obwohl ich Sturm geläutet habe. Als ich deine Mutter ins Treppenhaus kommen hörte, bin ich schnell eine Etage höher gelaufen und habe mich versteckt. Amin wollte deinen Vater dazu bringen, wieder zu fahren, weil du sowieso nicht aufmachen würdest...« Anke war beinahe so aufgeregt wie ich, und auch Frank stand kurz davor durchzudrehen. An seinem Hals bildeten sich hektische Flecken. Er stand hinter dem Vorhang im Wohnzimmer und sah hinunter auf die Straße.

»Amin und dein Vater streiten miteinander«.

Im Treppenhaus setzte meine Mutter wieder an: »Sarah, mach auf! Wie kannst du es zulassen, daß ein Ungläubiger deine Mutter verjagen will? Hast du vergessen, was es bedeutet, die eigene Mutter abzuweisen? Laß mich rein, Sarah!« Ihre Heuchelei ekelte mich an. Natürlich hätte ich meine Mutter jederzeit in mein Haus gelassen, wenn sie wie eine Mutter zu mir wäre! Wenn sie mich wie eine Tochter liebte. Aber das tat sie nicht, sie hatte es mir lange Jahre eindringlich bewiesen. Und ich kannte ihre Verlogenheit. Um mich ihrem Willen zu unterwerfen, war ihr jedes Mittel recht, denn mich nach ihrer Pfeife tanzen zu sehen, war ihr größter Wunsch. Aber ich würde ihr nie wieder eine Möglichkeit geben, mich zu verletzen, das hatte ich mir geschworen. Und jetzt, wo ich wieder schwanger war, schon gar nicht.

»Draußen scheint sich die Lage zuzuspitzen.« Frank stand immer noch hinter dem Vorhang. »Ich glaube, dein Vater will hochkommen. Amin hält ihn fest, aber der Alte stößt ihn immer wieder zur Seite... Jetzt geht er auf die Haustür zu, er hat irgendetwas in der Hand...

Mein Gott, was ist da bloß los? Soll ich runtergehen und Amin helfen?«

»Nein«, entfuhr es mir. »Nein, bleib hier. Amin kann sich selber helfen.« Ich wollte auf alle Fälle verhindern, daß Frank meinen Eltern in die Arme lief, er sah aus, als sei er inzwischen zu allem fähig.

»Oh Gott, er hat eine Pistole. Das Ding in seiner Hand ist eine Pistole!« Frank wurde blaß.

»Entweder rufen wir jetzt die Polizei oder ich gehe runter«, sagte er scharf.

Eine Pistole. Ich hatte also recht gehabt. Und trotzdem schockierte es mich, daß mein Vater tatsächlich mit einer Waffe vor meiner Haustür aufkreuzte. Ich griff zum Telefon. Der Polizeibeamte bat mich, ruhig zu bleiben. »Es kommt sofort ein Streifenwagen vorbei.«

Im Hausflur war es ruhig geworden. Meine Mutter schien also eingesehen zu haben, daß ihr Flehen und Betteln nichts nutzte. Ich schlich zu Frank ans Fenster. Im Schutz der Gardine beobachteten wir, was sich auf der Straße abspielte. Nach fünf Minuten, die mir eher wie fünf Stunden erschienen, kam endlich der Peterwagen. Ein kurzes Gerangel, und die Polizisten legten meinen Eltern Handschellen an, verfrachteten sie ins Auto und fuhren mit ihnen weg. Ich atmete auf. Es waren meine Eltern, ja, aber in diesem Augenblick war es mir egal, daß sie verhaftet wurden. Sie hatten mir keine Wahl gelassen, sie waren gekommen, um mich zu töten. Was hätte ich anderes tun können?

Gewissensbisse wegen meines Anrufs bei der Polizei bekam ich erst ein paar Tage später. Von Mona und Samira erfuhr ich, daß meine Eltern verwarnt worden waren. Die Beamten hatten sie außerdem aufgefordert, sich nicht mehr in der Nähe meiner Wohnung blicken zu lassen. Fortan terrorisierten meine Eltern uns deshalb per Telefon.

Bei einem dieser Anrufe nahm ich all meinen Mut zusammen und fragte meinen Vater, wie er unsere neue Adresse herausgefunden hatte. Die Antwort sollte mir zeigen, wie unglaublich schwierig es doch war unterzutauchen, selbst wenn man sich noch so bemühte, alle Spuren zu verwischen: Der Staranwalt meines Bruders hatte nämlich Akteneinsicht beantragt. So saß Ali also im Gefängnis und war stets auf dem neuesten Stand. Er konnte erstens meine gesamten Aussagen gegenüber der Kripo und vor Gericht nachlesen, und er wußte zweitens ständig, wo ich mich gerade aufhielt.

Meine neue Adresse dann noch meinem Vater zuzuspielen, war ein Kinderspiel.

20. Januar 1989

Am 10. Dezember 1988, nachts um zehn nach elf, wurde unsere Tochter Janine geboren. Frank und ich waren überglücklich. Die Kleine war gesund und äußerst munter, sie hielt die Krankenschwestern gut auf Trab.

Genau wie Farid hatte Janine rabenschwarze Haare und große braune Augen. Ich war darüber sehr froh. Bislang dachte Farid, Frank sei sein Vater und wir wollten ihn vorerst auch in diesem Glauben lassen. Wir wollten dem Jungen erst die Wahrheit sagen, wenn er größer war. Solange seine Schwester also aussah wie er, würde kein freundlicher Nachbar scheinheilig fragen: »Warum hat dein Schwesterchen denn blonde Haare und du nicht? Hat sie etwa einen anderen Papi...?«

Während der gesamten Schwangerschaft hatte ich Farid so sanft wie möglich darauf vorbereitet, daß wir bald zu viert sein würden. Er sollte sich nicht zurückgesetzt fühlen. Ich war froh als ich sah, daß der Junge, kaum daß ich mit Janine aus der Klinik kam, den großen Bruder mimte.

In den Wochen nach der Geburt verlief unser Leben so ruhig und harmonisch wie selten zuvor. Frank schwebte auf Wolken vor lauter Vaterglück, ich freute mich, alle meine Lieben so glücklich zu sehen, und Farid präsentierte bei jeder Gelegenheit stolz sein kleines Schwesterchen. Wir waren eine Bilderbuchfamilie.

Vielleicht lag es an der offensichtlichen Ausgeglichenheit, die ich ausstrahlte, daß Amin mich eines Tages ins Vertrauen zog. »Sarah, du sollst wissen, was sich in jener Nacht ereignet hat.« Und dann erzählte er mir endlich die ganze Geschichte:

Nachdem ich ihn verlassen hatte, begann Samir damit, meine Eltern unablässig zu demütigen. Immer wieder zog er über mich her, und einmal öffnete er mitten im Wohnzimmer, vor unseren Schwestern, vor Mama, Papa und noch einigen Verwandten seinen Reißverschluß. »Ich bin froh, daß du das nicht mitansehen mußtest.« Amin schüttelte den Kopf bei der Erinnerung. »Er zog seine Unterhosen herunter und hielt sein Ding allen regelrecht unter die Nase. Er fluchte! ›Dieses gute Stück hat meiner Ehefrau nicht mehr genügt, sie treibt es jetzt mit einem anderen!‹ Er drohte Vater sogar, jedes Mädchen aus unserer Familie zu entjungfern. Er hat uns alle fürchterlich beleidigt.«

Eines Abends, so schilderte mein Bruder weiter, hatte Samir Ali eingeladen, mit ihm in die Disco zu fahren. Ali sagte zu, da er ohnehin mit Samir über dessen Entgleisungen reden wollte, und er bat Amin mitzukommen. »Wir sind von einer Disco in die andere gefahren, aber die Stimmung war mies. Gegen ein Uhr nachts wollte Samir dann nach Hause, und wir begleiteten ihn.

Kaum waren wir in der Wohnung, fing er wieder an, über dich herzuziehen. Er hat Ali einen Waschlappen genannt, der untätig zusieht, wie deutsche Männer über seine Schwester steigen.« Ich konnte mir die Haßtiraden und Ausfälle meines Mannes sehr gut vorstellen, in meiner Erinnerung waren solche Szenen noch sehr wach.

»Er hielt Ali einen alten Putzlappen unter die Nase und schrie: ›Das bist du, ein Lumpen! Du bist nicht mehr wert als dieser Putzlumpen!‹ Da wurde Ali dann fuchsteufelswild. Er hatte sich schon den ganzen Abend über beherrschen müssen, und das war ihm dann zu viel. Samir merkte, daß er zu weit gegangen war, und da, du glaubst es nicht, legte er sich einfach ins Bett und tat, als schliefe er.« Amin wurde immer blasser, es war ihm deutlich anzumerken, daß der Schrecken dieser Nacht ihm immer noch im Nacken saß.

»Was hast du denn gemacht die ganze Zeit?«

»Naja, ich hab versucht Ali zu beruhigen, ich hab auf ihn eingeredet wie ein Wahnsinniger, aber das hatte alles keinen Wert. Irgendwann hab' ich die Tür hinter mir zugeknallt und bin gefahren. Ich hab' diese Hochspannung nicht mehr ausgehalten.« Amin stockte. Ich sagte nichts, ich sah meinen Bruder nur an und wartete. »Ich bin dann ziellos durch die Stadt gefahren, ich wußte nicht, was ich tun sollte. Irgendwann, ich glaube das war so um drei Uhr, beschloß ich zurückzufahren. Ich dachte, am besten probier' ich nochmal, Ali nach Hause zu bringen, weg von diesem Dreckskerl.« Amin tat sich immer schwerer, die Pausen zwischen seinen Sätzen wurden immer länger. »Als ich an eurer Tür klingelte, hatte ich schon ein mulmiges Gefühl. Irgendwie war mir unheimlich, warum, kann ich heute noch nicht erklären.

Als Ali die Tür öffnete, wußte ich sofort, daß etwas Fürchterliches passiert war.« Amin hielt inne, legte für einen Moment sein Gesicht in die Hände und atmete tief durch. Ich spürte, daß ich am ganzen Körper eine Gänsehaut hatte. Mein Magen war flau – aber ich wollte wissen, was geschehen war.

»Erzähl weiter.«

»Ach Sarah, es war so grausam. Als ich die Schlafzimmertür aufmachte, sah ich, daß mein Gefühl mich nicht getäuscht hatte. Samir lag auf dem Boden, in einer riesigen Blutlache. Es war so viel Blut, ich... ich war ja auf alles gefaßt gewesen, aber ehrlich, ich bin so erschrocken, daß ich mich beinahe an Ort und Stelle übergeben hätte.«

Während Amin durch die Nacht gefahren war, hatte Ali ein Messer genommen und Samir die Kehle durchgeschnitten.

»Wir überlegten fieberhaft, wie wir die Leiche verschwinden lassen könnten«. Amin sprach stockend weiter. »Das klingt schrecklich, ich weiß, aber was hätte ich denn machen sollen? Die Polizei rufen?

Als Ali kapierte, was er getan hatte, gingen ihm die Nerven durch. Wie ein Wilder redete er auf mich ein, es sei meine Pflicht als sein Bruder, ihm zu helfen. Wir beschlossen, die Leiche zu zersägen, um sie unauffällig aus dem Haus transportieren zu können. Sarah, weißt du wie das ist? Eine Säge auf Fleisch? Auf Knochen?« Amir zitterte, er war ganz grün im Gesicht.

»Ali...«, er schluckte hart, »...Ali hat dann die

Teile in Kartons verstaut. An einer Tankstelle kauften wir einen Kanister, füllten ihn mit Benzin und fuhren zu dem Parkplatz.« Ich mußte auch schlucken. Deutlich sah ich alle diese Bilder vor mir. Trotzdem blieb ich seltsam ruhig, viel ruhiger als Amin. Ich wollte Klarheit. Ich wollte wissen, was in dieser Nacht geschehen war. Um meiner Phantasie Grenzen zu setzen und endlich diese schrecklichen Alpträume loszuwerden, mußte ich durch die Realität.

»Und wo ist der Kopf?« fragte ich leise.

»Ali hat ihn in eine Mülltonne auf dem Parkplatz gestopft. Eingepackt in eine Plastiktüte.« Ein leiser Schauer fuhr mir über den Rücken. Ich erinnerte mich an meinen Traum, in dem ich genau dieses Bild gesehen hatte.

»Oh Sarah, Sarah. Ich würde das alles so gern vergessen, aber es fällt so schwer. Aber...«, er sah mich an, ein wenig schien er sich zu beruhigen, »... ich bin froh, daß ich es dir endlich erzählt habe, es hat mich so gequält. Ich hoffe, du wendest dich jetzt nicht von mir ab, Sarah.« Ich sah meinen Bruder an, wie er da vor mir saß. Ein Häufchen Elend. Vor Scham und Grauen tief versunken in die Kissen.

»Nein, Amin, ich bin froh, daß du es mir erzählt hast. Ich glaube, ich kann jetzt endlich innerlich zur Ruhe kommen.«

Und tatsächlich begannen meine Alpträume seltener zu werden. Verstehen werde ich diese Tat wohl nie, ich kann einfach nicht fassen, daß Menschen zu solchen Grausamkeiten fähig sind. Aber ich kämpfe seitdem nicht mehr mit dieser Ungewißheit, mit meiner blühenden Phantasie, die nach Erklärungen für das Unbegreifliche sucht. Der psychische Streß, unter dem ich jahrelang gelitten hatte, nahm ab, nachdem Amin mir die Wahrheit über diese Nacht gesagt hatte.

Später haben Amin und ich nie wieder ein einziges Wort über diese grausamen Ereignisse verloren; wir waren beide bemüht, endlich zu vergessen.

10. Juni 1989

Mein Antrag auf Einbürgerung schien in den deutschen Amtsstuben vor sich hin zu schimmeln. Im Herbst 1986, also vor über zweieinhalb Jahren, hatte ich die entsprechenden Formulare ausgefüllt und abgegeben. Und seitdem wartete ich auf ein Ergebnis.

Jetzt wurde eine Entscheidung in dieser Sache immer dringlicher: Im August würde mein jordanischer Paß ablaufen. Bekam ich bis dahin keinen positiven Bescheid, wäre ich gezwungen, in der jordanischen Botschaft vorzusprechen, um meinen Paß verlängern zu lassen. Davor hatte ich allerdings große Angst: Meine Schwester hatte mir in einem heimlichen Telefonat erzählt, daß mein Vater zur Botschaft nach Bonn gefahren sei. Er hatte guten Kontakt zu dem Botschafter, die beiden kannten sich schon lange. Mein Vater habe ihn gebeten, mich, falls ich auftauche, um meinen Paß zu verlängern, dazubehalten. Man solle mir Farid abnehmen, da der Junge, nach moslemischer Tradition, bei Samirs Eltern in Jordanien leben müsse. Für mich war seitdem klar: Ich fahre niemals nach Bonn. Ich betrete diese Botschaft um nichts in der Welt, nicht einmal alleine.

Ich brauchte nicht viel Phantasie, mir auszumalen, was dort mit mir geschehen könnte. Sie würden mich festhalten, bedrohen, erpressen... Eine Botschaft ist kein bundesdeutsches Hoheitsgebiet, die Polizei hätte mir nicht einmal helfen können. Lieber würde ich ohne gültigen Paß herumlaufen.

Parallel dazu liefen die Anträge auf Namensänderung, die Frank und ich gestellt hatten. Sie waren nötig, wenn wir wirklich spurlos untertauchen wollten, erwiesen sich aber ebenfalls als äußerst langwierig. Denn erstens können nur deutsche Staatsbürger eine Namensänderung beantragen. Diese Vorschrift bremste mich vorübergehend aus, da über meinen Einbürgerungsformularen wie gesagt seit geraumer Zeit irgendwelche Bürokraten brüteten. Und zweitens hatte man mir, als ich Janine nach der Geburt bei den Behörden anmeldete, erklärt, daß meine Tochter Jordanierin sei. Weil das uneheliche Kind einer Ausländerin immer automatisch die Staatsangehörigkeit der Mutter habe. Ich mußte also auch für Janine die deutsche Staatsbürgerschaft beantragen.

Weil die Kleine nun als Jordanierin galt, bekam sie auch meinen Namen – was letzlich zu der absurden Situation führte, daß wir eine vierköpfige Familie mit drei (!) verschiedenen Nachnamen waren: Janine trug meinen Mädchennamen, Farid den seines Vaters, Frank seinen, und ich konnte zwischen Samirs und dem meiner Eltern wählen. Das machte die Sache wahrlich nicht leichter...

Unter Aufbietung meiner gesamten Überredungskünste gelang es mir allerdings, den Sachbearbeiter beim Jugendamt gnädig zu stimmen. Angesichts der unglaublichen bürokratischen Hindernisse, die ich zu bewältigen hatte, machte er es irgendwann und irgendwie möglich, daß Janine zumindest Franks Familiennamen annehmen konnte.

Im April 1989 bekamen wir dann endlich den heißersehnten und alles entscheidenden Brief: Unsere Anträge waren von den deutschen Behörden bewilligt worden. Allerdings, so ein Vermerk am Ende des Anschreibens, mußten wir unsere jordanische Staatsbürgerschaft ablegen. Sonst wäre die deutsche automatisch innerhalb einer bestimmten Frist wieder verfallen. Also schrieben wir der jordanischen Botschaft, füllten noch einmal lange Formulare aus, bezahlten noch einmal Verwaltungsgebühren und warteten. Noch einmal.

Lange Zeit geschah gar nichts. Ich wurde immer unruhiger, denn der August rückte näher und mit ihm der Tag, an dem mein Paß ablaufen würde. Schließlich bemühte ich einen Anwalt, und siehe da, es kam Bewegung in den Apparat. Ich wurde aufgefordert, meinen Personalausweis einzuschicken und noch einmal Verwaltungsgebühren zu bezahlen, was ich prompt tat. Und dann kamen – nach Wochen zermürbender Warterei – meine Ausbürgerungspapiere. Meine Kinder und ich waren deutsche Staatsbürger geworden! Wir ließen die Korken knallen ...

Nun konnten wir für die ganze Familie eine Namensänderung erwirken, was uns der ersehnten neuen Identität einen entscheidenden Schritt näher brachte.

Auf dieser Etappe unseres Versuches, alle Spuren hinter uns zu verwischen, haben uns die deutschen Behörden dann sehr geholfen, sowohl die zuständigen Beamten als auch der Stadtdirektor unseres Heimatortes setzten sich sehr für uns ein. Sie nutzen gewisse Ermessensspielräume innerhalb der Paragraphenwüste aus, wofür wir ihnen sehr, sehr dankbar waren.

Ich hatte den Sachbearbeitern, die mit dem Fall zu

tun hatten, oft und eindringlich unsere äußerst prekäre Lage beschrieben: meine Flucht, die Drohungen meiner Familie, die Angst um die Kinder und und und. Irgendwann schrieb ich sogar einen Bittbrief an den zuständigen Regierungspräsidenten und kündigte einen Sitzstreik vor dem Regierungsgebäude an für den Fall, daß er mein Schreiben nicht beantworte. Am Ende machten die Beamten es dann möglich, daß wir alle vier denselben Namen annehmen konnten, ohne daß Frank und ich heiraten mußten.

12. August 1989

Ich hängte gerade die letzten Girlanden auf, als das Telefon klingelte. »Keine Zeit«, dachte ich. In einer Stunde würden Farids Spielkameraden vor der Tür stehen, denn heute wurde mein kleiner Sohn fünf Jahre alt, und aus diesem feierlichen Anlaß durfte er seine erste Party geben. »Keine Zeit«. Und noch schnell die Kerzen auf die Torte ... Farid fieberte seinem Geburtstag schon seit Tagen entgegen. Jetzt zog er gerade mit Janine im Schlepptau um den Kaffeetisch und verteilte Konfetti über die Tischdecke.

Das Telefon klingelte immer noch. »Ja doch!« Ich spurtete auf den Flur, nahm den Hörer ab und meldete mich. Am anderen Ende der Leitung hörte ich nur ein lautes Schluchzen. »Hallo ...?« Das Schluchzen hörte nicht auf. Endlich stammelte die Stimme ein paar Worte – und ich erkannte Amin.

»Sarah, Papa ist tot.« Was? Ein ganz seltsames und unbekanntes Gefühl beschlich mich. Unser Vater war gestorben. Der Mann, der mir in den vergangenen Jahren das Leben zur Hölle gemacht hatte, war tot. Ich war wie vor den Kopf geschlagen.

Unter Tränen erzählte Amin, daß unser Vater unterwegs auf der Autofahrt von Jordanien nach Deutschland heftige Bauchschmerzen bekommen hatte. In Sofia, in Bulgarien, brachte man ihn ins Krankenhaus. Er hatte einen komplizierten Darmverschluß. Die Ärzte bereiteten sofort alles für eine Operation vor, doch sie konnten ihm nicht mehr helfen. Sein Herz war zu schwach, um den Eingriff zu überstehen.

Weinend legte ich den Hörer auf die Gabel. Ich fühlte mich unendlich leer und traurig. Wie auch immer er gewesen war, er war trotz allem mein Vater! Als die treibende Kraft seines Hasses sah ich inzwischen ohnehin meine Mutter. Sie hatte ihn ständig wieder gegen mich aufgestachelt. Sie war einfach eine Person, die immer nur Zwietracht säte. Mein Vater dagegen – nun, er war zwar, was Traditionen und religiöse Vorschriften anbelangte, verbohrt, aber in seiner Seele letztlich doch ein friedliebender Mensch. Was würde nun aus meiner Mutter werden? Und was aus Mona und Samira, die immer noch bei meinen Eltern lebten?

Als ich Frank abends die Neuigkeit erzählte, warf er jubelnd die Blumen, die er mir mitgebracht hatte, durch die Luft. Ich konnte ihn verstehen, für ihn war sein Erzfeind gestorben; trotzdem verletzte mich seine hemmungslose Freude. Ich hatte ein bißchen mehr Verständnis erwartet.

Mit dem Bild meines Vaters vor Augen und einem schweren Herzen schlief ich in dieser Nacht ein.

1. Juli 1990

Am 15. November 1989 hatten wir endlich unsere neuen Pässe bekommen. Janine, Farid und ich waren nun – sozusagen mit Brief und Siegel – Bürger der Bundesrepublik Deutschland. Jetzt konnten Frank und ich Schritt für Schritt alles weitere in die Wege leiten.

Zuerst mußten wir überlegen, in welche Stadt wir ziehen wollten. In eine Großstadt, in eine Kleinstadt, aufs Dorf? In Süden war das Wetter in der Regel besser, im Norden hatte man dafür das Meer in der Nähe. Frank schickte Bewerbungen an verschiedene Unternehmen, überall im Land. Er hatte sich entschieden, aus der Bundeswehr auszutreten und in einem zivilen Beruf zu arbeiten. Ein paar Vorstellungsgespräche hatte er schon geführt, aber bislang war noch nichts entschieden. Als nächstes würden wir dann in der entsprechenden Stadt eine Wohnung finden müssen und so weiter und so weiter...

Wir wußten beide, daß wir alle unsere Freunde und Bekannten würden zurücklassen müssen. Keiner von ihnen sollte wissen, wohin wir verschwanden, niemand sollte erpreßbar sein. Obwohl es noch nicht so weit war, wurde sowohl Frank als auch mir oft schwer ums Herz. Menschen, mit denen man Jahre seines Lebens verbracht hat, sang- und klanglos zu verlassen, das tut sehr weh.

Am meisten schmerzte mich der bevorstehende Abschied allerdings für Farid. Der Junge war inzwischen eingeschult worden. Jeden Morgen schwang er sich begeistert seinen Ranzen auf den Rücken und stiefelte los. Zuerst auf die gegenüberliegende Straßenseite, wo er seinen Freund Tobias abholte, und dann weiter zur

Schule. Er ging gern hin, und ich mußte an meine eigene Kindheit denken: Wie gern ich zur Schule gegangen war, und wie schwer mir meine Mutter es gemacht hatte. Farid würde es leichter haben.

Mit seinen Klassenkameraden verstand sich der Junge prima, oft kam er nach dem Unterricht nach Hause und brachte ein paar von ihnen mit. Sie machten gemeinsam Hausaufgaben und spielten anschließend zusammen. Trotzdem würde dieses erste Schuljahr für ihn das einzige in dieser Stadt bleiben. Alis Entlassungstermin war der 28. April 1992, und bis dahin mußten wir alle längst unerkannt an einem anderen Ort ein neues Leben begonnen haben.

Obwohl wir schon dabei waren, unseren Umzug von langer Hand zu organisieren, wollte ich doch noch einen letzten Versuch unternehmen, mich mit Ali zu versöhnen. Da war noch ein kleines bißchen Hoffnung in mir, ihm einmal erklären zu können, *warum* ich Samir verlassen hatte, *warum* ich mit Frank zusammen lebte, *warum* alles war, wie es war. Ich wollte versuchen, ihn auf unsere Seite zu bringen – und ihn dem negativen, dem intriganten und verlogenen Einfluß meiner Mutter zu entziehen.

Frank war vor einer Weile zum Islam übergetreten, vielleicht würde meine Familie unsere Liebe nach diesem Akt nun doch noch akzeptieren? Lieber spät als nie ... Eines Tages kopierte ich also das Zertifikat, das Franks Konversion bestätigte und schrieb meinem Bruder einen langen Brief: *Lieber Bruder, ich schicke Dir mit diesen Zeilen etwas, das Dir zeigen soll, wie sehr wir immer noch bemüht sind, uns wieder mit Dir auszusöhnen: Wie Du selbst sehen kannst, ist Frank zum Islam übergetreten. Er hat sein bisheriges Leben radikal umge-*

krempelt, um mit mir leben zu können; er ist Moslem geworden aus Liebe zu mir. Aus Liebe zu mir und zu unseren Kindern, wir sind nämlich inzwischen eine Familie. Farid hat ein Schwesterchen bekommen, sie heißt Janine und ist ein halbes Jahr alt. Frank und ich versuchen, den beiden gute Eltern zu sein, und, Ali, Du weißt, was das bedeutet! Du bist doch selbst Vater von drei Söhnen. Kinder setzt man nicht einfach in die Welt, sie großzuziehen ist eine verantwortungsvolle Aufgabe für viele, viele Jahre.

Du siehst also, Frank und ich meinen es wirklich ernst miteinander. Ich wünsche mir von Herzen, daß Du das eines Tages auch akzeptieren kannst. Warum versuchst Du nicht einzusehen, daß jeder seinen Weg gehen muß, und daß mein Platz im Leben an der Seite von Frank und meinen Kindern ist?

Vermutlich denkst Du im Gefängnis viel über die Vergangenheit nach, hoffentlich nicht nur über die Fehler, die wir alle gemacht haben. Ali, Fehler müssen sein, ohne sie würden wir im Leben nichts lernen. Aber es liegt nicht an Dir oder mir, Fehler anderer zu verurteilen. Jeder Mensch hat sein Schicksal, und über allem steht Gott. Lassen wir ihn entscheiden, welche Vergehen wie gesühnt werden müssen. Warum versuchst Du nicht, die Vergangenheit zu vergessen?

Ja, ich weiß, das was war, ist nicht zu vergessen, es hat in uns allen tiefe Spuren hinterlassen. Aber wir haben noch eine Zukunft! Auch Du. Und Haß, lieber Bruder, Haß macht niemanden glücklich, im Gegenteil, Haß macht mürbe und müde. Ich wünsche Dir nach Deiner Entlassung ein Leben in Frieden. In Frieden mit Dir selbst, mit Deiner Frau und Deinen Söhnen. Und vielleicht auch mit mir, denn, Ali, wir sind trotz allem Ge-

schwister und sollten zueinander stehen. Es wäre doch eine Schande, wenn wir einander hassen würden, wenn Du mich verfolgen und ich den Rest meines Lebens vor Dir, meinem leiblichen Bruder, davonlaufen müßte. Ich kann mir nichts Schlimmeres vorstellen!

Ali, ich bitte Dich über meine Worte nachzudenken. Es liegt jetzt an Dir, ob wir weiterhin wie Geschwister oder wie Todfeinde leben. Ich würde Dich gerne besuchen, habe aber Zweifel, ob Du einverstanden bist. Wenn Du bereit bist zu einem Wiedersehen, laß es mich wissen. In der Hoffnung auf eine positive Nachricht von Dir grüße ich Dich von Herzen,

Deine Schwester Sarah.

Kurz bevor ich den Brief in den Postkasten warf, überkamen mich noch einmal Zweifel: War es richtig, auf Ali zuzugehen? Vielleicht würde er meinen Brief gar nicht lesen? Und wenn doch, wie würde wohl seine Reaktion sein?

Ich brauchte nicht lange zu warten, die Antwort meines Bruders kam schon fünf Tage später. Er schrieb:

Liebe Schwester, ich habe mich sehr über Deinen Brief gefreut. Hab vielen Dank für Deine netten Worte.

Du hast recht, ich denke hier im Gefängnis viel über die Vergangenheit nach, aber ich versuche auch zu vergessen, um nachher ein neues Leben anfangen zu können. Gemeinsam mit meiner Familie. Ich fasse mich kurz an dieser Stelle, denn ich würde lieber mit Dir sprechen. Es wäre schön, wenn Frank und Du mich besuchen würdet. Und zwar bald. Ich freue mich auf ein Wiedersehen,

Dein Bruder Ali.

Als ich seinen Brief in der Hand hielt, freute ich mich zum ersten Mal seit Jahren wieder über ein Lebenszeichen meines Bruders. Seine wenigen Worte ließen mich hoffen. Sollte er eingesehen haben, daß es besser für uns beide wäre, uns zu versöhnen und friedlich weiterzuleben? Dann hätten alle meine Ängste, unser Leben auf der Flucht, alles Versteckspielen und Untertauchen der vergangenen sechs Jahre endlich ein Ende ...

14. Juli 1990

Frank und ich waren auf dem Weg zu Ali. Amin begleitete uns. Es war ein seltsames Gefühl, als wir das Gefängnis betraten. Nicht wegen der Gitter überall, wegen der Wärter mit ihren Schlüsselbunden und den Formularen, die wir am Eingang ausfüllen mußten. Nein, warum mir mulmig wurde, war, daß ich überhaupt nicht einschätzen konnte, wie Ali nach all der Zeit im Gefängnis auf mich reagieren würde. Wir würden uns gleich zum ersten Mal seit drei Jahren begegnen. Das letzte Mal war jenes gräßliche Zusammentreffen im Gerichtssaal gewesen.

Mit wahnsinnigem Herzklopfen folgte ich dem Vollzugsbeamten, der uns durch mehrere Schleusen in den Besucherraum führte. Auch Amin und Frank waren äußerst gespannt. Wir mußten einen Moment warten, bis Ali aus seiner Zelle geholt würde und ich setzte mich. Ich hatte Angst, meine Beine würden versagen.

Dann hörte ich den Schlüssel von außen im Schloß. Die schwere Tür des Besucherraumes ging langsam auf – und mein Bruder kam herein. Der Beamte setzte sich auf einen Hocker in der Ecke des Raumes. Ali sah magerer aus, als ich ihn in Erinnerung hatte. Seine Haare waren struppig, seine Augen ohne ihren alten Glanz.

Er kam auf uns zu und schüttelte zuerst Frank, dann Amin und schließlich mir die Hände. »Ich freue mich, euch nach so langer Zeit wieder zu sehen!« Sein Ton war überschwenglich, gut gelaunt. Eine Spur zu gut. »Ihr habt euch alle drei sehr zu eurem Vorteil verändert.« Sein Blick blieb an mir haften. »Besonders du, Sarah!« Ich trat einen Schritt zurück. Irgend etwas an seinem Ton stimmte nicht. Seine Worte berührten mich nicht. Ihr Inhalt war herzlich, aber es ging keine Wärme von ihnen aus. In mir stieg Kälte auf. Ali plauderte munter drauf los, aber ich wußte, seine Freundlichkeit war nur Schein. Er log. Er log, ich war mir sicher.

Immer noch lächelnd, beugte sich Ali dicht zu mir heran. »Heute sitzen wir hier und lachen, aber eines Tages treffe ich dich alleine und dann werde ich dein Lächeln aus dir herausprügeln.« Meine Eingeweide zogen sich zusammen. Seine Worte hallten nach in meinen Ohren.

Obwohl er leise gesprochen hatte, war Amin die Drohung nicht entgangen. Nur Frank nahm sie nicht war, denn er verstand die arabischen Worte nicht. Und bei dem Gesicht, das mein Bruder aufsetzte, bei dieser plakativ freundlichen und heiteren Miene, wäre kein Mensch auf die Idee gekommen, Ali könne gerade eine Morddrohung ausgestoßen haben. Ich bekam Magenschmerzen.

»Laßt uns nach Hause fahren«, bat ich Frank und Amin. Ich wollte hier raus, so schnell wie möglich. »Der Babysitter hat nur bis fünf Uhr Zeit.« Amin verstand und sagte, er habe auch noch einen Termin, Frank wunderte sich, ließ sich aber anstandslos mitziehen. Der Abschied war kurz und wenig herzlich.

Im Auto übersetzte ich Frank die Sätze, die Ali mir

zugeraunt hatte. Er nahm mich in den Arm und sagte eine Weile nichts. Dann sah er mich an. »Wir haben alles versucht, mehr können wir wirklich nicht tun.« Auch er hatte Zweifel gehabt, ob Ali es wirklich ernst meinte. Nun wußten wir, daß unsere Hoffnungen umsonst gewesen waren. Der Rest der Fahrt verlief sehr einsilbig.

Ich zerbrach mir – auch noch während der nächsten Tage – immer wieder den Kopf darüber, warum Ali erst so einen herzlichen Brief geschrieben hatte, sich dann aber doch hart und gnadenlos zeigte. Samira sollte mir später die Antwort auf diese Frage geben: Es war – einmal mehr – meine Mutter, die hier intrigiert hatte. Sie hatte Ali aufgehetzt, indem sie ihm einredete, ich versuche ihn nur aus Taktik zu besänftigen. Später, wenn er mir dann vertraute und sich in Sicherheit wiegte, wolle ich einen Mörder auf ihn ansetzen, so erzähle ich das auch lauthals überall herum. »Danke Mama«, fluchte ich leise. Sie schien wirklich nur leben zu können, wenn sie Feindschaft und Mißgunst säte.

Damit war das letzte Quentchen Hoffnung auf eine Versöhnung zerstört. Wir hatten keine andere Wahl, als noch einmal unterzutauchen.

24. Juni 1991

Frank hatte einen LKW bestellt, und im Schutz der Nacht hatten wir die wenigen Sachen, die wir in unser neues Leben mitnehmen wollten, eingeladen. Jetzt, am frühen Morgen, mußte ich die Kinder wecken und sie fertigmachen. Ich sah auf die Uhr und griff nach den Zigaretten. Zehn Minuten hatte ich noch Zeit...

Ich ging auf den Balkon und sah hinunter. Auf die bekannte Straße, auf die bekannten Häuser gegenüber, auf ein paar bekannte Menschen, Nachbarn, die unten entlanghasteten, die meisten auf dem Weg ins Büro. Ich nahm einen tiefen Zug...

Vor einem halben Jahr hatte Frank eine Stelle als Technischer Leiter angeboten bekommen, in einer Stadt 500 Kilometer von hier. Vier Wochen später unterschrieben wir den Mietvertrag für ein Häuschen, nur zehn Minuten von seinem neuen Arbeitsplatz entfernt. Seitdem waren die Vorbereitungen für unsere erneute Flucht auf Hochtouren gelaufen. Wir mußten an so vieles denken, wir mußten Versicherungen kündigen, Konten auflösen, Verträge beenden und tausend Dinge mehr. Und alles heimlich. Niemand, aber auch wirklich niemand, sollte etwas mitbekommen. Diesmal würden wir wirklich alle Spuren verwischen. Wenn uns das nicht hundertprozentig gelang, wäre es wohl auch die letzte Flucht...

Bei den Behörden hatten wir uns unter dem Vorwand abgemeldet, wir würden nach Kanada auswandern.

Ein paar Mal waren wir für einen Tag in die neue Stadt gefahren, um dort Verträge zu unterschreiben und so weiter. Farid hatte ich jedesmal eine Geschichte vorschwindeln müssen – daß wir zu einer Hochzeit fuhren oder auf eine Geschäftsreise. Anders als die kleine Janine mußten wir den Jungen jedes Mal bei Nachbarn oder Freunden unterbringen, denn er war sieben Jahre alt und hätte Fragen über Fragen gestellt. Vielleicht hätte er sich sogar verplappert und Amin, der inzwischen zu Farids Lieblingsonkel avanciert war, von unseren Ausflügen in eine fremde Stadt erzählt.

Vor zwei Monaten hatten wir dann unsere jetzige

Wohnung hier gekündigt. Immer wenn die Kinder schliefen, packte ich die allerwichtigsten Sachen in Kartons; alles andere verkauften oder verschenkten wir, um so wenig wie möglich alten Ballast in unser neues Leben mitzuschleppen. In den vergangenen Wochen hatten wir uns auch immer stärker von unseren Bekannten und Freunden abgekapselt, wir wollten uns und ihnen den Abschied so leicht wie möglich machen.

Und dann hatten wir den 24. Juni als Tag unseres Umzugs festgelegt. Dieser Termin fiel in die Sommerferien. Wir wollten beide unbedingt warten, bis Farid sein erstes Schuljahr beendet hatte: Der Abschied von seinem besten Freund Tobias würde ihm schwer genug fallen, da mußten nicht auch noch Tränen wegen der Klassenkameraden fließen.

Die Zigarette war bis auf den Filter heruntergebrannt. Ich drückte sie aus und holte tief Luft. Dann ging ich zum Kinderzimmer, um Janine und Farid zu wecken. Frank hatte dem Jungen erzählt, daß wir heute verreisen würden. Nach Schweden, in ein Ferienhaus, in dem es außer vier Betten, Tisch und Stühlen so gut wie keine Einrichtung gab – weshalb wir auch Geschirr und viel Wäsche mitnehmen mußten.

Farid war schon wach, als ich leise die Kinderzimmertür öffnete. Er sprang in seine Hose, zog schnell ein T-Shirt über und flitzte ins Bad, um die Zähne zu putzen. Dann kam er zurückgespurtet und strahlte mich an: »Mami, darf ich noch mal schnell zu Tobias rüber, bevor wir fahren?« Ich konnte ihm seine Bitte nicht abschlagen, obwohl sich mir der Magen drehte. Ich hatte gehofft, die Jungs würden sich heute morgen nicht noch einmal über den Weg laufen, ich war sicher, das würde den Abschied leichter machen.

»Okay, aber nur zehn Minuten, Papi braucht nicht mehr lange, bis er alles ins Auto geladen hat.« Schwuppdiwupp, war der Bengel schon unterwegs.

Ich gab Janine ihren Brei. Die Kleine war noch zu jung, um etwas vom Ernst der Lage und meiner Traurigkeit zu bemerken. Sie sah mich mit ihren großen Augen an und mümmelte wie ein kleiner Hase einen Löffel nach dem anderen. Ich hob sie hoch und wanderte mit ihr im Zimmer auf und ab, ein Bäuerchen, noch ein Bäuerchen ... Der Abschied stand unmittelbar bevor und er tat mir so weh! Wie gerne hätte ich alles abgeblasen, einfach so, ein Irrtum, April, April. Janines kleine Rülpser holten mich in die Gegenwart zurück. Galgenhumor half jetzt nicht weiter, Sentimentalitäten auch nicht. »Wenn wir bleiben, werde ich nicht mehr lange leben ...«

Ich riß mich zusammen und ging zur Balkontür, um sie zuzumachen. Da entdeckte ich unten Farid und Tobias. Als ich sah, wie die beiden Knirpse sich voneinander verabschiedeten, verlor ich einen Moment die Fassung. »Allah, bitte gib mir die Kraft, die ich in der nächsten Zeit brauchen werde! Hilf mir stark zu sein, allein wegen Farid«, betete ich. Ich griff nach meiner Handtasche und sah noch einmal zurück in die Wohnung. Dann zog ich die Tür zu.

Langsam, mit wehem Herz stieg ich die Treppen hinunter. Unten verschnürte Frank gerade die Plane des LKWs. Ein paar Nachbarinnen standen vorm Haus, ich verabschiedete mich schnell von ihnen und stieg mit Janine in den Ascona. Ich konnte jetzt keinen Menschen mehr um mich haben. Farid stieg zu Frank ins Auto. »Wenn wir aus dem Urlaub zurück sind«, rief er Tobias noch zu, »dann erzähl' ich dir, wie viele Elche ich in Schweden gesehen habe.«

Es war neun Uhr. Wir fuhren los.

Die ersten 200 Kilometer glitt ich mit einem leichten Tränenschleier vor den Augen über die Autobahn. Im Radio lief genau die richtige Musik für meine Stimmung, ein geballter Angriff auf die Tränendrüse. Als wir die erste Rast machten, fragte ich Frank hinter Farids Rücken, ob er dem Jungen schon gesagt hatte, daß wir nicht nach Schweden fuhren – die Antwort war ein stummes Kopfschütteln. Auch Frank kämpfte mit den Tränen. »Ich kann es einfach nicht«. Er schluckte, und ich strich über seinen Arm. »Ich sage es ihm kurz bevor wir ankommen.« Farid kletterte gerade wieder auf den Beifahrersitz. Er fand es prima, in einem LKW zu fahren und schwärmte, als ich zu ihm ging.

»Der hat über 100 PS, Mami.« Ich drückte ihm einen dicken Kuß auf die Wange und ging zurück zum Ascona.

Als wir endlich in die Straße einbogen, in der wir nun wohnen sollten, und vor dem neuen Haus hielten, stieg Farid als erster aus. In seinem Gesicht sah ich sofort, daß er jetzt die Wahrheit wußte. Als ich ihn so klein und unglücklich auf dem Bürgersteig stehen sah, so verloren, zog sich mir das Herz zusammen. Ich stieg aus, lief zu ihm hin und schloß ihn in meine Arme. Ich spürte, wie an meiner Schulter seine Tränen die Bluse durchnäßten und hätte am liebsten laut geschrien.

Wir setzten uns auf eine kleine Mauer vor unserem Haus. Frank brachte Janine, die friedlich in ihrem Körbchen schlief und von allem nicht das Geringste mitbekam, ins Haus. Während er dann den LKW auslud, war ich nur für meinen Sohn und seinen unendlichen Kummer da. »Wollen wir uns ein bißchen unterhalten, Farid? Oder möchtest du spielen?« Er antwortete nicht. Er klammerte sich stumm an mich. Zwei Stunden saßen wir schweigend und weinend auf der Mauer und hielten uns fest.

Farid litt noch lange unter der Trennung von Tobias und den anderen Klassenkameraden. Immer wieder versuchten Frank und ich ihm die Gründe für unseren plötzlichen Umzug zu erklären, aber natürlich ist so etwas für einen siebenjährigen Jungen schwer zu begreifen. Er vermißte seine Spielkameraden, das war das einzige, was für ihn zählte. Noch Monate später fragte er urplötzlich und bei den unterschiedlichsten Gelegenheiten, was wohl seine Freude gerade machten. Am schmerzlichsten vermißte er Tobias, seinen besten Freund, und Amin, seinen über alles geliebten Onkel. Während der ersten Monate in der neuen Umgebung fand ich Farid oft im Korridor. Er hatte sich unter der Treppe versteckt und weinte leise vor sich hin.

Heute, ein Jahr nach unserer Flucht, ist er wieder putzmunter. Er hat, als die Sommerferien zu Ende waren und er wieder zur Schule ging, neue Spielkameraden gefunden. Im Laufe der Zeit begannen die anderen Kinder, ihn einzuladen, oder Farid brachte sie mit zu uns nach Hause. Aus dem kleinen Jungen, der so verloren vor seinem fremden neuen Zuhause stand und weinte, ist ein fröhliches Kerlchen geworden. Ab und zu fragt er immer noch nach Tobias oder Amin – und wann er die beiden einmal wiedersehen darf. Oft gibt er sich die Antwort dann selbst: »Irgendwann mal, vielleicht wenn ich achtzehn bin. Dann kann ich sie mit meinem eigenen Auto besuchen.«

Auch mich überkommt manchmal die Wehmut. Oder der Schmerz, wenn ich spüre, wie sehr ich zum Beispiel Nicole vermisse oder meine Schwestern oder Amin. In solchen Momenten schalte ich immer das Radio ein; mit der Musik fliegen auch meine Gedanken zu ihnen. Ich bin bei euch, meine Lieben!

Und während ich dann meiner Traurigkeit freien Lauf lasse, steht plötzlich Frank an meiner Seite und hält mir vor Augen, was wir dafür bekommen haben: ein gemütliches Zuhause, eine gesunde, glückliche Familie und ein Leben in Frieden.

Aber der Preis war hoch.

WIDMUNG

Meinem Sohn, dem dieses Buch erklären soll, warum er in jungen Jahren schon so viel Leid hat sehen und ertragen müssen.

Meinem Sohn, dem ich – sollten meine Verfolger mich doch noch finden und töten – zeigen will, wie gefährlich es ist, blind Idealen oder Ideologien zu folgen; den ich mahnen will, immer seinem Herzen zu gehorchen und nicht rigiden Regeln und Traditionen.

Meinem Mann, dem ich für seine unendliche Liebe und Geduld danke. Und für seinen Mut, sich meinetwegen von allen seinen Freunden und Verwandten, sogar von seinen Eltern, zu trennen, um mit mir ein neues Leben mit einer neuen Identität zu beginnen.

Meinem Bruder Amin, der als einziger aus meiner Familie zu mir gehalten hat und dem ich auf diesem Weg sagen möchte, wie sehr ich ihn liebe.

Meiner Freundin Nicole, die mir während aller Höhen und Tiefen eine einzigartige Freundin war. Die mir langsam, aber unablässig Möglichkeiten aufgezeigt hat, mich aus meiner höllischen Ehe zu befreien. Die mir die Augen dafür geöffnet hat, daß ich frei über mein Leben entscheiden kann, wenn ich es nur in meine Hände nehme.

Und der Familie, die uns half, bei unserem Neuanfang die Steine, die so zahlreich vor uns lagen, aus dem Weg zu räumen. Ein herzliches Danke dafür.